植民地教育と身体

植民地教育史研究年報 ● 2014年 17

日本植民地教育史研究会

皓星社

新月集飞鸟集

植民地教育と身体

2014　植民地教育史研究年報　第17号　目次

巻頭言　幻の奉安殿をめぐる旅 ………………………………………… 志村欣一　3

Ⅰ.シンポジウム　植民地近代と身体

「植民地近代と身体」開催趣旨と概要 ……………………………… 西尾達雄　10
イギリスのインド支配と身体……………………………………………… 石井昌幸　31
植民地朝鮮における近代性と民族の「身体」
　―スポーツによる民族的劣等感の払拭― ……………………………… 金　誠　51
植民地教科書に見る身体と近代化………………………………………… 北島順子　70

Ⅱ.研究論文

娯楽か日本化教育か？　―日本占領下シンガポールにおける音楽―… 松岡昌和　98
1930年代農村振興運動と農民教育
　―京畿道編『京畿道　農民読本全』を中心に―……………………… 本間千景　124

Ⅲ.記念講演と研究ノート

講演録『日帝の対韓国植民地教育政策史』を出すまで……………… 鄭在哲　150
1920年代植民地体育・スポーツと民族主義の関わり（1）
　―李學來著『韓国体育百年史』の翻訳を通して―………………… 西尾達雄　155

Ⅳ.書評・図書紹介

鄭在哲著　佐野通夫訳『日帝時代の韓国教育史　日帝の対韓国植民地教育政策史』
　…………………………………………………………………………… 芳賀普子　176
尹素英著　朴美京訳『明治日本の錦絵は韓国の歴史をどう歪めたか』… 佐藤由美　186
酒井哲哉・松田利彦編『帝国日本と植民地大学』……………………… 山本一生　191

Ⅴ.旅の記録

台湾教育史遺構調査（その7）公学校の母体となった孔子廟や書院… 白柳弘幸　196
台北のアーカイブにおける資料調査……………………………………… 山本一生　203

Ⅵ. 気になるコトバ
化育……………………………………………………佐藤広美　210
Ⅶ. 彙報……………………………………………………岡部芳広　218

編集後記………………………………………………………………223
著者紹介………………………………………………………………224
CONTENTS……………………………………………………………226
前号訂正………………………………………………………………229

巻頭言

幻の奉安殿をめぐる旅

志村欣一＊

　みなさん、こんにちは。早いもので、この研究会も16年が過ぎました。発会当初、代表の故小沢有作さんの別宅の書斎に、中国東北教育史研究所所長の斉さん（現全国日本侵華教育研究会会長）と先輩方とお伺いしたことを今でも、はっきりと思い浮かべます。

　その時、「私でも、この会に入っていいのですか？」と小沢さんに尋ねたのでした。彼は、「いいよ。」と言ってくれましたので、今、又、この巻頭言を書くに当たって、「私が書いていいのですか」と問いたい気がします。

　私の学生時代のことです。1965年6月、家永教科書裁判の提起により支援運動に参加することを決意しました。そして32年間、最高裁の結審まで問題の背後にある戦争責任と未来責任をということをずっと考えさせられました。

　ご存知のとおり、端的に言えば、戦争を明るく描くか、暗く描くかで国家の一機関である文部省（現文部科学省）が、教科書検定に合格か、不合格を決定するのです。裁判は日本史研究者であり、戦争体験者の一人である著者、家永三郎さんの良心の証です。

　本来、書かれるべき内容は、国家権力が政治的配慮で介入するのではなく、著者ら研究者、教師、父母を中心とした集団的検討に委ねられるべきでした。それが、戦後教育改革の理念のはずでした。

　ところが、昨今、事態は極めて慎重さを要する事柄であるにもかかわらず、性急にしかも、国民の多くの声に耳を傾けず、安倍晋三内閣は、

＊一研究者

解釈改憲で集団的自衛権の行使容認の閣議決定によるいわゆる「戦争のできる」国にしようとしています（特定秘密保護法成立も然り）。

特に教育統制の面では、戦後教育改革の理念にまでも、全面的かつ、なし崩し的に行われようとしています。

例えば、改正教育基本法のもと、教育委員会制度改定、教科書検定及び採択制度、教員評価制度、などなど一連の教育政策により、教師の教育の自由は、大幅に狭められてきています。

再び、戦前の反省を身に染みて感じることが必要な時代を迎えていませんか。それに、抗して持続的に教科書運動は、進められなければなりませんが、その兆しは、遠くにあるようです。

歴史の大きな流れから見れば、日本史なかんずく日本教育史の欠落部分とその記述は、やがて国際社会の平和への動向を踏まえて改定されるでしょう。

因みに、先の教科書裁判の最高裁の判決の少数意見の一人ですが、ある裁判官は、判示で「わが国が近現代史において近隣諸国の民に与えた被害を教科書に記述することは、自国の歴史をはずかしめることではない」との見解を出したうえ、ドイツのヴァイツゼッカー元大統領の演説を引用し、『過去に目を閉ざす者は、結局のところ現在にも盲目になる』との名言を引いて「わが国の教科書検定において排除しなければならない理由を私は知らない」と述べています。

このようにドイツと日本の戦争責任と平和教育のあり方の著しい相違に見られるように日本の権力構造の基盤の歴史認識や平和教育ひいては、国際教育の観点でいえば、現安倍晋三政権の施策は、世界の歴史の動向に逆行するとも言えるのかもしれません。

地球時代といわれる今日、日本史の通史を教育のなかで活かすことは平和教育としても、国際教育の面からも重要であるし、各国史への理解や歴史認識の共有として教科書の記述内容と分量は、大いに検討がなされるべきでしょう。

さて、私と奉安殿との関わりですが、教科書裁判支援の延長でしょうか。15、6年前のことです。地上で最も悲惨といわれた沖縄戦のあった

本島と、そして石垣島に奉安殿があることが妙に気になる存在として私の心を捉えたのでした。

それ以後、実態調査は、国内ばかりでなく、中国、韓国、台湾、ロシアにも及び、私は「幻の奉安殿」の精神的な意味とその果たす構造を探求したい思いを強く持ちました。

一昨年の12月に、小笠原諸島の父島の司令部壕の中に、「奉安室」（そう呼んでもよいだろう。）があることを現地調査した教育委員会の人から、聞いて奉安室（奉安殿）がまさに大日本帝国の軍隊組織の精神的支柱になっていたことに驚愕の念を覚えました。

激戦の硫黄島で戦死した栗林中将の慰霊を祀るため壕の再建と奉安室は、秘密裡の歴史を垣間見る感がしました。

このような事例は、沖縄本島の御真影奉護壕の存在とその意味にも似ていますが、地域性、歴史性など様々な要素の一つ一つに固有の意味を見出すことができるのではないかと思われます。例えば、上記の2つの事例では、激戦の最中、沖縄の本島中の国民学校から集められた御真影を敵から護るための壕であり、一方、小笠原父島のそれは、軍隊司令部の壕であることに注目してよいかと思われます。

その他の現存の奉安殿の事例は、まだまだあり、（私の予測では1千基に近い。）それぞれが一つ一つの物語を資料として展示しているように見えます。

御真影奉安殿は、戦前の皇民化教育の象徴であり、国家の支配者の視点から見れば、天皇の視覚化の舞台装置ともいえるでしょう。

こうした現存の奉安殿の存在の意味を考えるとき、重要な一つは、平和博物館、資料館、歴史民俗館、展示館、記念館などの名称で地域に合った施設を作って多くの人々、とりわけ被害地の人々、それに世界の心ある人々に広め、ともに学びあい、考える場づくりになる、ということではないでしょうか。

それは、平和教育、国際教育に連なることになるでしょう。

また、日本の明治以降の検定制度では検閲に近く、現行教科書にきちんと戦争が起こるメカニズムの探究を記述する必要も生じます。それは、日本史の通史にとどまらず、東アジアの各国史にも、当然、及ぶでしょう。

又、先にみたように、ヨーロッパ諸国におけるドイツの戦争責任の取

り方に比べ、日本のそれは、極めて曖昧でこれで良いのであろうかと思われてなりません。

とりわけ日本の場合、東アジア諸国との間で共通教材として教科書の内容を相互に検討し、それを反映させることは、重要です。

その時、教育勅語、御真影、奉安殿の意味も明確に意識されるようになるでしょう。

ところで、奉安殿の名称やその意味を知っている人は、残念ながら、現在では極わずかで、数％にも満たないくらいの感じがします。

その意味を考えながら、戦前の歴史や国民意識を辿り、現在の教科書問題に投げかける認識を新たにすることは、平和教育や国際教育の役割となるでしょう。

これらの意味を奉安殿調査とその研究と実践を通じて近年強く私は感じるのですが、みなさんは、どのように感じ、考えておられますか。

この課題を追求するために私は、いくつかの事を考えてみました。

第一に、幻ということの理由です。

まず、戦後初期すでに大部分の奉安殿は撤去されたにも拘わらず、文部省は例外的に本来の目的とは違い、他に転用を認めて、極秘裏にその存在を隠ぺいしてきたため、今まで詳しい実態、調査は行われず、そのため知られることはなかったといってよいでしょう。幻といわれる理由は、主としてそのあたりにあるのかも知れません。

その他にも幻といわれる理由には、多々あると思われますが、とりあえず、その他は割愛させていただきます。

第二に、奉安殿は日本国内ばかりでなく、東アジアにその存在が確認され、世界にも連なる戦争遺跡といってもよいでしょう。

その多くは国内では、戦後の使用の実態は、かなり多様な目的を含むものです。

歴史的に言えば、現存奉安殿は、GHQの４大指令（極端な軍国、国家主義―国家神道）とともに、禁止され、占領下の文部省では、校内の設置以外に他の目的に転用され、秘密裡に残してきたといってもよいのです。

しかしながら、旧植民地にかつては、存在し、現在もひっそりと佇み、その多くは、存在も顧みられることは乏しいということです。
　従って、繰り返しになりますが、具体的に言えば調査は、沖縄、奄美、韓国の木浦（現在はない）、ロシア（主としてサハリン）、台湾、南洋諸島（サイパン、テニアン、ポンペイ島）などにも及び、その存在が確認されています。

　それでは、本題のテーマである第三の旅ということを中心として見ることにしましょう。調査を目的に旅をしますと、その過程で地域の歴史や人々の社会意識、生活実態に触れることがしばしばあります。その度に思うのですが、もしかして人々の意識のなかでは奉安殿を残そうとしてきたのではなかったのかという気がします。
　このことからいえることは、奉安殿は単に天皇制教育の残滓というよりは、戦争へ駆り立てていく証拠の遺跡として忘れてはならない戦争遺跡と言えるのではないでしょうか。そうして、戦争責任という過去の歴史に向き合うことになります。またその一方、地域には自然的宗教と土着信仰という複合的要因を含めて探究しなければなりません。まだまだ、深めねばならないことは多いといえます。
　昨今、戦争遺跡の保存の動向は人から物への時代の変遷を物語っています。その時、現存するということはとりもなおさず、実物教育の迫力となりえます。
　この他には、奉安殿を探しながら新たな発見や興味を引き出す楽しみもあります。また同時に旅の喜怒哀楽を含んでいろいろな地域でいろいろなことを考えさせてくれます。

　その一面、旅は人生の生き方、生きざまを見せてくれます。
　ただ、一句、

　　　草いきれ　奉安殿を探す旅

　この長い旅路に力を合わせて、その第一歩を踏み出し始めませんか。

奉安殿とは

　一般に奉安殿（御真影奉安殿）とは、主として戦前の学校に下付された天皇・皇后の写真である御真影並びに教育勅語などの謄本を、丁重に保管するため特別に建造された施設です。古くは、明治初年から校長室などで奉置され、明治中期にはそれを奉護するために宿日直制度が設けられました。
　又、それは、子どもよりも大切に扱われ、厳重に管理することが校長の責任と考えられました。昭和前期には、燃えにくく堅固なコンクリート工法が神社方式の建設物と共に流行しました。しかし、戦後は GHQ（アメリカ占領軍）の指令により、撤去されました。
　校舎外設置ということと、他の用途に移転用することを含めて、そのほとんどは現存していることが知られませんでした。
　そのような戦前の歴史から、教育勅語・御真影と並んで皇民化教育の象徴と考えられました。しかしながら、昨今、戦争遺跡として、日本の植民地支配を表わす貴重な史料となってその価値を新たに見直すことの意味が重要となってきました。

Ⅰ．シンポジウム

植民地近代と身体

「植民地近代と身体」開催趣旨と概要

西尾達雄＊

はじめに

　今回のシンポジウムでは、テーマがまだ十分熟した課題ではないので、個々の自由な問題関心に沿って報告していただいた。結果的には、「趣旨」で紹介した「民族としての身体」（金報告）、「規律的身体」（北島報告）、「抵抗としての身体」（石井報告）に関わるそれぞれの視点からの問題提起がなされた。報告の詳細は個別論文で示されるので、ここでは、「開催趣旨」と興味深い内容の多かった「質疑応答」についてできるだけ当日の雰囲気を入れながら紹介したい。

1．開催趣旨

　近年の植民地・占領地に関する「近代化」研究は、まだまだ未解明の理論的課題が残されているとはいえ、「侵略と貧困」から「開発と収奪」へというように、これまでの植民地支配像を発展させる新たな知見を提供している。すなわち、それは、いわゆる「植民地近代化論」に示されるような「植民地下の資本主義的発達を肯定的に認知することによって日本による統治そのものを正当化」するというものではなく、植民地下における「開発と収奪」という「近代」の二面性を示す概念として捉えようとするものであり、ポストコロニアルにおける「規律と再生産」として植民地下の規律訓練が解放後再生産されるという「植民地主義の継

＊北海道大学教員

続」という側面をもったものとして理解しようとするものである。

　このような成果に学びながら植民地・占領地教科書と「近代化」、「産業化」との関わりを検討し、より具体的な植民地・占領地教育像を究明することは、植民地教育史研究における現代的な研究課題といえよう。

　これまで私たちは、植民地・占領地教科書と「国定教科書」の比較や「新教育」との関わりについて検討してきた。その方法は、教科書記述の分析を基本として、関連する書籍、雑誌、新聞等からその特徴や性格を解明していくというものであった。今回もこれを踏襲しながら、まず教科書記述における「近代化」あるいは「産業化」との関わりがどのように現れているか、その記述が「近代化」政策や産業政策の進展とどのように関わっているかを明らかにしようとするものである。そしてそこに現れた諸特徴と人材養成との関わりに重点を置き、その中でジェンダーバイアスの記述について検討することになる。

　「近代化」、「産業化」との関わりで教科書分析を進める上でこの二つの概念についての共通理解は、不可欠なものといえよう。これまで、科研では、庵逧由香氏による講演「植民地近代に関する韓国の研究動向」について学び、今回のシンポジウム「植民地近代と身体」は、その流れの一環である。そこで、まず、これまでの「植民地と身体」に関わる研究動向を見ることにした。

　国会図書館の論文検索で「植民地」と「身体」で検索した。この検索では、含まれていない「報告書」や「論文」もあるが、これにより示された重複を含めて54件の図書と論文について確認した。その結果、「植民地」と「身体」が別々のテーマになっているものを除くと、図書10編、雑誌論文7編が残り、図書の内、所収論文が「植民地と身体」に該当するもののみ取り上げ、これらについて、前回の『年報』に「植民地と身体」に関わる研究動向としてその概要を示した。ここでは全体的な特徴を紹介したい。

　まず図書では、その研究視点から大きく次の2つのカテゴリーに分けることができる。

　一つは、「身体管理・規律・体育」で、もう一つが「ジェンダー」に関わるものである。

　「身体管理・規律・体育」の二つの図書の所収論文では、いずれも

1930年代の植民地朝鮮での戦争動員と関わる身体の管理、規律化が促進されることを示している。そこで期待される「身体」は被植民者としての行動様式であり、姿勢、態度であった。他の時期や他の地域についてはどうだったのか、わが国ではまだ紹介も解明もされていないように思う。今後の課題であろう。「ジェンダー」に関する8つの図書では、キム・プジャ（金富子）氏の二つの図書の他は総計12本の「植民地近代」に関わる教育、職業（医療従事者）、社会団体（処女会）、表現（絵画、映画）における女性を対象にした論文が収録されており、これまでの教育史研究を見直す成果が示されている。特に、金富子氏の研究では、ジェンダー研究に階級と民族という視点から検討され、これらの輻輳的な関係を示す成果をもたらしている。これは、「身体管理・規律・体育」について考える際にも重要な視点ではないかと思われる。

　論文でも同様に、以下の4つのカテゴリーに分けられる。
　一つは、「統治政策」、もう一つは「舞踊・身体表現」、三つ目が「文学」、そして四つ目が「ジェンダー」である。
　「統治政策」に関する論文では、フランスのアルジェリア支配で被植民者の法的地位を「例外的身体」として示したバルカの著作を検討したもの、インドの統治技法としての統計、身体計測法を検討したもの、インドの衛生政策におけるオリエンタリズムと「社会管理」、台湾との比較を検討したものなどが含まれている。ここで示されるのは、被植民者の身体に対する「差別的表象」である。これはすべての「植民地主義」に共通するものといえよう。「舞踊・身体表現」に関する論文は、植民地期台湾の舞踊の先駆者の身体を「解放と統制」として捉えようとしたものであるが、論文構成がないのが残念であった。このテーマにあるように植民地下においてもその「近代的身体」は二面性をもっていたことが示されている。「文学」に関する論文では、「天馬」という小説における身体表象を通して植民地支配の社会構造を解明しようとしたものである。ここでは昆虫から牛まで縮小と肥大を繰り返す被植民者の身体が日常生活の中で規律化されていることを示している。「ジェンダー」に関する論文は、17世紀の植民地アメリカで起きた宗教論争におけるピューリタンの女性観を示したもので、近代社会における男性性と女性性の対立過程を示している。

図書と論文に分けたが、図書のほとんどは、全編が「植民地と身体」で綴じられたものではなく、個別論文を一部に収録したものである。それゆえ、図書と論文を合わせて分類を5つのカテゴリーとすることも可能である。いずれにせよ、「身体」に関わる表現は、多様であるが、政治的支配や社会構造の変化が日常生活の中に浸透していることを示しているといえる。そこに具体的な「植民地近代と身体」の関係を見ることができ、それらは政治、経済から教育、芸術、文化、宗教等多様な角度から解明していく課題が残されているといえる。その際に、ジェンダー、民族、階級という視点は改めて重要な視点であるといえるよう。また、「女性性」という状況におかれた被植民者における「男性性」という視点にも着目していきたい。さらに、「研究動向」としては取り上げなかったが、ジェンダー視点として、『アジアから視るジェンダー』（田中かず子編　風行社　2008）の中の座談会の発言で、「面白いことに、日本の植民地時代を『よかった』と感じる台湾人のほとんどは男性です。それに比して、同じ意見を述べる女性は少ない。台湾の例からわかるように、植民地化、近代化、そしてジェンダー化のプロセスには密接な関係があるのです。」という主張も傾聴すべきであろう。これらの研究動向から、「植民地と身体」に関わる研究は、まだまだ緒についたところであるといえよう。因みに「植民地近代」と「身体」で検索した場合、1件も表示されなかった。このシンポジウムがそのはじめになるかも知れない。

　筆者は、これまでの朝鮮近代体育史研究の成果から日本の侵略・植民地支配と体育・スポーツの関係を以下の四つの「身体」に関わるキーワードで示した。

　一つは、朝鮮近代体育・スポーツを特徴づける「民族としての身体」、もう一つは、植民地支配を特徴づける朝鮮人の「帝国臣民としての身体」、三つ目は、「植民地近代」の中で揺れ動く「個としての身体」で、それと「民族としての身体」との相克、そして四つ目が、「戦力としての身体」ということである。

　「民族としての身体」は、開化派から愛国啓蒙運動につながる国民国家形成過程で国家危機と直面する中で登場し実践されたものであり、植民地支配下においても継承されたものである。しかし、植民地支配の中で求められた規律的身体である「帝国臣民としての身体」は、「男性性」

としての支配民族より下位におかれ、まさに被支配民族の「女性性」を示しており、最終的には「戦力としての身体」として結果するものであった。「個としての身体」は、国民国家形成過程に出会う自立的身体で、「遊戯する身体」、「競争する身体」であり、「他人の支配を受けない身体」という側面を持つものして登場し、「民族としての身体」と調和するものであったが、植民地支配における「内鮮融和」政策の中で「民族」が否定され、自立性が揺らぐ中で「民族」との相克を生み出すことになる。

　また「帝国臣民としての身体」は、いうまでもなく「労働力」として期待されるものでもあるが、産業政策の変遷の中で求められる身体像が異なっていたことは、これまでの先行研究が示している。戦時体制期までに一貫して朝鮮人に求められたのは、「従順で普通の健康な身体」であったが、戦時体制期になってからは、日本語能力と「日本人以上に日本的な精神」を持つ、規律訓練能力を備えた身体であった。

　このように、「植民地近代」を侵略と植民地支配の中で捉える時、被植民者の主体的な身体の存在を抜きに出来ない。それは、朝鮮の場合「抵抗の身体」の系譜が形成されていたことを示している。イギリス支配下のインドやフランス支配下のアルジェリア、あるいは、同じく日本支配下にありながらも中国の周辺に置かれた台湾ではどうであったのであろうか。

　また、民族主体としての身体を伝統的な価値観から解放しようとする「近代化」と捉える時、そこで形成された身体とは「解放」とともに「統制」されたものでもあった。「纏足」から解放された台湾の女性たちは、工場や病院での効率の良い「働き手」であり、生産や看護に相応しい「動き」が求められた。効率性、合理性を普遍的価値とする近代化のもたらす被害（生の破壊としての原発など）は、この中では問われることはなかった。とりわけ、被植民者の主体性との関わりを問うことはなかったのではないかと思う。また、これらとは逆に、近代化の中で日本人のアジア諸国に対する傲慢な姿勢、態度、視線などが「帝国」としての「身体」の日常性を引き継いできた結果ではないかという指摘もある。

　このような「統制された身体」の日常化は、「身体」が「意識（精神）」と無関係に行為することと関わりがある。いわゆる「自動化」された「動作」というものがいろいろなスポーツ実践の土台となっていることが知

られている。習得するまでは、色々と試行錯誤を繰り返すが、習得すると考えなくても実践できるようになるということである。同様のことが植民地の中で訓練（統制）された「身体」の日常化として見ることができる。それらは、身体作法であり行動規範であり、法的に「規律訓練」化された身体、「例外的身体」の常態化であったということである。ハンセン病患者のインタビューを行ったチョン・クンシク（鄭根埴）氏は、はじめは正面を向いていた患者たちがいつの間にか背を向けていることに気づき、それが植民地下での規則として定められ、違反すれば罰せられたことと関連していることを指摘しているが、まさに「自動化」された「身体」であった。

さらに、植民地支配が刻み込まれた「身体」は、学校や企業、社会生活の中で培われ、日常生活の中で拡散され、「解放」後のポストコロニアルな「生活の中の植民地主義」として浸透していく。「気を付け」の姿勢は、軍隊における命令を忠実に受け入れることを示す「不動の姿勢」を学校に導入したものであった。これは、学校体操教授要目で「法的に規定」され、教育における「教授学習過程」の中で日常化されたものであった。これも「近代化」の中の身体であり、現代も引き続き行われている。

これまでの研究動向が示すように、「身体」と関わる課題は多様に見られる。果たして植民地の中の「近代」的「身体」としてどのようなことが求められたのか、これらの多様な課題に本シンポジウムだけで接近することは難しい。しかし、それらに少しでも接近しながら、「植民地近代」の中で求められた「身体」とは何であったのかを検討しながら、その課題を明らかにしていきたい。今回は、三人の若手研究者の問題関心に沿って発言していただき、討論の中でその内容を深めることにしたい。

パネラーは、以下の通りである。

石井昌幸氏：早稲田大学准教授。専門分野は、近代スポーツ文化の生成と展開に関する社会史的研究で、特に、19世紀イギリスを主たる考察対象としている。今回は最近の英・米・インドなどの英語圏での「植民地と身体」に関わる研究動向についてクリケットとヨーガを中心に報告する。

金誠氏：札幌大学准教授。専門分野は、スポーツ史、特に植民地朝鮮

におけるスポーツで、「朝鮮神宮競技大会」や「植民地主義とスポーツ」などに関する論文がある。今回は「植民地朝鮮における近代性と民族の身体」というテーマで報告する。

　北島順子氏：大手前短期大学准教授。専門は教育史（教科書研究）、ダンス教育、ダンスセラピー、健康心理学。10月の植民地教育史研究会例会で「国定・植民地・占領地教科書の中の『運動会』」について発表。今回は「植民地教科書に見る身体と近代化」との関わりについて報告する。

2．質疑応答

金誠氏への質疑応答
李省展氏：恵泉女学園大学の李省展（イソンジョン）と申します。パネリストの皆様ありがとうございました。勉強になりました。金誠（キムソン）さんに質問します。1920年代の動きを見ていくと比較的朝鮮人側のスポーツの振興の動きがあって、従来金さんが考えていた枠組みとは異なる状況があるということですが、ここで挙げられているYMCAであるとか、ユン・チホ（尹致昊）もクリスチャンですし、ある意味で西洋近代と関わる人々、団体が散見されるわけです。20年代を考えていくと植民地統治の中でも日本を越えて、世界を見据えていくという流れがあるのではないか。特にスポーツでいえば、中国はイギリスとアメリカの影響が強いが、朝鮮では日本、アメリカの影響、特に、教育界、ミッションスクールにおいて様々な形でアメリカの影響が見られる。野球にしろ、バスケットボールにしろです。

　私自身「崇実学校」（スンシル）について研究しているのですが、聞くところによれば、そこではスポーツが非常に盛んで、そこで優秀な選手たちを六大学に招いて強化し良い成績を納めるようなことを聞いたことがあります。

　（こうしたことを考えると）先生の結論の中で「劣等感あるいは劣等性への認識」と述べられていますが、日本経由の近代ではあるが、シルムも取り上げることができるように、流れとしては、開催趣旨で指摘し

ているように「抵抗としての身体」という流れがあるのではないかと思いますが、どうでしょうか。

金誠：ご質問ありがとうございました。先生もおっしゃいましたように、私も賛同できる部分がかなりございます。資料を見ましても、YMCAを中心として学校が（スポーツを）植民地期に行っているということは確かにその通りだと思います。それから今回の私の発表も、先生がおっしゃるとおり日本の近代を飛び越えているのではないか、と思います。例えば、東亜日報グループの人々です。キム・ソンス（金性洙）、チャン・ドクス（張徳秀）、ソン・ジヌ（宋鎮禹）といった人物がいます。彼らは日本に留学をしていますが、同時にキム・ソンスなどはアメリカに研修に行ったりしており、アメリカに対する、欧米に対するあこがれが強かったのではないかと思います。したがって、この時の民族の近代化というものも世界のスタンダードに合わせていきたい、日本を飛び越していきたいということで、結果的に日本に対する抵抗としての身体を形成していこうとしているのではないかと思います。

佐藤由美：埼玉工業大学の佐藤由美です。金先生に質問ですが、今のご質問と関連して、日本を飛び越えて西洋近代のものを民族の指導者たちが取り入れたいと思ったということで、この女子庭球大会や朝鮮神宮のスポーツ大会などで活躍する選手の養成は、朝鮮の中でどんな風に行われていたのでしょうか。

金誠：女子庭球に参加していたのは、（女子）高等普通学校に所属していた学生たちですので、学校で庭球を学んでいたことになります。さっきの話と逆行しますが、庭球は、日本経由ですので、指導者がどういう方であったのかははっきり把握していませんが、日本の庭球が朝鮮半島でも盛んに行われていたので、その影響を受けて指導されていたのではないかと少し想像します。ただ、女子庭球大会の場合は、女性観、女性の身体を朝鮮社会の中にどういうふうに位置づけるのかを考えられていたことを通じて、近代性をもっていたという話になります。先程の話とは逆行してしまうのですが、そのような実情であったと理解されます。

　朝鮮神宮大会に関しましても学生が中心に参加していたので、同様の状況が見られました。ただ面白いのは、競技において日本人と朝鮮人が棲み分けされるということです。朝鮮神宮大会では、野球、庭球は日本

人が多い、サッカー、陸上競技には朝鮮人が多く参加している、というのが資料から確認できます。

佐藤由美：ありがとうございました。その（棲み分けの）理由は推測することは出来ますか。

金誠：サッカーに関しましてはいくつか出てきているのですが、まずは、日本人に勝っていた、勝ちやすい競技であったこと、カウンターカルチャーになっていただろうということは理解しても良いのではないかと思います。因みに私が調べましたデータですが、1934年の大会ですが、朝鮮神宮競技大会ですね、日本人の参加はゼロでした。朝鮮人だけでした。これはまさしくサッカーに関しましては、朝鮮人がヘゲモニーを握っていたと考えても良かったのではないかと思います。

金敬順：東京学芸大学の金敬順です。ただいまの意見ですが、金先生のお話だったのですが、私たちの研究会によりますと、日本人が学ぶ学校と朝鮮人が学ぶ学校ははっきり分かれていたという結論になっております。ですから、朝鮮人と日本人が何年頃まで体育大会を一緒にやったのでしょうか。また朝鮮人だけでサッカーをやったということですが、それは何年頃の話でしょうか。

金誠：今の話は、朝鮮神宮競技大会の中での話でして、日本人も朝鮮人も皆その競技大会には参加しています。その中で蹴球に関して、サッカーに関しては、日本人の参加が見られなかった大会だったということです。1934年の大会です。朝鮮人だけのチームが参加してゲームを行ったということです。他の大会では、朝鮮人も日本人も参加していると思われますが、資料として確認できるものを見ておりません。34年のものだけが資料として確認できるものです。

金敬順：そこが肝心なところだと思います。私たちの研究会によりますと完全に区別しております。そこの所を一緒にしてしまいますと、この意味が薄れていく様な気がするんですけども。もちろん朝鮮人だけが通った学校の施設と日本人だけが通った学校の施設の体育内容も変わっていると思いますし、同一ではないと思いますので、そこの所はもう少しお調べになった方がよいのではないでしょうか。

司会：今のお話は、学校制度としては朝鮮人の学校と日本人の学校はそれぞれ別で、続いてきた。38年になるまでですね。1938年以降は共学制

度が導入されていくわけですけれども、それまでは別々であったというお話だと思いますが、金先生の研究は、朝鮮神宮競技大会というスポーツ大会があるのですが、これについて、25年から始まるんですけれども、その大会には、朝鮮人も日本人も参加しているという話です。にもかかわらず34年のサッカーの大会には、日本人は参加していなかったというお話をされていますので、その辺は区別して頂ければと思います。

金敬順：わかりました。

佐藤広美：また金先生になんですが。日本がどのようにここに入ってくるのか分からないのですが、身体、スポーツに向き合う場合、日本あるいは日本人が西洋近代スポーツに向き合っていく姿勢とこの時代の朝鮮が、日本を介してということもあるのかも知れませんが、西洋近代のスポーツに向き合って追いつく、この二つの違いというんですね。日本は易々と近代に、西洋に近づいていったのに対して、朝鮮の場合は、抵抗を示しながら近代に近づいていくといえるのか分かりませんが、日本の西洋近代スポーツに対する向き合い方と朝鮮の西洋近代への向き合い方に違いがあるのかないのか、ということについていかがですか。

金誠：ありがとうございます。東北アジアという地域で考えますと、西洋に対する、ウエスタンインパクトに対する反応というのはそれぞれ、同様なものがあったかと思うのですが、その時に新文化としてのスポーツが日本にも導入されていくわけです。日本において導入されていく中で、新文化として導入されていくわけですけれども、一方でエリート層というのは国粋主義的な人々がたくさんいたわけで、新文化を移入しながらも、先ほど石井先生がお話しされたけれども、読み替えでいくんです。野球、ベースボールを日本に導入してくる。入れていく。その中でベースボールをそのまま行わないで、日本式の野球を開発していく。その中で、武士道的野球観とか武士道野球とかが出てきたりするんですけれど。そういった読み替えを日本はしていったりしております。一方朝鮮半島は、先ほど李先生からご質問頂きましたように、実はYMCA中心に西洋的なスポーツをですね、新文化が根づいていくことにはなりました。その過程の中で植民地支配を受けてしまう。その中でスポーツが若干下火になっていくという流れがありました。そこで折り重なる日本と朝鮮半島の近代化。近代化の方向にもっていく20年代から30年代の中

で再び朝鮮半島の上でもスポーツが醸成していく。一方日本においてはどういう状況であったかといいますと、20年代、30年代というのは、ラジオが登場して参ります。1926年に日本にラジオが登場してきて、次の年に朝鮮半島でもラジオの放送が始まります。それに乗じてスポーツが非常に熱狂を持ち始める状況があったんです。ですからその日本の20年代、30年代のスポーツの拡張の状況と朝鮮半島におけるスポーツの拡張の状況というのは、その時点で重なってきてしまうということが見られたんだろうと想像します。

石井昌幸氏への質疑応答
佐藤広美：石井先生に質問します。植民地とあまり関係ないかも知れませんが、「抵抗としての身体」ということで、時々気になるのですが、座り込み続ける、ずっと同じ場所に座り続けていたり、あるいは飯を食わない、断食したりすることなどがあると思いますが、抵抗をどう示すかという時に、座り込みや断食などそういう抵抗の仕方があると思いますが、そういうものはいつ頃から始まっているのかということです。先ほどのヨガとの関わりで何か関わりがあるのか、そんなことをしても無駄じゃないか、もっと言葉で戦えばいいじゃないか、と思ったりするのですが、飯を食わないとかそこに座っているという身体性の有り様というか、抵抗の思想がおそらくあるのではないかと思うのですが、どうなんでしょうか。

石井昌幸：ありがとうございます。非常に重要な指摘だと思い、はっとしました。調べたことがないので、機会があれば是非調べてみたいと思うのですが。ちょっと頭に浮かんだのは、結局、ある種の身体性の拘束が罰則にもなるということだと思います。拷問の手段というか、第一次大戦期のイギリス軍なんかだと、沈黙の刑というものがあって、沈黙を強いられる、しゃべらせてもらえない。一種の体罰なんですけど、体罰もいきなり叩かれて、今おっしゃったように言葉で反論すればいいじゃないかということですが、この言葉による反論を封じられることから、身体による拘束って始まるのではないか、と思います。それが通常は、正座しなさいということで、座り続けることを強いられたり、ご飯食べさせませんよといって、逆におなかすいているのに、食べさせてもらえ

ないというのは、通常は拷問の手段なんだろうと思うのですが、そちらの方が古いのではないかと思うのです。どうしてそれをあえて自分がすることが、どういう文脈で抵抗たり得るのかという風に考えてみると、もしかしたらこういうヨーガやガンジーみたいなものと何かつながっているところがあるのかなと、お話を聞いていてふと思ったのですが、ちょっと単に思いつきだけなんで、またいろいろ調べてみたいと思います。

佐藤広美：鶴見俊輔が「身体としての抵抗」ということを言っているんですが……。

司会：宗教的に断食とかありますが、修行の一つとしてありますよね。なぜそういう風にしたのかは詳しくは分かりませんが、修行として行われていたものと関わりがあるのではないかと思います。

山本一生：日本学術振興会特別研究員の山本と申します。石井先生に質問させて頂きます。ランジットシンジという人物に非常に興味深く聞かせて頂きました。特に面白いと思ったのは、イギリス帝国のルール、クリケットのルールと言いながら、イギリス帝国のそれ自体のルールですよね。権力的、構造的な権力と言いますか、ヘゲモニーをイギリス側が握っている中で、略称でランジーといっていましたか、このランジーという人物が、イギリス帝国のルールに従いながらも、従いつつ利用しつつ、言うなれば、イギリス帝国とランジーの共犯関係にあったのかなと思いながら話を聞かせていただいていました。そうしますとランジーという人物の今日的なインドでの評価及びイギリスでの評価はどのようなものなのでしょうか。こうしたイギリス帝国内にも存在し、インドを代表する存在でもある、ということは、どちらにも属さないとも言えるわけですよね。そうしますとこういう人物は、他にも、スポーツの世界だけでなく、さまざまなところに、法律の世界であったりとか、アマルティア・センもこういう人なのかも知れませんが、いろんな形で、インド出身でイギリスで活躍した人、ガンジーもまさにその中の一人かも知れませんけれども、こうした知識人として、こうした存在があると考えるならば、それこそ今現在どのような表象の仕方をされているのでしょうか。その点について教えて頂ければと思います。

石井昌幸：ありがとうございます。今現在インドで解釈されているか

は分からないのですが、ランジトロフィー、ランジ杯という彼の名を冠した大きな大会はあるようで、クリケットの、イギリスで非常に活躍したインドの人は、クリケット界の間では一応そういう評価になっているのではないかと思うのですが、でも同時に、例えば、ミヒア・ボーズ（Mihir Bose）という、『インドクリケット史（History of Indian Cricket）』というこの資料（Aの3番）にもありますが、古い所は書いてなくて、現在のところばかりなのですが、この人はスポーツライターで、この人自身も英語教育を受けてイギリスに強くあこがれて、イギリスで人種差別を受けて、『スポーティング エイリアン（The Sporting Alien）』というそれを告発する面白い本を書いているのですが、この人が引用しているところによると、ランジットシンハジという人は、自分はイングランドのクリケット選手なのだと言って、インドには何もしてくれなかった、助けてくれ、アドバイスをしてくれ、協力してくれと言っても全然協力してくれなかったという風に批判しているのを引いていて、けっこう否定的に書いていたりもします。しかし一般的には、この人のことをそこまでいろんな面から捉えたもの、書き物自体があまりなかったので、どういう風に思われているのか、インドでどの位知られているのかは、この例えが適切かどうか分かりませんが、僕の中ではオノ・ヨウコみたいな人というか、イギリスでは一番有名なインド人なんだけれども、インド人にはあまり知られていないという。最近オノ・ヨウコは知られていると思いますが。そんな感じの立ち位置の人なのかなと。今最近になってと言う話しをしましたが、資料のBのランジットシンに関するものというところで、特にBの8のマリオ・ロドリゲス（Mario Rodrígues）という人の 'Batting for the empire' というもので、「ランジットシンハジのポリティカル・バイオグラフィ」と書いているのと、サタドル・セン（Satadru Sen）の 'Migrant Races' という、この二つは、まさにこの視点からの伝記で、これが2000年代になって出てて、サタドール・センの『インドの身体スポーツに関するもの』のリストに上がっている、11番の 'Confronting the body' とか、もう少し上の（18番の）'Disciplined Natives' という本を書いていて、この中でもランジットシンについて取り上げていて、彼は「ようはカメレオンであった」と書いていて、彼を批判的に検証しようとする人

が出てきたのは、ごく最近で、それまではすごく優秀なクリケット選手であったと言うぐらいの理解ではなかったかと思います。インドの状況については分からないので、これくらいで。

松岡昌和：日本学術振興会特別研究員の松岡です。今のコメントに関連して石井先生にお尋ねしたいと思います。まず僕の感想ですが、ランジーをどう評価するかということで、ランジーがイギリスに行って、インド的な身体イメージをわざわざ引き受けて、神秘的な光を放ってしまうような、イメージを受け止めていくというようなお話であったかと思いますが、今、オノヨウコという例えがありましたが、むしろ、ブルース・リーかなと思います。東アジアのマーシャル・アーツの欧米からの眼差しで代表されるのはまず彼ですけれども、これを東アジアのコンテクストに当てはめていくと何か違うような所も出てくるような気がするわけです。彼は今の香港では、特に香港の政治的、文化的アイデンティティを強調されるというのは、特殊事情もあるのでしょうが、身体的な面で香港のアイデンティティを保障するものとして受け止められていますし、欧米での評価も相変わらず続いているわけで、何かしらの連続性、系譜のようなものがあるのかと思いました。

　で、インドではクリケットがナショナルスポーツであることは、よく知られていると思います。ここ何年か前の話ですが、「巨人の星」のリメークがインドでなされていて、野球ではなくクリケットでやっているという話です。こういうことについて、インドで教育を受けていて、クリケットを大衆文化の中で吸収していく時に、どのように描かれているのか、そこに、イングランド人とか、オーストラリア人が登場する時にどのように扱われるのか、その教育効果などにはどのようなものがあるのか、といったことについてご存じであれば教えて頂ければと思います。

石井昌幸：ありがとうございます。インドの現状についてそこまで理解して話をしているわけではありませんので、詳細は分かりません。「ナージャ」というアニメですよね。「巨人の星」の版権を取って、本当にそっくりなクリケット版を作って、Youチューブで見れますので、もし興味がありましたら。後ろの背景に日本企業の看板がいっぱい出てくるというものですが、主人公が貧しい階層から出てきて、クリケットをやってプロになるというものです。ただやはりクリケットというもの

は、一方でインドのナショナルゲームであると言いつつ、すごく階級的なものであるとも思いますし、本当にインド人みんながクリケットをやっているのかは分かりませんけれども、あの漫画を見ていると道端で貧しくてやっていて、だんだんうまくなってプロになっていくと言うことがあるようなのですが。また一方で今回のランジットシンジのようなことは、今でも続いていて、エリート教育はこんな感じで、ラージクマール・コレッジ (Rajkumar College) は今でもあるんです。インターネットで検索すると学校のサイトにヒットして見ることが出来るはずです。インド人の友人で女性の方ですが、その人もそのような学校の出身で、その方に聞いてみたら、やはりクリケットというのは特別だし、インドでスポーツといえば、クリケットとイコールだと言っても良いという、男子にとってはそうだと。ただ最近は、ごく最近になってサッカーがだんだん人気が出てきて、マンチェスターユナイテッドが来たりしていると言ってましたが、やはりクリケットというのは、今日のテーマのモダニティと一緒になって、モダニティとモラリティといいましたが、一種の人格教育の手段みたいなものとして、学校の中に取り入れられていて、イギリスの特徴というのは、モダニティを語る時にモラリティを語るんですね。近代化すると言うことはモラルを身につけることなんだと言う言い方をする傾向があるようです。そういうものの象徴としてクリケットがあるということです。話がそれたかも知れませんが、以上です。

北島順子氏・金誠氏への質問応答

上田崇仁：愛知教育大学の上田と申します。北島先生に一点と金先生に一点お伺いします。北島先生のレジュメを拝見していて、体操、ラジオ体操の話が日本の国定教科書が比較的多いという感じがしましたが、第五期の「よみかた」の教師用指導者を見ると、体操の時のかけ声の「いち、に」というのは、全部「い」母音、「い」の母音になっていて、発音が、地域によって、特に「い」と「え」の発音が区別出来ない地域の子供たちのために発音練習から入るという指摘があるので、国定と同じような配慮が第五期の指導書を見ていて思ったわけです。どっちが先かは分からないのですが、体操を教えたくて、数字を入れることになった

のか、発音を矯正しようというのがあって、一番適したのが体操であったのかは分からないのですが、そういうことを見ると、内地のテキストの方が体操だの、数字だの多く取られているのかなと思いますが、その点はいかがでしょうか。

北島順子：ご質問頂いてありがとうございます。「いち、に」ということを教えたくてということについては知りませんでした。教えて頂いてありがとうございます。これには、両方あるのではないかと思っています。なぜ体操の教材のことなのにわざわざ国語教科書で教えるのかということですが、国語の場合は、特に日本語をきちんと教えるということが目的としてあると思います。国語側にも日本語をきちんと教えるという意図があったと思います。体操側から見ると、教練の方を教えたかったと、両方がうまくかみ合ったのかなと調べながらそう感じていました。それで結果としては、文中にも書いたのですが、タッグを組むというか、一教科だけで攻めていくのではなくて、例えば、国語と体操、そこに修身というのは非常に大きかったと思うので、規律とか従順とか、修身が一番中心的に担いたかったはずなので、その修身で教えたいと思っていたことも体操の中に入れていたし、国語の中にも入っていたと思います。国語の側からは、繰り返しますが、おそらく日本語を、体操側から見ると、このことを教えたかったのだと解釈していますが、結果としてはそれが相互作用的に働いていたと感じています。

上田崇仁：では、金先生にも一点。これは不確定な、耳で聞いただけの話なんですけれど。韓国に行った時に、子育てが終わったから勉強を続けたいということで大学院に入っていた、おばあさんがいらっしゃって、雑談している時に、この神宮大会に出るのが夢だったのに、グランドが畑になったから出られなかったという話を聞いたんです。でその後、そのおばあさんから朝鮮神宮大会に勝ったら明治神宮大会に行けたという話があったんですけれど、そんな風に、いま「対話の可能」という映画が話題になってますけれど、朝鮮神宮大会で勝ったら内地の大会に出られるというような、最終的には統合した、ナンバーワンを決めるような大会のシステムがいろんな体育の競技であったのでしょうか。

金誠：ありがとうございます。神宮大会の面白いところは、実は日本では明治神宮競技大会が行われております。これは、いまの国体の原型で

あったということです。朝鮮神宮大会の位置づけとしましては、朝鮮神宮競技大会でいい成績を残した選手たちは、明治神宮競技大会に参加することになっております。ですから、高島航先生が『帝国日本のスポーツ』という本を書いていらっしゃいますが、私と同じような論理で書かれているなと思いますが、「明治神宮競技体制」みたいなものが、帝国日本の中に出来上がっていて、朝鮮からもそういった大会の中に参加していく、組み込まれていくという部分はあるのですが、他の大会に関しては、籠球大会のように直接日本の大会に参加していたものもありましたので、その中で朝鮮人のチームが大活躍しているものもありました。

上田崇仁：ありがとうございました。

石井昌幸：クリケットでも植民地の人たちが本国を倒すことは、19世紀の終わりぐらいに起き始めるんですけど。そういうのはあるんですか。本当に優勝してしまうというようなことは。

金誠：はい、あります。私立の学校について調べたことがあるのですが、1937年から（実際は38年から普成専門学校が）3大会連続で全日本の籠球大会で優勝しているのが見られます。（補注：籠球では36年に全延禧専門学校が優勝している。また、1910年代から自転車や野球、20年代からは駅伝、マラソン、蹴球、庭球などで朝鮮人やチームが優勝しており、民族意識を高揚させていた。またボクシングの判定で不公平ができないためにはノックアウトしかないといわれていた。文献：李学來『韓国体育百年史』（2000年）、鎌田忠良『日章旗とマラソン』（1985年）など）

石井昌幸：どんな感じのリアクションなんですか。

金誠：リアクションまでは、よくわからないのですが、紙面上ではかなり歓迎されているようであることは確かです。朝鮮人の新聞なんですけれど。

滝澤佳奈枝：東京日語学院の滝澤です。大変興味深いお話ありがとうございました。北島先生に質問なんですけど。資料にたくさんの教科書の図が載せられてあると思いますが、体操の教材が使われる時の挿絵の中に男の子と女の子の出てくる比率がどれくらいかということが一点と。内容を見ていると、僕という時と私という時が見受けられるのですが、主語はどちらの方が多いのか。そして3点目が、レジュメの13ページ

に、「おわりに」の上のところですが、「支配者に従順な身体であったが」というところなんですが、男女で求められた理想の身体像は異なってくるように思いますが、何かその辺でご存じのことがあれば教えていただければと思います。

佐藤広美：北島先生に、11頁の後半の「身体規律」というところで質問です。身体規律と産業といいますか、身体規律と産業化といいますか、このこととの関連で質問です。この文章全体で、身体規律という場合は、軍隊というか、徴兵制というか、その関わりで書かれているのが強いと思うのですが、例えば、今でいえば、労働者は朝5時半とか6時に起きて、ご飯を食べて、電車に乗って、8時半には工場に行って、夕方じゃなくて11時頃までずっと工場にいるという、労働者の生活というのは、雨が降ろうが、雪が降ろうが、6時には起きて8時半には工場に着くという身体規律というか、身体にそういう風になってしまっている。ずっと工場で働いているわけです。今は判りませんが、100年ぐらい前の農村というか農家では、雨が降れば今日は止めようとか、今日は仕事にならないということがあったり、雪が降ったらもう、冬になればもっと違った形の労働があるといいますか。そういう農民と労働者では、違った身体規律があるといいますか。生活規律が全然違ってくるというか。そう思うんです。だから労働者がちゃんと朝早く起きて8時半には工場に行きなさいという生活システムというか、労働システムになっている。身体をそういう規律訓練で作らせるということが、19世紀か20世紀あたりになると、為政者はそういうことを考えていて、きちんとそういうものを教科書の中で徹底的に教えるということを思ったので、こういう身体規律とか、従順な身体を形成するということが、学校で行われる場合には、産業システムが非常に整っていくというか、おそらく教科書の中にも、運動会が書かれるということと、都市ができて、労働者がどんどん増えていくというか、そういうこととの関わりの中で身体規律の記述があるのではないか、と思ったのですが、いかがでしょうか。

北島順子：ご質問いただきありがとうございます。滝澤先生のご質問から。挿絵の男女比率ということですが、まだどれくらいの比率で出てきているかは整理していませんので、感じたことでいえば、これは国定教科書の中だったのですが、四期に出ていた同じ教材のものと五期に出て

いたもの、「かけっこ」の教材ですが、四期の方が男の子が挿絵に出ていて、かぶっているのが帽子でした。五期に入るともっと深刻な状況になっていますが、その時には女の子がかけっこしています。はちまきを巻いているのがとても印象的で、女の子もはちまきをして走るんだという、挿絵からもそういう必死さというか、男の子だけではなく女の子もこの戦時下の中しっかり取り組んでいないといけないという、気合いのようなものが教科書に見られるのですが、そういう風に時期区分別に見ても差は出ていたように思います。

　僕と私の使い分けですね。国語の視点がないままの調査だったので、勉強になったのですが、僕という使われ方はあまりなかったように思います。主語がない場合とか、例えば「タイソウゴッコ」などもそうでしたし、そこに主語を加えていくとこうなるということも、北川先生の論文を読ませていただいたら、説明されていたりするので、国語の方から見るとやはり僕と私の使い分けは面白い結果が出るのではないかと思うのですが、そこのところはまだ踏み込んでおりません。

　あと男女の身体像の違いということですが、これも男女の差ということでは書いていないのですが、こども全体としてどのような身体像を作っていこうとしたのかという、大きなくくりだと思います。ともかく、文句言うことなく、言葉で従順を教えるのではなく、身体が従順になる、というような教育だったのではないかと思っているので、しかもそれが、一番最後にもいいましたが、嫌々やらされている状態の従順だったら、例えば、今も学校で行われている集団行動もそうだと思います。怖い先生に怒られるから、叱られるから言うことを聞く身体に下手をすればなってしまうけれども、誰も見てなくてもそのような身体を自分で作っていくという、方向にということで考えると、男女の差ということではないが、先ずは従順な身体ということに着目して研究しているところなので、男女の差ということについては今後の課題にしたいと思います。

　佐藤先生からご質問いただいた点につきましては、産業化との関係ですが、まだ産業化にまで結びつけていないのですが、学校規律で作っていこうとされていた身体というのは、ここでは先生に従順な身体、学校の中ではそうなっていく、兵隊になった時は、上官に従順な身体、会社に入ったら組織に従順な身体、上司に従順な身体になるわけなので、場

所は変わってもその働き手というか、こどもから見てもそうですが、上のものに従順な身体というのはもちろんあると思います。運動会との関係をいうならば、気になっていることが何年か前から、特に一致団結させようとする時に、会社で運動会が復活したという話を聞くようになりました。会社の中でやっていなかった運動会を急にやるようになるということは、その辺のところが、一致団結であるとか、従順であるとかを見越しての企画かなというようなことを個人的には考えたことがありました。

　もうひとつだけ、石井先生と金先生の報告を聞いていて、植民地下であるとか、拘束されたりとか、従順を強いられている身体がどこかで解放を求めているのかなと、解放とか抵抗であったりとか、支配されている国に勝つということが一番のリベンジであって、たぶん「ざまあ見ろ」という気持ちが、一番の解放になると思うのですが、そういうのがセットで何かあるのかなというところがふつふつと気になり始めているところです。そういうところで何かご意見がありましたらよろしくお願いします。

司会：予定の時間を少し過ぎましたので、終わりにしたいと思います。まとめということでまとめられる状態ではありません。課題がたくさん出たかと思います。当初、皆さんから意見をいただきながら論点を整理していくということで計画していましたが、質問の方が圧倒的に多くて、しかも興味深いものが多く、議論するところまで行きませんでした。まず、植民地における近代性とは何なのかということをもっと議論しても良かったかなと思いました。また規律的身体ということ、これにはいくつか質問が出ましたが、規律的身体とは何なのかということ。それと伝統的身体と近代的身体の違いは何なのかということ。伝統的身体の、スピリチュアルなヨーガの話があったと思うのですが、それが変形するということが近代的身体なのかどうかという問題など、いくつかあるかと思いました。そういうことを通して議論したいと考えていましたが、今後の課題になるかと思いました。それらを分析していく視点として、最初に提起しました金富子さんの「階級、民族、ジェンダー」という視点から見た場合にどういうことが出てくるのか、ということを考えていくことが必要かなと思います。まだまだ、意見があるかと思います

が、以上で「植民地近代と身体」ということでのシンポジウムを終わり
たいと思います。みなさまありがとうございました。

おわりに

　質疑応答を振り返ってみると、司会の不手際で、今後の研究の深化に
とってきわめて貴重な視点を提供されていることが確認できなかった。
例えば、「劣等性」の裏返しとしての「自尊心」をどう考えるのか、「劣
等性」と「民族改良主義」あるいは「妥協的民族主義」といわれるもの
との関わりをどう考えるのか、「規律性」の「日常化」と労働生活の関
わりとその意味の再検討、各教科の教科書がもつねらいと挿絵との関連
性の追求、モダニティとモラリティの関係についての意味と意義、とり
わけ、植民地支配と人格形成、それと「例外的身体」との関わりなどで
ある。

　短い時間の中で無理な報告をお願いしたにもかかわらず、貴重な発表
をして下さったシンポジスト各位に感謝すると共に、多様な質疑応答が
できたことをよしとしたい。あと5年後、10年後に司会を除いて、同
じメンバーでの深化した報告が生まれることを期待したい。

イギリスのインド支配と身体

石井昌幸*

はじめに

　植民地下インドのスポーツと身体に関する研究において、その後の展開の嚆矢となったのは、ジェームズ・A・マンガンの著書『ゲームの倫理と帝国主義』である。[Mangan, 1986.]マンガンは、彼の博士論文を基礎にした著書『ヴィクトリア・エドワード時代のパブリックスクールにおけるアスレティシズム』[Mangan, 2000 (1981.)]で、つとに知られ、それは、イギリス・スポーツ史研究の世界ではいまや古典とも呼べる研究書のひとつとなっている[1]。同書は、パブリックスクールと通称されるイギリスのエリート中等教育校を19世紀後半頃から席巻したアスレティシズム（athleticism）と呼ばれるスポーツ教育礼賛思想の成立と展開についての研究書である。その後マンガンは、この教育イデオロギーが帝国主義と連動しながらイギリスの植民地世界へと展開してゆく様相についていくつかの論文を発表したが、それらをまとめた論文集が『ゲームの倫理と帝国主義』である。

　『ゲームの倫理と帝国主義』には、「ある理念の伝播の諸相」との副題が付されているが、この「ある理念」にあたるのがアスレティシズムである。それとは「運動競技、わけてもクリケット、フットボール（サッカーとラグビー）、ボートといった集団スポーツを人格陶冶のための有効な教育手段として重要視する態度のことで、これら競技形式の集団スポーツ……は、男らしさ、忍耐力、協調的集団精神、フェアプレイの精神を養うものと考えられた。」[村岡、1987、228頁。]『ゲームの倫理と

＊早稲田大学准教授

帝国主義』は、アスレティシズムが、19世紀末になっていかにイギリス帝国主義というものと連動し、それを根底で支えていたのかを解明した研究であると言ってよいと思う。この理念は、植民地行政官や宣教師の「人格形成」に影響しただけでなく、植民地各地に作られた現地人エリート学校においても踏襲され、それによって帝国のコラボレーター（協力者）育成が企図された[2]。

『ゲームの倫理と帝国主義』には、英領インドを対象にした論文が2編[3]収録されており、それらは、その後のイギリスの植民地支配とスポーツとの関係についての研究に多大な影響を与えた。ただし、これも副題に「伝播の諸相」とあるように、今日の視点からすれば、支配者側の持ち込んだ理念が、いかに被支配者側に伝播したかという、その意味では定方向的な文化伝播論の枠組みに収まっているという限界があった。

1990年代以降、とりわけ今世紀になって、南アジアの身体・スポーツ史をめぐる研究は、急速に新たな展開を見せた。本稿で紹介するクリケットとヨーガのほかにも、サッカー、レスリング、伝統的身体技法などについての研究がある。文献リストにあげたアパデュライ、セン、ミルズ、オルター、ディメオなどの諸研究[4]がその代表であるが、そこでは、インド側に視点が置かれるようになってきている。本来であれば、それらの研究を網羅的に整理して紹介することが本シンポジウムで筆者が果たすべき役割であったはずだが、もっぱら力不足のために、その任を果たすことができなかった。

以下では、これまでの研究のいくつかに依拠しながら、また筆者が今までに書いてきたものもふまえて、英領インド世界における植民地近代と身体との関係について、いくつかの事例を紹介しつつ、シンポジウムで西尾によって提起された問題意識に、いくらかでも呼応するような議論を試みてみたい。まず、議論のひとつの軸として、K・S・ランジットシンジ（Kumar Shri Ranjitsinhji）という人物の身体を中心に置き、彼を取り巻いた身体をめぐる時代状況についても考察しながら、西尾のあげた「帝国臣民としての身体」、「民族としての身体」、「抵抗の身体」などのキーワードについて、筆者なりにアプローチしたいと考える。

1．インドのイートン

　ランジットシンジ[5]は、1872年9月10日、現在のグジャラート州カチャワール地方西部の小村サロダールの「ラージプート」の家系に生まれた。ラージプートは戦士階級で、ムガール帝国の支配に最後まで抵抗したことで勇猛な武勇の民として知られ、また、イギリス側のコラボレーター（協力者）として支配者側から好意的評価を受けていた。

　カチャワール地方の小藩王国ナーワナガルの王ヴィーバジ（Vibhaji）は、14人の妻を娶ったが男子を得られなかった。王は血縁者にして忠臣の子を養子として王位を継がせようとしたが、1年と経たないうちにその子が宮廷内で毒殺されてしまった。代わって養子に迎えられたのが、同じ忠臣の孫ランジットシンジであった。再び毒殺劇が起きることを恐れた王は、ボンベイ総督府の勧めもあってランジットシンジをラージクマール・コレッジという名の寄宿学校に送ることにした。

　ラージクマール・コレッジは、ランジットシンジが生まれる2年前の1870年12月、カチャワール地方の交通の要衝で西部諸州英国総督本部と軍司令部が置かれていたラージコトに開校した。この学校の創設には、大反乱以降のインド、特に藩王国の統治政策[6]が深く関わっていた。1857年の、いわゆるインド大反乱（セポイの乱）において、民衆が旧来の支配階層に従ったことは、イギリス側にとって少なからぬ衝撃であった。反乱において民衆が旧来の支配者たちにつき従ったことから、イギリスは従来の藩王国併合政策をやめ、直接統治する地域のなかに藩王国をモザイク状に温存する方向に舵を切った。そして、それら藩王国を統治する将来の支配者たちをイギリス流に教育するという方針が打ち出されたのである。こうして「チーフス・コレッジ」と呼ばれるインド版パブリックスクール数校が設立されたが、ラージクマール・コレッジもそのひとつであった。

　チーフス・コレッジには当時、11歳頃から19歳頃までの少年たちが就学していた。全寮制で、5時半起床。毎朝6時から行われる「朝のエクササイズ」は、週3日が体操で、残り4日が乗馬練習であった。課業は朝10時から1時までと、午後2時から5時まで。正課のなかでも課

外でも、スポーツは毎日行われた。授業内容は、英語のほか、ギリシア・ローマの古典語を中心とするパブリックスクール流のリベラル・エデュケーションであったが、同時に、これもアスレティシズム下のパブリックスクール教育と同じく、スポーツをつうじての「人格教育」が重視された。ボンベイ北部管区視学官E・ガイルズの言葉を借りるなら、「正直で実直なジェントルマン、人民のための価値ある為政者となり、かつまた帝国の忠実で啓発された臣民となりうる」人材の育成こそが、この教育の最大の目的なのであった。そしてその象徴的な成果として登場したのが、K・S・ランジットシンジという人物であった。

2．K・S・ランジットシンジ

1880年6月、8歳のランジットシンジは、「インドのイートン」の門をくぐった。彼の名が初めて記録に現れるのはこのときの入学式の記述で、そこには「35番ナーワナガルのランジットシンジ」とある。同級生たちはみな、将来の藩王たちであった。ここで彼は「封建諸侯に対するパブリックスクール教育のパイオニア」と呼ばれた、校長チェスター・マクノートン（1842～96）と出会う。マクノートンは、世紀転換期に本国や帝国各地のイギリス系学校に数多く見られたタイプの校長たちの一人であった。すなわち、スポーツをとおして少年たちを「男らしいジェントルマン」に鍛えあげることこそ、イギリス流中等教育の第一目的であると信じて疑わなかったのである。自ら進んで学生のスポーツに参加し、「アスレティシズムのバイブル」と呼ばれたトマス・ヒューズの小説『トム・ブラウンの学校生活』から、クリケットの場面を読んで聞かせることを好んだ。

ランジットシンジは、優秀な生徒だった。13歳のときには英詩の朗読大会で優勝。同年には体操競技でも賞を受けている。スポーツ万能で、16歳までにはクリケット、ラケッツ、テニスなどの競技で活躍していた。マクノートンが最も可愛がった生徒の一人だったという。

1888年、ランジットシンジの人生に大きな転機が訪れた。ラージクマール・コレッジから生徒3名を選抜し、イギリスで高等教育を受けさ

せることになり、そのうちの一人に選ばれたのである。しかし、このときまでに彼の立場は微妙なものになっていた。在学中に王ヴィーバジの側室が男子を産んだからである。ランジットシンジは、王位継承候補者としての地位を失ったまま、イギリスに渡ることになった。

　1888年夏、初めてイギリスの地を踏んだランジットシンジは、その後の彼の人生を決定づける経験をすることになる。マクノートンに連れられて、クリケットの英豪テストマッチを観戦するのである。すでにこのときのイングランド・チームには、8年後に彼とともに「アッシュ」を戦うことになるW・G・グレイス、R・エイブル、J・ブリッグズらのスター選手が活躍していた。1889年から91年まで、ランジットシンジはケンブリッジ大学トリニティ・コレッジへの受験準備をするが、そのあいだ勉強もそこそこに地元のクラブチームでクリケットに打ち込んだ。プロの投手を雇って打撃練習を繰り返したのもこの頃である。

　1891年、トリニティ・コレッジに入学したランジットシンジは、さっそくそのクリケットの腕前で周囲を驚かせた。ケンブリッジ大学はいくつもの学寮（コレッジ）からなっていて、そのひとつひとつがクリケットチームを持っているが、オックスフォードとの対抗戦などの対外試合になると大学代表チームが組織される。オックスフォードが濃紺、ケンブリッジが水色のブレザーやマフラー、帽子などを身につけることから、大学代表選手のことを「ブルー」と呼んだ。なかでもクリケットやラグビー、ボートといったアスレティシズム時代の花形スポーツでブルーとなることは、こんにちのプロ選手のようなスターとなることを意味した。

　在籍1年目、ランジットシンジは「ライト・ブルー（ケンブリッジ大学代表選手）」に迎えられなかった。自らもクリケット選手で、同時代の著名なクリケット・ライターであったホーム・ゴードンの回想によれば、それは「『われわれに対して、クリケットをどのようにプレーすれば良いかを示す黒んぼ』に対するあまりにも大きな偏見」のためであった。しかし翌93年、インドを訪ね、現地でインド人とクリケットをした経験を持つスタンレー・ジャクソンがケンブリッジ大キャプテンになると、ランジットシンジは、その圧倒的な実力にも裏打ちされてケンブリッジ代表選手に選ばれた。

　1894年春、藩王ヴィーバジが他界すると、前出の側室の子が王位を

継承した。ランジットシンジ側も王位継承権を主張したが、入れられなかった。これを期に彼への経済的支援は著しく減少し、ケンブリッジで就学を続けることが困難となった。ランジットシンジの「ブルー」経験は、わずか9試合で終わるのである。彼は再三の帰国勧告を無視してブライトンでホテル暮らしを始め、サセックス・カウンティ・クリケットクラブでプレーを続けた。この頃すでに派手な浪費生活が目立つようになっていたが、そのような生活はいまや複数の後見人からの援助と多額の借金によって賄われていた。

　経済的不安とは裏腹に、この頃までに「ランジ」の愛称で親しまれるようになっていた彼の名声は、高まるいっぽうであった。サセックス・カウンティ・クリケットクラブの一員としてあげた打撃成績は、歴代記録を塗り替えるものだった。それはイングランド人なら間違いなくテストマッチの代表選手に選ばれるだけのものであったが、インド人がイングランド代表としてプレーすることなど、前例のないことであった。

　1896年、ランジットシンジは年間2780打点、アベレージ57打点をあげ、伝説的強打者W・G・グレイスの記録を破った。ファンやメディアのあいだでは、彼をイングランド代表にとの声があがったが、6月22日からロンドンのローズ・クリケット場で行われた対豪テストマッチに彼の姿はなかった。これには批判が噴出した。そして、7月16日からマンチェスターのオールド・トラフォード競技場で行われた第二戦において、ついにランジットシンジはイングランド代表としてピッチに立つこととなった。この試合で彼は一人で216打点をあげて、敗色濃厚だったイングランドを救った。

　こうして、大反乱以後のインド政策のなかで生まれたインド版パブリックスクールを卒業した一人の若者は、進学のために渡ったイギリスで、クリケットのイングランド代表選手となったのだった。

　以上が、ランジットシンジの前半生と彼を生んだラージクマール・コレッジの概要であるが、次章では、彼の身体を世紀転換期のイギリス帝国という文脈に置いて見てみたい。そこでまず、次節では、ランジットシンジから少し離れて、この時代を席巻していた身体強壮の思想とでも呼ぶべきものについて紹介することにする。

3．帝国主義と強壮な身体

　男性の身体が持つエネルギーというものを、どのように意味づけるかということは、ヴィクトリア時代のイギリス人にとって、きわめて大きなテーマであった。身体の（とりわけ若い男性の）エネルギー、すなわち性欲はもとより、暴飲暴食への欲求や、体力や腕力などは、ときに理性と対置され、キリスト教的な徳目を脅かすものと考えられた。じっさい、ヴィクトリア時代以前の支配階級、なかでもスポーティング・マンとかファンシーとか呼ばれた類型のジェントルマンは、そのような男性的力強さを誇示することを美徳と考える「バンカラ」たちであった。トマス・アーノルドがラグビー校校長としてパブリックスクール改革の旗印にした「クリスチャン・ジェントルマン」の理念は、すでに指摘されているように、有閑階級であるジェントルマンの若者に中流階級的な勤労の倫理を植え付けることにその眼目があったが、もうひとつ、そのような豪放磊落な若者に福音主義的、ピューリタン的な、内省性を叩き込むことも、その重要な目的であった。

　しかし、世紀中葉になると、そのような「女性的ジェントルマン」に対する不満や不安が、カトリシズム批判とも連動しながら力を持つようになる。ここにおいて登場するのが、「筋肉的キリスト教徒（muscular Christian）」と揶揄された一群の人びとである。祈り、内省するだけでは、社会の支配者たりえない。むしろ肉体の強壮をもって目の前の社会問題に積極的にコミットし、あるべき社会の実現にむかって直接働きかけること。筋肉的キリスト教徒の多くがキリスト教社会主義（キリスト教布教を通じて貧民救済などの具体的な社会改良を行おうとする一派）との接点を持っていたことも、おそらくここに起因する。

　ただし、ここでの身体の強壮さが、たとえば「喧嘩が強い」といったような直接的な肉体的力の行使とは異なっていた点にも注意が必要であろう。それはむしろ、もっと象徴的かつ様式的なものであった。肉体の暴力性を保持しつつ、その抑制を誇示するところに、そしてそのエネルギーのはけ口を「道徳的に正しい方向」に向ける術を心得ていると見せるところに、この強壮さの意味があったのである[7]。

スポーツ、とりわけクリケットは、そのような意味での男性性（masculinity ; manliness）を体現するものと考えられた。うなりをあげて飛んでくる硬球に、ひるむことなく立ち向かってウィケットを死守する勇気、打球を素手でつかみ、その痛みにも顔色ひとつ変えない忍耐。それでいて全体としては洗練された身のこなしを片時たりとも失わない態度。チームのためには自己犠牲を厭わず、キャプテンの指示通りに動き、たとえ自らに不利な判定でも審判には唯々諾々と従う。そして、勝っても負けても、軽いジョークを飛ばしながら互いに「ゲームを楽しんだ」ことを讃えあう。実態はともあれ、クリケットを取り巻くそのような様式のなかに、人びとはヴィクトリア時代的ジェントルマンと、その男らしさの理想を仮託した。

クリケットは、「帝国的スポーツ」でもあった。それは英語や欽定訳聖書とともに、世界各地に散った「アングロ＝サクソン」の文化的紐帯を最もよくあらわす文化であると考えられていた。本国人と植民地に住むイギリス系住民との文化的紐帯としてクリケットが果たした役割を考える際に最も重要なのは、オーストラリアとの関係であろう。すでに 1861 年、H・H・スティーヴンソン率いるイングランド・チームが豪州遠征を行っているが、世紀末までにはこれが「テストマッチ」と呼ばれて制度化され、毎年英豪どちらかで数試合が行われることになっていた。当初は本国に「レッスンを受けて」いた植民地であったが、1877 年に地元でイングランドを破ると、82 年にはロンドンのオーヴァル・クリケット場でもイングランドを倒すまでになった。世紀末までには、英豪テストマッチは数万人の観客を集める国民的関心事になっていた。人気カードは 2〜3 万人もの観衆を集め、試合結果は電報や新聞によってただちにイギリス中に配信されたし、専門の活字メディアも発達した。

ランジットシンジがイングランド代表となった 1896 年は、ヴィクトリア女王即位 60 周年の前年である。翌 97 年、祝賀ムードにわくイギリスで、植民地インドからやってきたラージクマールの子「プリンス・ランジ」はイギリス帝国を、ある雑誌記事のなかで「われわれの帝国」として賞讃した。「インドのイートン」が目指した「帝国の忠実で啓発された臣民」育成は、ランジットシンジのなかにその最大の成功を見いだしたように見える。クリケットでイングランドと、その植民地としての

インドを代表した「ランジの身体」は、西尾があげた「帝国臣民としての身体」の具現化に他ならなかったと言えるであろう。

4．包摂と排除

　それでは、帝国主義時代のイギリスの人びとは、ランジットシンジの「帝国臣民としての身体」に、どのようなまなざしを向けたのだろうか。これについては、筆者も以前書いたことがあるし、近年ではサタドール・セン（Satadru Sen）による優れた研究が出されている。以下ではそれらに依拠しながら、「ランジ」をめぐる表象の問題について考えていきたい。

　ランジットシンジは、その生涯において何度も人種差別的な待遇に遭遇したが、それらは常に露骨に顕在化したというわけではない。クリケット選手としての彼の実績は高く評価され、メディアでも多くの場合むしろきわめて好意的に受け入れられている。インド副王ウィリンドン卿は、後年ランジットシンジについて「彼は、ふたつの人種の協力と友情と善意の大使でした」と述べたが、この「インドとイギリスの友情のシンボル」という言い方は、ランジットシンジを語る際にしばしばもちいられ、彼自身もまた、そのようなイメージを積極的に引き受けた。ファンやメディアも熱狂的に「ランジ」を迎えた。彼の姿は煙草の付録カードに印刷され、彼の名はバットやシューズなどのクリケット用品はもとより、マッチ、整髪料、サンドウィッチなどにまで使用された。当時の英豪テストマッチを描いた戯画において、イングランドとオーストラリアはライオンとカンガルーによって表象されたが、それと同じような意味において、「ランジ」はインド女帝ヴィクトリアの統治する「新しいインド」のアイコンとして世紀転換期のイギリス人の前に立ち現れたのである。

　けれども、インドからやってきた褐色のクリケット選手は、「われわれの帝国」の一員であると同時に、いっぽうで「彼ら」、遠くオリエントからやってきた「他者」でもあった。高級紙から大衆メディア、パーティーでのスピーチに至るまで、「ランジ」をめぐる表象にはオリエンタリズム的なイメージがあふれていた。最も顕著なのは、彼をして「イ

ンド」や「東洋」を「代表＝表象represent」させるという語り方である。「ランジ」は不思議な光を放ち、くねくねとした動きで信じられないプレーをする魔術師として描かれた。また、その際にしばしばイングランドの選手と対置され、「西洋の合理的で規律的な動き」に対して、「東洋の神秘的で詩的な動き」が強調された。

　もちろん、ランジットシンジが細身でしなやかな動きをしたこと自体は事実であろう。「ランジ」をめぐる語りが、彼の持つ実際の身体的特徴やクリケットの技術面での特色などと無縁であったわけではない。けれどもそれは、ランジットシンジという一人の人間の個性を越えて、「東洋」という歴史的言説の網の目へと接続されていったのである。彼の身体的、技術的特徴は、それがあたかも人種的、地域的な属性に起因するかのように語られた。彼の一挙一動が、「東洋」をめぐる既存の無数のテキストによって築き上げられた漠然としたイメージを喚起した。

　近年、ランジットシンジに関する研究書を上梓した前出のサタドール・センは、このような「ランジ」の身体をめぐる表象の背後に、「柔弱なインド人対強壮なイギリス人」というインドや東洋を語る際のジェンダー化された二項対立的な認識が大きな影響をおよぼしていた点を指摘している。そこでは、強壮さと男性性が「西洋」の側に割り振られ、柔弱さと女性性が「東洋」の側に配分された。

　じっさい、1857年の大反乱以降の統治政策のなかで、イギリスはインド人を「種族（race）」によって分類し、「マーシャル・レース（martial race）」というカテゴリーを造り出した。マーシャル・レースとは、「戦士的種族」とでも言ったような意味で、ランジットシンジの出自であるラージプートをはじめ、グルカ人、パンジャブ人、シク教徒などがこれに区分され、「男性的種族」として積極的に軍務に登用された。

　逆にベンガル人は、「ノンマーシャル・レース」の代表格とされ、柔弱な「女性的種族」として、軍から排除された。マーシャルとノンマーシャルとの区分は、じっさいには大反乱に際してイギリス側に忠実（loyal）であったか不実（disloyal）であったかということが大きな判断基準となっていて、多くが反乱側についたベンガル人は、ノンマーシャルの側に分類され、マーシャルなパンジャブ人やグルカ人とはその「種族的特性」において異なるとされることになった。「女性的種族」の代表であ

るベンガル人は、「ギリシア語の知識はあっても、勇気はウサギなみ」であり、わけても英語教育を受けた中流階級男性は、しばしば「バーブーBabu」という蔑称で呼ばれた。彼らは植民地体制下で下級の行政職や専門職に従事したが、身体的にも精神的にも脆弱な民であるとされた。1899年、イギリス人ジャーナリストG・W・スティーヴンスは次のように書いている。

> 「彼らの脚によって、ベンガル人を知れ。自由人の脚は、しっかりと立つことができるように、真っ直ぐか、あるいは少しだけO脚である。……ベンガル人の脚は、皮と骨だ。脚全体が上から下まで同じ太さで、膝はがくがくしているか、そうでなければとても太くて球のような形をしており、太ももは女のそれのようにふっくらとしている。ベンガル人の脚は、奴隷の脚だ。」〔石井、2004、102頁。〕

だから、1911年7月19日、カルカッタのマイダーン公園で、裸足のベンガル人サッカー・チーム、モハンバガンが6万人とも10万人とも言われる観客を前に、インドで最も権威ある大会、インド・サッカー協会シールドで、カルカッタに駐留するイギリス連隊チームを破ったことには、たんなるスポーツの勝利以上の意味を持った。ベンガル語日刊紙『ナヤーク Nayak』は次のように書いた。

> 「米を食べ、マラリアに苦しむ裸足のベンガル人が、牛肉を食べ、ヘラクレスのような、ブーツを履いたジョンブルに、あのイングランド特有のゲームにおいて勝ったのを知ることは、すべてのインド人の心を歓びと誇りでいっぱいにした。あんなにみんなが全身全霊で歓んでいる姿は、これまでに見たことがない。男も女も、同じようにその歓びを共有し、花吹雪を巻き、抱擁しあい、大声をあげ、叫び、金切り声をあげ、あるいはダンスさえ踊って、それを表現した。」〔石井、2004、99頁。〕

スポーツ史家トニー・メイソンの論文に登場するこのエピソードは、ランジットシンジの表象と比較するとき、植民地下において「民族の身

体」というものをアプリオリに想定することの危険性を教えてくれるであろう。裸足のベンガル人たちが戦ったのは、イギリス人連隊チームのみならず、支配者側から与えられた「女性的種族」という自己認識でもあったからである。逆に、ラージプート出身のランジットシンジは、常に自らを「マーシャル・レース」の一員として表象しようとした。しかし、イギリスでの彼は、アスレティシズム的な男性性とは対極に位置する、壊れやすく（fragile）、霊妙な（ethereal）存在として表象され続けたのである。［Sen, 2012, p.69.］

ここにもうひとつ、センの論文にある、1896年のベンガル語新聞 *Bangabasi* の記事を置いてみたい。

「かつて、この国の人びとは、のちにそうなったほどに柔弱ではなかった。どの村にも体育場があって、そこではレスリングやこん棒を使った剣術やその他の運動が常時行われており、村の若者たちは、それらを活発に行っていた。当時、ベンガルの村々では、頑健で屈強な若者たちは珍しくはなかった。人びとは、こんにちのように無力ではなく、群盗に対しても自衛することができた。そのうえ、ムサルマン政府は、銃刀法を考案するほど狡智に長けてはいなかったから、人びとは許可証などなくても剣と盾、銃、槍を保持し、それを使うことができた。だが今日、人びとは武装解除され、無力で柔弱になった。人に仕えることを好むようになり、男らしいスポーツと運動を憎悪するようになった。あらゆる男らしいスポーツと運動を捨て去り、いまや彼らは、自分の財産と自分の女の貞操とを守るのに完全に警察に頼るようになってしまったのである。イギリス式の教育は、我々を文明化などしなかった。我々を、他人の手で動く操り人形、道具にしたのである。」［Sen, 2004, pp.70-71.］

この文章を読む限り、柔弱なインド文化に、イギリスが身体強壮の文化を持ち込んだのではなく、ほんらい強壮な身体を持っていた文化がいったん武装解除（非暴力化）されたうえで、植民地政府の力の下で暴力が一元化され（簒奪され）、それがオリエンタリズム的な二分法の下に再編されたのだと考えるべきであろう。

いずれにせよ、「ランジ」が表象した「帝国臣民としての身体」は、いわばイギリス帝国という想像された共同体のなかのファンタジーに過ぎなかった。それは、大反乱以後のイギリスのインド政策のなかで生まれた「インドのイートン」での教育の賜物と考えられたが、イギリス側はいっぽうで、そのような教育によって規律・訓練化された屈強なインド人を量産することなど望んではいなかったし、ランジットシンジのような人物が次々に出てくることを願ってもいなかった。「ランジ」の身体は、「イギリス支配下の新しいインド」のアイコンとして「われわれの帝国」のなかに包摂されながら、同時にオリエンタリズム的な二分法の下で注意深く差異化・排除されたのであった。

5．ヨーガの近代史

ここで、やや唐突に思われるかもしれないが、植民地下インドにおける身体という問題をめぐって、マーク・シングルトンによるヨーガの近代史の研究［Singleton, 2010.］を紹介しておきたい。西尾の「民族としての身体」や「抵抗の身体」という視点を考える際に、シングルトンの著書は示唆的であると考えるからである。本稿の関心にそってその骨子をまとめると以下のようである[8]。

もともとヨーガというのは、「心の作用の止滅＝解脱」に至るための行程のことで、いくつかの段階的要素から成っていた。現在世界中で行われているヨーガは、それらのなかからプラーナーヤマと呼ばれる呼吸法とアーサナと呼ばれるポーズを取り出して再編したものである。現代では特にアーサナの部分が、ヨーガと同義のように認識されているが、それはほんらい解脱のために実践された補助的手段に過ぎなかった。本稿の文脈で重要なのは、このような形のヨーガの成立もまた、植民地近代という時代状況と深く関わっていたという点である。

ごく大雑把にまとめるなら、近代化の過程のなかで、ヨーガは西洋人によって、いったんふたつに分離され、やがてインド人自身もその認識を引き受けていった。そのひとつは、深遠な東洋の神秘思想としてオリエンタリストたちによって古典文献のなかに発見されたヨーガ思想。も

うひとつは、実際にインドに赴いた西洋人が遭遇したヨーガ行者たちによる実践である。前者が真剣な学問的研究対象となったのに対して、後者はしばしば、魔術、性的放蕩、不潔さ、飢餓などのイメージのもとに表象された。17世紀半ばにインドを訪れたフランソワ・ベルニエ(『ムガール帝国誌』で知られるオリエンタリスト)は書簡のなかで、「真に神と合一しているとの名声を享受する」修行者に言及しているが、彼らの姿はベルニエに中世ヨーロッパの占星術やオカルト、狂気などのイメージを喚起した。彼が見た修行者たちは、裸同然で灰に覆われ、腕は痩せ細り、もつれた長髪とよじれた長い爪をして、痛々しい姿勢で木下に座る奇妙な人びとであった。

現代ヨーガの源流のひとつである「ハタ・ヨーガ」は、アーサナを重視したために、こうしたヨーガ行者のイメージと重ね合わせられるようになる。そのため、19世紀末になってサンスクリット語のヨーガ教典のいくつかが翻訳され、ヨーロッパに紹介されるようになると、ハタ・ヨーガは本来のヨーガ思想を俗化させた誤った実践として排除されるようになった。オリエンタリストたちにとって、文献のなかのサーンキャ哲学やヴェーダーンタ思想は東洋の深遠な知の体系であったが、ハタ・ヨーガは、怪しげな行者たちによるその退化した姿に過ぎなかったのである。

ところが、19世紀末から20世紀初めになって、ヨーガに新たな局面が訪れる。それはいわば、西洋人によって分離された二つのヨーガを、インド人自身が引き受けていく過程であったと言えるであろう。ひとつは、ヨーガをインド思想の代表として欧米に紹介しようとする宗教家たちの活動によるもの。もうひとつは、ヨーガを伝統的な身体訓練法、一種の体操として、西洋流の身体強壮の思想と接続しようとする実践家たちの活動によるものである。

前者は、ヨーガにつきまとっていた負のイメージを払拭するために、ハタ・ヨーガと「真のヨーガ」とを切り離すことに躍起になった。その代表的な人物に、スワーミー・ヴィヴェーカーナンダ(1863-1902)がいる。彼は、1893年にシカゴ万博と併催された世界宗教者会議に出席し、以後、1896年まで欧米各地でインドの精神的理想を説いてまわった。大学を卒業し、英語が堪能で、西洋的な教養を身につけ、富裕で進歩的な弁護

士を父に持つヴィヴェーカーナンダにとって、ハタ・ヨーガは否定されるべき過去の遺物であった。著書『ラージャ・ヨーガ』（1896）のなかで、彼は自らの説くヨーガ思想とハタ・ヨーガとのつながりを否定し、ハタ・ヨーガを霊的な達成をめざすヨーガ本来の目的とは無縁のものであるとした。ヴィヴェーカーナンダは、瞑想の重要性を強調し、アーサナや呼吸法は行わなかった。

　一方、すでに19世紀後半には、アーサナをインドの伝統的体操として再評価し、西洋式の体操と接続しようとする動きが見られるようになった。もともとアーサナは一定の姿勢を長時間保ち続けるのが基本で、連続的な動作は行われなかったのだが、そのようなシークエンスを持ち込んだ体操化が試みられ、インドの学校教育やYMCAの体育プログラムにも取り入れられる試みがなされるようになる。また、都市ブルジョワ層のなかには、ユージン・サンドウの「身体文化（physical culture）」に影響を受けてヨーガをボディビルの一種として実践する者も現れた。20世紀初めになると、インド人体育教師スワミ・クヴァラーヤーナンダによって大衆向けの「ヨーガ体操」も考案されている。

　アーサナによる体操は、独立運動家たちにも取り入れられた。彼らもまた、「柔弱なインド人」というイメージを払拭すべく一種の体操クラブをつくって身体鍛錬に心血を注いだが、そこでアーサナは、インド伝来の身体鍛錬法としての地位を与えられた。このような体操クラブのいくつかは、活動家たちの隠れ蓑になる場合もあったという。オリエンタリズムを逆手に取って、アーサナを興行に用いる者もいた。この時期に欧米でヨーガを見せ物とした行者たちは、針のむしろに横たわり、腹の上に渡した板の上を象に歩かせ、首で鎖を引きちぎったが、それはたんに西洋人のオリエンタリズムを刺激するためだけではなく、ヨーガで鍛えた心身がヨーロッパ的身体鍛錬法を超える超自然的な力を持つものであることを誇示するためであったという。

　いずれにせよ、こんにち私たちの知るヨーガも、植民地近代という時代のなかでの「柔弱なインド人対強壮なイギリス人」という二項対立的な認識への対応として再編されたものであることをシングルトンの研究は示している。

むすびにかえて

　最後に、ガンディーの身体について触れて、むすびにかえたい。ガンディーの「糸車をまわす身体」は、植民地近代における身体強壮の思想と、どのような位置関係に置かれるべきだろうか。

　ガンディー（Mohandas K. Gandhi）が渡英したのは、ランジットシンジがイギリスに渡った数ヶ月後のことで、2人は同じカチャワール地方の近隣の出身である。渡英に際してガンディーは、4通の紹介状を携えていたが、そのうち一通はランジットシンジ宛てのものであった。［ガンジー、2010、68頁。］しかし、二人が互いをどの程度認知していたか、彼らの人生になんらかの交点があったかは、不明である。［Sen, 2004, p.24.］ガンディーは自叙伝のなかで、学生時代をこう回想している。「校長は上級の生徒に対して体操とクリケット競技を正課にした。わたしは両方とも好きではなかった。正課になる前は、クリケットにしろ、フットボールにしろ、一度も練習に加わったことがなかった。」［ガンジー、2010、30-31頁。］

　以前、筆者はこの一節を引きながら、次のように書いたことがある。「周知のとおり、新しい時代は「ランジのインド」とは異なった文脈から生まれることになる。その意味では、独立運動の過程のなかでガンディーが、いわば「伝統的身体」へと回帰していこうとしたことは興味深い。」［石井、2002、314頁。］しかし、文化人類学者ジョセフ・オルターは、2000年に上梓した著書『ガンディーの身体』［Alter, 2000.］のなかで、「ガンディーの身体は、伝統的インドに回帰しようとしたのではなく、彼の身体もまた、植民地経験のなかから案出されたオルタナティヴな近代を体現しようとしたものだったのである。」［Alter, 2000, p.x.］としている。

　オルターの著作で明らかにされているのは、ガンディーの植民地主義との闘争が、身体をめぐる闘争でもあったことである。ガンディーは著作や講演において、禁欲をはじめ、食、座浴、衣服、夜具などに関して、身体に関するさまざまな規範を示し、自らそれを実践したが、それはガンディーが、自治（スワラージ swaraj＝自治/自律（self-rule））というものを政治における原理であるとともに、身体における原理である

と考えていたからであった。［Alter, 2000, p.xi.］むしろ、政治的な体制(body)における自治は、国民一人一人の身体（body）の自律の延長上になければならなかった。自らが消費する食糧や衣服を自らで作ること。禁欲・節制・衛生に留意して、身体のエネルギーをコントロールすること。自らの身体を律する（self-rule）ことのできない民族に、自らの国家を治める（self-rule）ことはできないとガンディーは考えた。

　ただし、一見、東洋の伝統的な身体観への回帰にも見えるガンディーの実践は、ルイス・キューネ（Louis Kuhne：1835-1901）などに由来するヨーロッパの代替療法に多くの着想を得ていて、ガンディー自身それを、自らの実験の積み重ねによる「科学的理論」であると考えていた。［Alter, 2000, p.14.］ガンディーの身体もまた、植民地近代という時代の奔流のなかから案出された、近代のひとつのありかただったのである。本稿の文脈で言うなら、ガンディーのスワラージは、身体、健康、モラリティといった問題を、アスレティシズム型の強壮の思想から切り離し、インドという多様な世界に、ひとつの民族（nation）の身体＝政治機構（body）を立ち上げようとするところにあったと考えられる。

　このように考えるなら、インドになんらかの「民族としての身体」のようなものが、もともと実体として存在し、それが西洋的な身体観に支配・抑圧されたり、それに抵抗したりしたと考えるよりも、むしろその「民族としての身体」もまた、植民地近代という状況への対応として切り出されてきた身体観として見る視点が必要であろう。植民地近代という時代の圧力に対する多様な反応のなかで、外来のものと旧来のものとが、新たな意味づけを獲得しながら再編されていくプロセスとして、この時代における身体の歴史を見ていくことが必要であろう。

【註】
1　同書を基礎としながらアスレティシズムについて整理した日本語論文としては、以下が便利である。村岡健次、「「アスレティシズム」とジェントルマン」、村岡健次（他編）『ジェントルマン：その周辺とイギリス近代』、ミネルヴァ書房、1987年。
2　このような研究状況のためか、学校体育の制度史という観点からのインド体育史研究は、少なくとも英語圏ではほとんど見あたらない。その意味では、本研究会でこれまでに行われてきた教科研究やその内容、教材研究などをベースとした実証研究の水準の関心に耐えうるような成果を紹介できない

ことは残念である。ただ一方で、本稿で取り上げたような数多の断片的な事実の総体こそが、インドの身体をめぐる植民地経験の有り様をよく表わしているとも言えるであろう。そこでは、誰かが全体を計画して物事が進行したわけではなく、個々のエージェントが、さまざまな文脈の中で植民地下インドでの「身体の近代化」への圧力に直面し、その経験のなかを生きながら、それらの集合が、インドにおける身体の植民地近代というものを織りなしていったとも考えられるからである。

3 以下の2つの論文である。"Eton in India : The Careful Creation of Oriental 'Englishmen' および 'Christ and the Imperial Games Fields : Evangelical Athletes of the Empire'

4 インド・スポーツ史に関する英語圏の研究は、もっぱらクリケット史を中心に行われてきた。その先駆的なものとしては、Cashman, Richard, *Patrons, Players and the Crowds: The Phenomenon of Indian Cricket*, Delhi: Longman, 1980 と Bose, Mihir, *A History of Indian Cricket*, London : Andre Deutsch, 1990 があげられる。前者は、ボンベイの商業階級であったパールシー（ゾロアスター）教徒たちが、ヒンドゥーとイスラームの下位にあった商業階級として積極的にイギリス文化を受容し、すでに19世紀中葉にクリケットを行っていたことを紹介している点で興味深い。後者はジャーナリストによる大著であるが、前者と同じく戦後史が中心となっており、また学術的な分析の視点に乏しいため、本シンポジウムの関心からは物足りない。その点、マンガンの *The Games Ethic and Imperialism* 所収の2論文は、その後の研究にもしばしば引用され、数多の後続研究をインスパイアしたと思われる。近代クリケットの通史としては、Sandiford, Keith A. P., *Cricket and the Victorians*, Scolar Press, 1994 があって、このなかにも若干、インドやランジットシンジについての記述があるし、帝国各地でのクリケットの展開を扱った論集 Stoddart, Brian and Sandiford, Keith A. P.(eds.), *The Imperial Game: Cricket, Culture and Society*, Manchester University Press: Manchester, 1998 は、インドに一章を割いている。

しかし、2000年代に入っての南アジアに関するスポーツ・身体を扱った歴史関係の研究の活況は急激で、筆者の手元にあるものだけでも、本稿の「主要引用・参照文献」にあげたもの以外に以下のものがある［出版年順］。Alter, Joseph S., *The Wrestler's Body: Identity and Ideology in North India,* Berkeley, CA: University of California Press, 1992 ; Guha, Ramachandra, *A Courner of a Foreign Field: The Indian History of a British Sport,* Houndmills: Macmillan, 2003 ; Mills, James and Dimeo Paul, "'When Gold is Fired It Shines': Sport, the Imagination and the Body in Colonial and Postcolonial India", in Bale, John and Cronin, Mike (eds.), *Sport and Postcolonialism,* Berg: Oxford, 2003 ; Majumdar, Boria and Mangan, James A., *Sport in South Asian Society: Past and Present,* Routledge: New York, 2005 ; Mills, James H., *Subaltern Sports: Politics and Sport in South India,* London: Anthem Press, 2005 ; Majumdar, Boria and Bandyopadhyay, *A Social History of Indian Football: Striving to Score,* Abingdon: Routledge, 2006 ; Sisodoa, Mithlesh K. Singh, "India and the

Asian Games: From Infancy to Maturity", in Fan Hong, Sport, *Nationalism and Orientalism: The Asian Games,* Abingdon: Routledge, 2007, pp.1-10 ; Majumdar, Boria, *Cricket in Colonial India 1780 – 1947,* Routledge: London, 2008 ; Chakraborty, Subhas Ranjan, Chakrabarti, Shantanu and Chatterjee,Kingshuk（eds.）, *The Politics of Sport in South Asia,* Abingdon: Routledge, 2010 ; Ganneri, Namrata R., "The Debate on 'Revival' and the Physical Culture Movement in Western India (1900-1950) ", in Kartrin Bromber, Birgit Krawietz, and Joseph Maguire (eds.), *Sport across Asia: Politics, Cultures, and Identities,* New York: Routledge, 2013, pp.121-143.

5　ランジットシンジの伝記は、彼の存命中に書かれた Standing, Percy Cross, Ranjitsinhji：Prince of Cricket, Bristol: T. W. Arrowsmith, 1903 および Wild, Roland, The Biography of His Highness Shri Sir Ranjitsinhji, London: Rich and Cowan, 1934 に始まる。特に後者は「公式伝記」とされ、基本的な事実のほかに、ランジットシンジが自らをどのように書いて欲しかったかを知る上でも史料的価値が高い。Ross, Alan, *Ranji,* Pavilion Library, 1988（1983）は、クリケット書籍の出版社から出されたもので分析視点には乏しく、出典も明記されていないが、基本的な事実を知る上で役に立つ。Wild, Simon, Ranjitsinhji：His Record Innings-By-Innings, West Bridgeford：Association of Cricket Statisticians, 1990 は冊子で、クリケットの記録集である。近年になって、また数冊の伝記が出された。Wild, Simon, Ranji: The Strange Genuis of Ranjitsinhji, London: Kingswood Press, 2005 (1999)、Chambers, Anne, Ranji: Maharajah of Connemara, Wolfhound Press: Dublin, 2002、Rodrigues, Mario, Batting for the Empire: A Political Biography of Ranjitsinhji, New Delhi: Penguin Books India, 2003、Sen, Satadru, Migrant Races：Empire, Identity and Ranjitsinhji, Manchester：Manchester University Press, 2004 の 4 書であるが、後者の 2 冊は重要で、特にセンの Migrant Races は、ランジットシンジ研究の現時点での最高峰と言ってよい。また、筆者も以前ランジットシンジについて書いたことがあり [石井 2002。]、本稿の叙述は主にこれに依拠している。ここで筆者は「ランジ」の表象分析を試みたが、その後センも、2012 年に上梓した Disciplined Natives でランジットシンジの表象分析に一章を割いている。そこでの分析は、おおむね筆者の理解と共通している。

6　藩王国統治政策については、さしあたり以下を参照。Keen, Caroline, *Princely India and the British: Political Development and the Operation of Empire,* London: I. B. Tauris, 2012.

7　ヴィクトリア時代における身体強壮に関する基本図書としては以下がある。Heley, Bruce, *The Healthy Body and Victorian Culture,* Harvard University Press: Cambridge, MA, 1978. またこの時代の「男性性」をめぐる諸相については以下を参照。Mangan, James A. and Walvin, James, *Manliness and Morality: Middle-Class Masculinity in Britain and America, 1800-1940,* Palgrave Macmillan, 1987.

8　ヨーガ研究も、2000 年代になって歴史家や文化人類学者の手で行われるようになった。本章の叙述は、以前筆者らがシングルトンの研究を紹介した

小論［石井、永嶋、2012年。］によっている。シングルトンの研究のほかにも、近年、以下のようなヨーガ研究が出されている。Alter, Joseph S., *Yoga in Modern India: The Body between Science and Phylosophy*, Princeton University Press: Princeton, 2004、Michelis, Elizabeth De, *A History of Modern Yoga: Patanjali and Western Esotericism*, Continuum: London, 2004、Strauss, Sarah, *Positioning Yoga: Balancing Acts across Cultures*, Berg: Oxford, 2005、Singleton Mark and Byrne Jean (eds.), *Yoga in the Modern World: Contemporary Perspectives*, Routledge: London, 2008 などがあげられる。我が国でも文化人類学者竹村嘉晃による「グローバル時代における現代インドのヨーガ受容」、『スポーツ人類学研究』(9)、2008年、29～51頁や宗教学者伊藤雅之による「現代ヨーガの系譜—スピリチュアリティ文化との融合に着目して—」、『宗教学研究』、84巻4輯、2011年などが、その先駆的な成果である。

【主要引用・参照文献】
Mangan, James A., *The Games Ethic and Imperialism : Aspects of the Diffusion of an Ideal,*, Hammondworth : Penguin Books, 1986.
Mangan, James A., *Athleticism in the Victorian and Edwardian Public Schools,* Frank Cass : London, 1981 (2000).
Mills, James H, and Sen Satadru (eds.), *Confronting the Body: The Politics of Physicality in Colonial and Post-Colonial India,* Anthem Press: London, 2004, pp.58-79.
Sen, Satadru, *Disciplined Natives: Race, Freedom and Confinement in Colonial India,* Primus Books: Chennai, Kolkata and Lucknow, 2012.
Sen, Satadru, *Migrant Races : Empire, Identity and Ranjitsinhji,* Manchester : Manchester University Press, 2004.
Singleton, Mark, *Yoga Body : The Origins of Modern Posture Practice,* Oxford : Oxford University Press, 2010.
石井昌幸、「カルカッタ、裸足の進撃」、『現代スポーツ評論10』、創文企画、2004年5月、90～103頁。
石井昌幸、「フィールドのオリエンタリズム：K・S・ランジットシンとわれわれの帝国」、『近代ヨーロッパの探求(8)スポーツ』、ミネルヴァ書房、2002年、279～318頁。
石井昌幸、永嶋弥生、「現代ヨーガの誕生：身体文化におけるグローバルとローカル」、『体育の科学』、第62巻、第5号、2012年、349～354頁。
マハトマ・ガンジー、蝋山芳郎訳『ガンジー自伝』、中公文庫、2010 (1983) 年。

植民地朝鮮における近代性と民族の「身体」
―― スポーツによる民族的劣等感の払拭 ――

金　誠＊

1．はじめに

　朝鮮半島における日本の植民地支配は当該期の朝鮮人知識人ら（民族主義者ら）に劣等感を抱かせることになった。彼らの抱く劣等感は自らの民族の「身体」をどのように規定し、またそれをどのように乗り越えていこうとしたのか。本稿においては植民地朝鮮におけるスポーツに着目しながら植民地期の朝鮮人知識人らが抱いた被支配者としての劣等感を払拭していこうとした軌跡をいくつかの言説と事例に基づき考察していきたい。またスポーツでの朝鮮人の活躍を支配者側はどのように見ていたのか、このことについても若干触れてみたい。
　本稿における研究の対象時期は植民地期のなかでも1920年代～1930年代のいわゆる皇民化政策が始まる以前の文化政治期に限定している。この時期に限定する理由としては植民地朝鮮における「近代性」の問題を問うていくときに最も重要な時期に当たると考えられるからである。朝鮮人による言論機関の登場、女性の解放運動のはじまり、京城の都市開発の進展など、1920年以降の朝鮮半島は徐々にではあるが近代的なるものを自らの手で朝鮮民族に敷衍していく下地が出来つつあった。ただこのことは植民地近代化論で議論がなされている通り、過大に評価することを差し控えざるをえないが、支配者側による朝鮮半島の近代化を図る事業に包含される、あるいは並行するかたちではあったにせよ、この時期、朝鮮半島における近代性の萌芽をみた時期であることは確かである。ゆえに本稿の主旨は近代性の是非を問うものではない。植民地朝

＊地域共創学群准教授

鮮においてスポーツに付された近代性の意味を考察することに目的をおいている。

　ではこの時期のスポーツ状況とは如何なるものであったのか。ここでは考察の前提として日本のスポーツ状況について簡単に確認しておきたい。

　1920年代における日本のスポーツはそれまでスポーツが活発に行われる場所であった学校という制度的枠組みを越えて民衆に熱狂的に受け入れられる文化へと変貌を遂げていく。このことについては坂上の研究が詳しい。坂上は1920年代、1930年代の日本のスポーツ状況に着目し、民衆がスポーツに熱狂していくなかでいくつかの複層的な日本の社会状況（天皇制の揺らぎ、社会主義思想の蔓延、恐慌など）とスポーツが如何に繋がっていったのかについて明らかにしている。そしてその熱狂に乗じて帝国日本による戦略的なスポーツの配置が模索されることとなり、人々の熱狂を作り出すスポーツというスペクタクルに権力主体がどのように関与していったのかについて述べている[1]。

　この1920年代、とりわけ1928（昭和3）年にオランダのアムステルダムで行われた第9回オリンピック競技大会では日本スポーツ史上初めて陸上の織田幹雄が金メダルを獲得し、水泳の鶴田義行も金メダルを、また女性アスリートとして人見絹枝が銀メダルを獲得するなどの活躍を見せている。こうした国際スポーツにおける日本人選手の活躍は人々のスポーツへの関心を高めることに大きく寄与したであろうことは想像するに難くない。またそれと同時にオリンピック競技大会という西洋を中心とする世界各国が挙って与する出来事に朝鮮半島の人々も影響されざるを得なかったであろう。こうした日本のスポーツ状況、また国際スポーツの状況を踏まえながら以下において植民地朝鮮における近代性と民族の「身体」について考察してみたい。

2．朝鮮民族の「身体」と知識人らの劣等感

　植民地支配を受けることにより抱いた朝鮮人知識人らの劣等感は如何なるものであったのか。「身体」に関する言説を通してその心情を確認

してみたい。以下では朝鮮体育会設立時の新聞記事、ならびに金昌世の「民族的肉體改造運動」を手がかりに考察の緒に就いてみる。

（１）朝鮮体育会設立の主旨

東亜日報主筆であった張德秀は1920（大正9）年7月16日の東亜日報社説に「朝鮮體育會に對して」という記事を書いており、この社説には当時の朝鮮人知識人らが見た民族の「身体」が現れていた。この社説の副題は「民族の發展は健壯なる身體から」とされていた。社説には「見よ、西洋人の體格と吾人のそれとを、またそのエナジーと吾人のそれとを、その醜さと劣っていることの過大であることを」[2]という言葉も見られ、朝鮮民族の「身体」が如何に西洋の「身体」に比べて劣っているのかについて記述している。さらに身体そのものについての言及だけに止まらず、西洋における文化の発達は身体の発達と相関しているのだと述べ、朝鮮民族と西洋人の「身体」を比較しながら朝鮮社会の文化的な発達を促すために身体の発達向上が必要であるということを強く訴えるものであった。

体育会設立はその方策のひとつとして論じられている。それでは体育会について述べられた部分を以下にみてみよう。

　　此れを回復して元氣を作興し身體を得達するをもって社會の發展と個人の幸福を企圖すれば、その途ただ體育を奬勵し天賦の生命を身體に暢達する外に他途が無く、大概體育の奬勵と道德の刷新が合一するところの理由は如何なるものか。體育の本意は自然の法則と原理にしたがい自然の生命を發揮することにある。故に安逸と虛偽と貧を掃蕩するのにこの元氣を作興する所以となる。または道德を一新する理由である。道德が高潔であるならば人生が明明となり、知識に對して絶（ママ）に聰明を發揮しうるが、これは實に體育が個人の身體の發達と國家社會の健康に關するのみにあらず、あるいは一般文化增進に對して深甚たる意義が有った所以である。これは體育會の文化的價値である。在来朝鮮社会に個個の運動團體が無かったことはない。しかしこれを後援して奬勵し、聯絡する社會的統一的機關の缺如は現今國際聯盟の規約で世界人民の健康增進を規定し、世界

的競技大會が年年到處で開催される此時に當りて、個個吾人の遺憾のみにあらず、實に朝鮮民族團體の一大羞恥である[3]。

　上記にみられる身体観や認識は朝鮮人知識人らが朝鮮社会の近代化を志向するなかで、自らの民族の劣等性を打破していく力を体育・スポーツにも求めていたことを知らしめてくれる[4]。またオリンピックのように国家の代表選手を送る国際的なスポーツ大会への参加がこの社説を書いているときには不可能であったことの歯痒さも伝わってくる。
　彼らの希求する民族の「身体」はただ「身体」の発達だけを求めているのではなく、「身体」の発達向上に伴う民族、国家の文化的価値の高まりにまでその価値を見出そうとしていた。ここでは張徳秀によって書かれた社説をみてきたのだが、こうした認識の在り方は朝鮮社会の近代化を希求する朝鮮人知識人らに共通したものであったことが推察される。

（2）金昌世の「民族的肉體改造運動」

　金昌世はアメリカのジョンズ・ホプキンス大学にて細菌学を学び朝鮮人として初めて同分野において博士号を取得、帰国後はセブランス医学専門学校にて教授として勤務した人物である[5]。1934（昭和9）年に残念ながら41歳という若さで逝去することになるが、博士号取得後、アメリカから帰国し、1926（昭和元）年に創刊した『東光』という雑誌の創刊号に寄稿した論文が「民族的肉體改造運動」である。その副題は「個人の生活だけではなく民族全體の運命を支配する健康問題」となっている。健康は「人生の根本資本である」と位置づけ、古代の偉人や歴史上の支配民族となった民族の身体の健壮さ、またローマ帝国衰退の理由は体力の低下にあるとする説などについて触れ、次いで当時の英・米・独・仏の人々の身体は他の民族に比して、体力が強壮であったことなどを紹介している[6]。
　では朝鮮民族の身体はどのように認識されていたのか。以下は「民族的肉體改造運動」の一部分である。

　　朝鮮に始めて来た西洋人が朝鮮人に對して持った感想は朝鮮の

人々は血色が不足し、活氣が不足しており、人々はみな營養不良になっている。さらに普通學校・高等普通學校男女學生の健康状態を見ても日本のそれより確実に劣等である（中略）こうして我々は我々民族の衰退の原因を科學的に発見するようになった。萬一我々が今日の健康状態のまま行けば、決して今日以上の良い朝鮮を手にすることはできないものと思われる。なぜなのか？　今より良い朝鮮は朝鮮人の力でのみ成りうるからで、その力の根源は朝鮮人の健康な体だからである[7]。

　このように金昌世においても朝鮮民族の身体の劣等性について危惧していることが確認される。また医学的・科学的な視点からすれば朝鮮民族が衰退したことの原因が明らかであるとも認識している。ではどうすればいいのか。金昌世にとってそれは明らかなことである。つまり「我々は恐ろしいほどの自覺と恐ろしいほどの決心を持ち、我々民族の肉體の改造に時急に着手しなければならない」[8]のである。またこのときの保健の在り方を個人保健と民衆保健という二つに分かったうえで民衆の保健問題として児童衛生・栄養衛生・性生活・娯楽・休息・吸咽・飲酒・公衆衛生を挙げ、これらの問題の改善は国家の力によってなされねばならないけれども、個人ないしはある組織によって少しでも改善すべきであるということを訴えていた[9]。これはそれまで送ってきた朝鮮民族の非科学的な生活を科学的な生活へとシフトしていかねばならないということと同義であり、この「民族肉體改造運動」という論文は民族の肉体の劣悪さを改造していくための知識人としての理念と根拠を提示するものであったと考えられる。
　金昌世のこうした懸念や理念はその後の朝鮮民族の「身体」をいわゆる近代的なる「身体」へとテイクオフさせることができたのだろうか。あるいは朝鮮人知識人らの希求する民族の「身体」は現れてきたのだろうか。金昌世が亡くなった翌年の『朝鮮中央日報』の社説には「体育普遍化の急務」と題して以下のような記事が掲載されている。

　　現實の朝鮮は虚弱であり、衰微であり、無氣力である。かかる朝鮮を活氣ある朝鮮、勇進する朝鮮、強毅な朝鮮に新しく建設せねば

ならぬ。我が社會の他と異なる實情の下で、能く其の心身の健實な發展を求むる道は勿論教育にある。しかし朝鮮の從來の教育は、或は德育に偏重し、或は智育に編傾して強健勇壯の實現とは正反對の結果を表はした。體育を崇尚する西洋では學者も其の強壯な身體が筋肉勞働者に遜色ないが、從來我が社會には非學者にして纖弱の化身であつた、健全なる身體に健全なる精神が宿るといふ格言も今日に至りては餘りにも明らかな事實である。體育の切實な必要を知りながら體育の徹底な普及策を等閑にしたのは其の本末の甚だしい傾倒である[10]。

　体育・スポーツの普及を図ることの意義を強調するために記載された記事ではあるが、ここにみられる民族の「身体」はやはり発展途上の「身体」であり、改善すべき余地のある「身体」であったことが理解される。
　これまでみてきたように朝鮮人知識人らは常に西洋列強の姿、西洋の「身体」を追い求めていた。西洋の人々と朝鮮民族の身体を比較したときに自らの民族の「身体」の劣等性を感じざるをえなかったことが張德秀の記事や金昌世の「民族肉體改造運動」、あるいは上記記事の言説からも滲み出ている。それはまた植民地支配を甘受していることへの理由を追い求めるものでもあり、民族の自律を図るために民族の「身体」に何が必要なのかを提示するものでもあった。

3．スポーツによる近代性の移植〜東亜日報社のスポーツ事業

　前節において朝鮮人知識人らが自らの民族の「身体」に対する劣等感を抱いていた心情ならびに彼らが目の当たりにした民族の「身体」について触れてきた。本節においてはその民族の「身体」を如何に近代的なるものにしていこうとしたのか、あるいはどのようにして近代的価値観を民族の「身体」に付与していこうとしたのかについて考察していく。その具体的な事例として東亜日報社のスポーツ事業を取り上げる。植民地期における東亜日報社の文化事業は大きく二つに分けることができ、ひとつが学芸分野における文化事業、もうひとつが体育・スポーツ分野

における文化事業であった。

東亜日報本社が主催したスポーツ事業を確認すると、全朝鮮女子庭球大会、4倶楽部野球連盟戦、全朝鮮氷上大会、全朝鮮水泳競技大会、京永短縮マラソン大会が挙げられている[11]。また体育団体の組織に積極的に支援をした例として朝鮮体育会の設立後援も重要な事業のひとつであり、さらにシルムや鞦韆などの民族的なスポーツも多く後援している事実が確認される。

以下では東亜日報社のスポーツ事業のなかでも代表的な活動として挙げられる朝鮮体育会の後援、全朝鮮女子庭球大会の主催に着目しながらその実態を明らかにし、また民族的なスポーツを振興している点についても触れてみたい。

（1）朝鮮体育会の設立後援

朝鮮体育会は現在の大韓体育会の前身とされる。この体育組織が結成される背景として①文化政治への転換、②朝鮮体育協会の結成、③東京留学生らのスポーツ活動の3点が挙げられよう。

まず文化政治への転換は、それによりそれまでの武断政治では禁止されていた言論・集会・出版が認められ、東亜日報社の設立も朝鮮体育会の設立もこの政策転換に付随して成立したということが言える。また②は朝鮮体育会を組織するときに朝鮮民族を主体にした場合の外的要因であり、③は内的な要因として位置づけられる。それは以下のような文章から確認されよう。

> 韓日合邦にしたがい結社禁止令よって存在した団体まですべて解体された条件下にあり、そのうえ在韓日人たちの活動として1919年2月には日本体育協会の支部形式で朝鮮体育協会が組織されたことはさらに刺激を与えられ、また一方で我が東京留学生たちの活動が本国にまで影響を及ぼし、各種運動競技がそれなりに成長をみせるようになったのである[12]。

上記のような状況を背景に50余名からなる体育会発起人会が発足、そのなかから創立準備委員が10名選出されるが、こうした動きの当初

から東亜日報社は後援・協力をしていたとされる。このとき選出された創立準備委員の10名をみてみると、尹冀鉉、邊鳳現、元達鎬、李東植、金丙台、李重国、劉汶相、李源容、金東轍、金圭冕という人々であった[13]。

このなかで尹冀鉉と邊鳳現は日本での留学時代に大韓興学会の野球部のメンバーとして母国での訪問競技を行ったことがあった。また邊鳳現はこのとき東亜日報の記者でもあり、1920（大正9）年4月10日から東亜日報に「體育機関の必要を論ずる」という論説を3度に亘り連載するなど体育会を組織するために活発な動きをみせてもいた[14]。李重国、李東植、元達鎬、金丙台らは何れも日本への留学経験があり[15]、留学時代からの繋がりや留学時ならびに帰国後のスポーツ経験などが準備委員に選出された理由であろう。

その後、発起人の署名活動を教育機関、社会有志、競技関係者を中心に進め、90余名の発起人を集めるに至る。その大半を薦挙したのが当時東亜日報主筆であり、金性洙の盟友でもある張徳秀であったことは特筆すべきことである[16]。

このときの発起人の名簿からはこの内13名が東亜日報関係者であることが確認され[17]、朝鮮体育会設立への後援・協力の実際を裏付けるものであると言える。そのなかに金性洙と張徳秀の名前も見受けられる。

ともあれこうして設立に至った朝鮮体育会であったが、その初代会長は張斗鉉が就任し、理事長には高元勲が就任している。会長となった張斗鉉という人物の詳細は分からないが、東亜日報社の幹部らが彼を会長に強く推したとされる。当時彼は東洋物産株式会社の社長であり、また金性洙の経営する京城紡織の監査役でもあった[18]。1921（大正10）年9月に東亜日報社が「株式会社」としてスタートし、宋鎮禹が社長に就任した時には取締役のひとりとして金性洙とともに名を連ねてもいる[19]。こうしたことからも金性洙や東亜日報の幹部らと非常に近しい人物であったことが確認される。

以上のように朝鮮体育会の設立に東亜日報社が深く関与しており、体育会設立の原動力となった人々の多くが日本での留学経験をしていたことが分かった。そのためこの時期のスポーツに関する情報は日本で得たもの、日本で経験したものが多く伝えられ、東亜日報社の後援を受けた朝鮮体育会はそうした当該期のスポーツ情勢を民族に組み込んで伝播さ

（2）全朝鮮女子庭球大会の主催

　東亜日報社の主催で行われたスポーツ大会のなかでも全朝鮮女子庭球大会は近代的な女性観をスポーツを通してプロパガンダしていったという点で重要である。

　朝鮮半島におけるそれまでの女性観は儒教的な価値観と旧来の家父長制が強く影響していた。そうした価値観や制度は女性の社会進出を妨げる要素となっていたため、女性の「解放」が朝鮮人知識人らによって推進されることになる。このことは朝鮮社会における近代的価値観を敷衍しようする試みのひとつであったと言えるだろう。

　前節で朝鮮体育会について記事を書いていた張徳秀は同年９月に「婦人解放論」という論文を雑誌に掲載しており、女子教育の振興とともに社会改革の必要性を訴え、女性解放の羈絆となっている社会制度の見直しを論じてもいた[20]。こうしたことからも東亜日報社が近代的な女性観を朝鮮社会に啓蒙していこうとしていたことが分かる。

　こうした志向の下で東亜日報社は女子の庭球大会というスポーツイベントを準備していくことになったのであるが、当該期の価値観を転換させていくのは容易なことではなかった。このときの事情を以下にみてみよう。

　　　當時であっても女性の公開場所の出入が禁忌されていたように儒教の因習がまだ根深く打ちこまれていた時である。本社の女子庭球大會はその隘路も並大抵でなく、手續節次もかなり面倒で今考えても今昔の感がある。この大會を開くため本社は事前に關係體育人と女學校當局と協議を重ねたすえに漸くその開催を決定することとなったがその決定に再び學兄と任員以外の一切の男性は入場を不許するという條件が付けられたのである[21]。

　このように女性が人前でスポーツをするということには関係者らの払拭し切れない抵抗感があったのである。しかし、それでもこうしたスポーツ大会の開催は「当時の社會環境では一大勇斷が必要だったのであるが、

この大會は體育それ自體にも意味ある大會だったのは勿論である。女性の社會的地位向上のための啓蒙という意味でも劃期的な事業だった」[22]とされているようにこの大会が女性解放に繋がる価値観を備えていたことが重要であり、単にスポーツを楽しむというような牧歌的な観点から開催されたのではなかったことを窺わせる。

　こうして全朝鮮女子庭球大会は1923（大正12）年6月30日に初めて開催されるに至った。以後、植民地期では1939（昭和14）年まで17回に亘って開催されることになる[23]。他のスポーツではなく「庭球」を選んだ理由としては「庭球の競技は女子の體質に最も適當であり、またこの庭球の最初起源が實にその字義の如く一家の家庭を中心にした庭園の遊戯から發した沿革を思うと庭球こそが女子獨特の運動である」[24]とされていることから、当時のスポーツのなかでも庭球が女性に最も適したスポーツであると考えられていたことに起因する。

　この大会へ参加していたのは朝鮮半島の女学校に所属する学生らが主体であった。例えば第1回大会の朝鮮人女学校をみてみると、淑明、貞信、進明、京女高、同徳、培花、永明、好壽敦という8校が参加しており、日本人女学校は一高、二高、演習科の3校が参加していた。このように朝鮮人、日本人ともに参加してはいたが当初は日本人学生の技術が高かったために大会は一部と二部に分けられ、一部では朝鮮人学校8校による団体戦がトーナメント方式で行われ、二部では日本人学校3校による団体戦がリーグ戦方式で行われている。こうした競技の方式は1927（昭和2）年の第5回大会まで継続され、それ以後は両女学校を合わせたトーナメント方式のゲームとなっていく[25]。

　またこの大会が如何に衆目を集めたかについては第1回大会の観衆らの状態から推しはかれよう。『大韓体育会史』には「人波は貞洞一帯を埋め、収容能力四千名しかない同校校庭だけでは到底競技進行が困難であり、隣近の佛教中央布教室と普成初等學校の丘を借りて觀覧席を用意せねばならなかった」[26]とあり、人々がこの庭球大会を見るために会場に殺到していたことが分かる。

　こうして継続開催されていった女子の庭球大会は女性の体育・スポーツの社会的関心を高めた点で非常に評価される。それは東亜日報社のそもそもの目的であった「当時の儒教的社会におかれていた女性スポーツ

を一般に公開し、朝鮮の女性に対して体育・スポーツを奨励し、女性の健康増進及び女性スポーツの底辺拡大を図る」[27] ことが実現をみたということになるだろう。

全朝鮮女子庭球大会に代表される女性の体育・スポーツの流れは1930年代になると顕著なものになってきた。まず1930（昭和5）年に朝鮮半島における女子体育の普及を目的に朝鮮女子体育奨励会が組織され、翌年の2月には初めての女子体育奨励講演会が東亜日報社学芸部の後援で開催されている[28]。これは女子のスポーツ大会のようなパフォーマンスを主にしたイベントとは別に、女性の体育・スポーツに対して理解の深化を促す活動の始まりであったとみられる。また同年11月には朝鮮体育研究会の主催、東亜日報社の後援により、第1回体育講演会が催されているが、そのテーマのひとつとして「女子の体育について」という演題で梨花女子専門学校の金信實が講演をしており[29]、これらから女性の体育・スポーツに対して専門的な見識をもった人々が育ってきていたことも窺わせる。

このように多くの朝鮮人知識人らのアリーナとして機能していた東亜日報社は近代的な価値観を先取りし、植民地権力の枠内で可能な民族への啓蒙活動を行っていった[30]。そのひとつが体育・スポーツを通じて近代的な女性観を朝鮮社会に敷衍させ、女性の身体を近代的な身体へと導いていくことだったのである。

(3) 民族スポーツの振興

東亜日報社は庭球・野球・蹴球などの他にシルム（脚戯）や弓術、また鞦韆（ブランコ）などの民族スポーツの大会なども多く主催・後援している。こうした朝鮮民族の年中行事に組み込まれていた身体文化をスポーツ大会として振興していこうとしていた点は東亜日報社のスポーツ事業の特徴のひとつでもある。

例えば民族の伝統的な身体文化であるシルムの振興を目的に朝鮮シルム協会が1927（昭和2）年に発足しており、さらにYMCAが主催となって全朝鮮シルム大会が同年12月に開催されている。その後援を請けおったのが東亜日報社の運動部であった。12月19日付の東亜日報には「第一回朝鮮シルム大会」と題して社説が掲載されているが、その社

説からも分かるように「朝鮮一般民衆の間に新式の運動競技によらずとも我々が我々の身體を鍛鍊する機會をもって」[31] いることをこうした大会によって広く知らしめることになったのである。またこの社説は以下のように締め括っている。

　　日本にあってはこの相撲（シルム）を彼らの國技として特別に盛大に興行しているが、決して日本の獨特なる國技ではなく、我々朝鮮にもずっと以前から存在してきており、各にその特點を發揮し互いに競争することもあったのである。こうした意味にあって我々は今番の第一回朝鮮シルム大會を歓迎し、これが今後にあって回數を重ねていく間にさらに特別なその技術を錬磨し、一種の特殊性と深遠味をもつようになるという運動競技にまで發達進展されることを希望しつつ今回の参加諸選手の健闘を祈る[32]。

　このように東亜日報社は民族的な身体文化の発展を企図してシルム大会などに対して後援していくことも憚らなかった。伝統的な身体文化を組織化し、さらに競技として発展させていくことは民族の近代化を図っていくことに寄与しうる有効な手段と見なされたのである。このことは伝統的なものを近代化させる、延いては伝統的な民族の価値観を近代化させるという当該期の朝鮮人知識人らの思想とも合致するものであった。
　民衆に体育・スポーツを広めていこうとする風潮が強まりつつあったこの時期、特に農村部において体育・スポーツを振興する方策のひとつとして在来のスポーツに関心を向けることも重要であった。
　ただこの点については1939（昭和14）年にノルティギ（板跳び）、シルム、弓術などの朝鮮固有競技を正科にしようという動きが日本の側からも出てきており[33]、同様の論理の下で植民地支配に取り込まれる可能性があった点にも注意を払う必要があるだろう。
　このように東亜日報社は近代的な価値観を先取りし、植民地権力の枠内で可能な民族への啓蒙活動を行っていった。そのひとつが体育・スポーツを通じて近代的な女性観を朝鮮社会に敷衍させ、女性の身体を近代的な身体へと導いていくことだったのである。さらに伝統的な身体文化を

組織化し、競技として発展させていくことは民族の近代化を図っていくことに寄与しうる有効な手段とも見なされ、多くの民族遊戯・スポーツを振興するとともに伝統的なものを近代的なものへと変化させていこうとしたのである。

4．劣等感が払拭される時〜朝鮮人選手らの活躍

　朝鮮人知識人らの抱いた民族の「身体」への劣等感を乗り越えていくためには東亜日報社の事例にみられるように自らの民族の「身体」の置かれた状況を把握し、新たな民族の「身体」形成を促す方策としてスポーツ事業を展開していくことが現実的であった。しかし、朝鮮人知識人らにとって彼らが抱く劣等感の根源は西洋の「身体」にあったため、彼らの劣等感は西洋の「身体」に伍する民族の「身体」が現れることでしか払拭されえない。それを測ることができたのが当該期におけるスポーツのひとつの特長であり、国際スポーツという場の重要性であったと考えられる。本節では朝鮮人知識人らの身体的劣等感を払拭する発露となった出来事について考察してみる。またそれに対してこの時期の朝鮮半島におけるスポーツを植民地権力の側はどうみていたのかについても若干触れてみたい。

（1）国際スポーツへの参加と内鮮融和
　1932（昭和7）年、第10回オリンピック競技大会（ロサンゼルス）には朝鮮人選手が日本代表として3名、初参加している。陸上マラソンの金恩培と権泰夏、ボクシングの黄乙秀である。序論で触れた通り、1920年代後半の日本のスポーツはそれまでにも増して民衆の関心の的になっており、そのため1932（昭和7）年のオリンピック競技大会は人々の熱狂のなかで迎えられた。研究対象としている当該期においてもオリンピック競技大会は国際スポーツのなかでも最も注目されるメガイベントであった。そのためそこに出場することは国際的な場面にそれぞれの国家の威信を示すことにも繋がり、後発国においては国家の発展を同時に示すことになる。

その第10回オリンピック競技大会に朝鮮民族から出場者が現れたことの感激は朝鮮人知識人らにとっては一入ではなかったはずである。彼らの心情を以下の史料から読み取ってみたい。

　　全日本の選手が一場に集う大會で數千の選良を壓倒して朝鮮青年が第一、第二の着を全部獨占したということはすでに朝鮮青年の榮譽なのだが世界の全選手が集合する世界オリムピック大會に朝鮮青年がその雄姿を現すことになったことはただ權金兩君の榮譽だけではなく朝鮮民族の光榮であると言わねばならない、過去累世紀間たとえ隱遁文弱の弊に嵌まり民族的萎縮の運命に陥っていてもこのようにかくれた世界的選手がいたということは実に朝鮮民族の血管に大陸的民族の血液が強く打っていることと理解されるが、これは朝鮮の誇りであり、朝鮮の榮譽である[34]。

このように朝鮮民族のなかから世界に伍する「身体」を持つ青年らが現れたことに喜びを隠せない状況であった。植民地支配を甘受せねばならない状況のなかで抱き続けた朝鮮人知識人らの劣等感を払拭する機会がこのオリンピック競技大会への朝鮮人選手の出場という出来事によって与えられたのである。このことは朝鮮人知識人らのプライドを刺激し、自信を与える契機ともなったであろう。

こうした朝鮮民族のスポーツでの活躍を植民地権力の側はどのようにみていたのか。この時期の植民地支配のスローガンは内鮮融和であった。そのためスポーツは内鮮融和の象徴としても扱われるようになっていた。例えば西尾は1934（昭和9）年8月3日と1935（昭和10）年11月9日に掲載された京城日報の記事に着目し、軟式庭球が内鮮融和に貢献していたとする言説を紹介している[35]。また当時開催されていた朝鮮神宮競技大会[36]も多数の内鮮人（日本人と朝鮮人）が入り交じって競技を行っていたことから内鮮融和の象徴と捉えられることもあった。そうしたなか上記のようにオリンピック競技大会へ朝鮮人の日本代表選手が出場したのである。このことについては以下のような評価がなされている。

現に昨年は世界オリンピック大會に、日本代表選手として、朝鮮から金恩培と權泰夏の二君がロスアンゼルスの世界競走場にマラソン選手として出場した。斯ういふことは殊に朝鮮の若い人達に非常に良い刺戟を與へてゐる。
　　　斯の如き意味に於て朝鮮の若い人達に非常に結構なことで殊にそれが誤られずよく指導されて行つたならば思想善導の上からも、内鮮融和の點からも最も良いことの一つであらうと考へる。兎に角現在の朝鮮のスポーツは本當のスポーツ精神に立脚して向上發展してをるといふことを強調したいのである[37]。

　こうした評価からも明らかなように植民地朝鮮にとって日本代表選手に朝鮮民族が加わることは統治方針のうえでも歓迎されるべきことであった。日本人側のこうした認識は朝鮮人知識人らが希求した民族の「身体」のパラドックスでもある。東亜日報社などを中心に植民地支配を受ける民族の「身体」を近代的な民族の「身体」へと改良していく事業が進められ、各種スポーツの振興が朝鮮民族の間で図られていく。そうしたなかで身体能力の高いスポーツ選手が現れ、朝鮮人選手らが国際スポーツの場に参加することになり、このことで彼らの抱いていた身体的な劣等感の一端は払拭されたかに思えた。しかし、上記のように内鮮融和の下では彼らの思惑とは裏腹にそのこと自体が植民地統治のスローガンに包含されてしまう可能性を秘めていたのである。

（2）民族の「身体」への熱狂
　ともあれその内鮮融和さえをも打ち破るような出来事が1936（昭和11）年の第11回オリンピック競技大会（ベルリン）で起こる。孫基禎のマラソンでの優勝である。ロスアンゼルスで開催された第10回オリンピック競技大会では金恩培が6位、權泰夏が9位と善戦したもののメダルにまでは手が届かなかった。それが4年の歳月を経て孫基禎という希有なマラソンランナーの出現により、朝鮮民族はスポーツを通じて民族主義的熱狂を呈するに至るのである。孫基禎が優勝した直後の新聞記事を以下にいくつか確認してみたい。
　まずは『東亜日報』に掲載された尹致昊の言葉をみてみよう。

孫基禎君が優勝したということはすなわち朝鮮青年の未来が優勝したという予言として、或いは活教訓であると固く信じている。我々朝鮮の青年がスポーツを通してとりわけ二十億を相手にして堂堂たる優勝の栄冠を獲得したということはすなわち我々朝鮮の青年が全世界二十億人類に勝利したということである。我々の喜びと感激は衰えることがない[38]。

　周知の通り尹致昊は解放後に対日協力者として断罪されることになるが、このときは民族主義者らのなかでも代表的な人物のひとりであった。彼の言葉からは孫基禎の優勝が民族的な勝利であり、世界に向けてそのことを示してくれたことに大きな喜びを感じていることが分かる。さらに『朝鮮日報』には以下のような記事が掲載されている。

　我々は今回の孫、南両君の勝利をもって民族的一大榮譽を得ると同時に民族的一大自信を得たのである。即朝鮮のあらゆる環境は不利であっても我々の民族的に受けた天稟は他のどの民族より先行できないようなことはなく、努力さえすればどのようなことであっても成就しうるのである。我々はスポーツにおいて世界の班列に参席する資格を得たうえに我々は今後文化的道徳的其他あらゆる方面にあっても世界的水準に達する日にあることを信じるのである[39]。

　このように植民地支配を被ったことによる朝鮮人知識人らが抱き続けた民族の身体的劣等感は国際スポーツの場を通じて払拭される機会を得ることとなった。このことはオリンピックという国際舞台での朝鮮人の活躍が世界水準の「身体」を有することと見なされ、朝鮮民族の「身体」が近代性を帯びた「身体」に接近したと考えられたからであったと考察される。
　孫基禎のオリンピック競技大会での優勝はこの民族的な熱狂のなかでいくつかの事件を誘発してしまうことになるが、スポーツにおいて民族の「身体」の優秀性を示し得たことの意義は朝鮮人知識人らにとって多大なものであったことは言うまでもないだろう。

5. おわりに

　本稿は植民地朝鮮において朝鮮人知識人らが抱いていた被支配者としての劣等感、また民族の身体的劣等性をいかに払拭しようとしたのか、また彼らが抱いた劣等感が払拭されるに至った瞬間までをいくつかの言説・事例とともに考察してきた。

　張徳秀や金昌世の言説でみられたように朝鮮人知識人らは自らの民族の「身体」が西洋（欧米諸国）、また日本と比べて劣っていることを認識したうえで、民族の「身体」をいわゆる近代的な「身体」に改良していこうとした。それを進めることに寄与した活動として本稿では東亜日報社のスポーツ事業を取り上げた。東亜日報社は当該期の朝鮮社会に近代的な価値観を付与する手段としてスポーツを利用し、それらが社会に浸透していくことで民族の「身体」が近代性を帯びたものになることを期待したのだった。

　そして1930年代になると国際スポーツの場に朝鮮人選手らが出場し、西洋諸国と肩を並べることのできる民族の「身体」が現れることになる。さらにオリンピック競技大会での朝鮮人選手らの活躍はそれまで有してきた朝鮮人知識人らの抱いていた劣等感が払拭される契機となり、世界水準に達した朝鮮民族の「身体」に歓喜の思いを吐露せずにはいられなかったのである。

　本稿ではスポーツが植民地朝鮮において果たした役割・機能の一端を近代性をキーワードに考察してきたが、では本論でみてきたような出来事により最終的に民族の「身体」は近代性を帯びた「身体」へとシフトすることができたのかというと、答えは否である。何故なら朝鮮人知識人らが歓喜した朝鮮民族の「身体」は飽くまでパフォーマンスに秀でた極少数のスポーツ選手の「身体」であり、残念ながら彼らは制度的には日本を代表する選手たちであったからである。ゆえに彼らの「身体」は植民地権力側の内鮮融和というスローガンに包摂される可能性を常に含んでいた。ただこうした国際舞台で活躍できるスポーツ選手の存在が朝鮮人知識人らの、あるいは朝鮮民族の励みになったことは確かであり、朝鮮民族のナショナリズムを掻き立てることになったことも事実であろ

う。本稿の主旨は朝鮮人知識人らの抱いた身体的な劣等感に着目し、それを払拭していく過程を考察していくことが目的であったため、残された上記の課題とその後の民族の「身体」については今後の研究課題として別稿にて考察してみたい。

【註】
1 坂上康博『権力装置としてのスポーツ』講談社選書メチエ、1998.
2 『東亜日報』1920年7月16日付.
3 『東亜日報』1920年7月16日付.
4 医師であった金基英も「朝鮮人體育に對する管見」という寄稿記事中で個人の身体の発達と国家・社会の発展とを結びつけて体育の重要性を説いている。そのための提言として「一、中央體育協會を設立する事　二、目的體育の發達増進を計り且体育思想の宣傳」としており、朝鮮体育会のようなスポーツを統率する団体の必要性を述べていた。
　金基英「朝鮮人體育에對한管見」『서울』제3호、漢城図書株式会社出版部、1920年、pp.73-74.
5 『東亜日報』1925年10月19日付.
6 金昌世「民族的肉體改造運動」『東光』創刊号 1926年5月、pp.3-6.
4 金昌世、前掲論文、p.6.
8 金昌世、前掲論文、p.7.
9 金昌世、前掲論文、p.7.
10 『朝鮮中央日報』1935年3月3日付.
11 東亜日報社編『東亜日報社史　巻一』東亜日報社、1975年、pp.454-456.
12 東亜日報社、前掲書、pp.192-193.
13 大韓體育會編『大韓體育會史』大韓體育會、1965年、pp.67-68.
14 東亜日報社、前掲書、p.193.
15 大韓體育會、前掲書、pp.66-67.
16 大韓體育會、前掲書、p.68.
17 東亜日報関係者の13名は以下の通りである。
　金東轍（東亜日報　記者）、金明植（東亜日報　論説委員）、金性洙（東亜日報）、邊鳳現（東亜日報　記者）、徐相日（東亜日報　大邱支局長）、宋濟元（東亜日報　新義州支局長）、安熙濟（東亜日報　釜山支局長）、李相協（東亜日報　編集局長）、李昌錫（東亜日報　宣川支局長）、張德秀（東亜日報主筆）、秦學文（東亜日報　政経部長）、河相勳（東亜日報　仁川支局長）、韓基岳（東亜日報　記者）大韓體育會、前掲書、pp.69-70.
18 1919年10月に京城紡織株式会社の創立総会が開かれ、幹部らが選出されたが、そのときの監査役については「仁村よりも年長で財力のある人物たち」であったとされている。このことからも当時張斗鉉が植民地朝鮮の社会で非常に力のある人物であったことが窺える。仁村紀念會編『仁村金性洙傳』仁村紀念會、p.164.
19 東亜日報社、前掲書、p.411.
20 張德秀「婦人解放論」『共済』第1号、조선노동공제회、1920年、pp.87-93.

21 東亜日報社、前掲書、p.192.
22 東亜日報社、前掲書、p.192.
23 金性洙や宋鎮禹は東亜日報社の社長在任期間にこの大会に大会長として参加している。例えば金性洙は1925年の第3回大会に大会長として開会の辞を述べており、宋鎮禹は1931年の第9回、1932年の第10回、1935年の第12回大会で大会長を務めていたことが確認できる。大韓體育會、前掲書、pp.166-168.
24 『東亜日報』1923年6月30日付.
25 李吉用「女子庭球十年史」『新東亜』第2巻9号、東亜日報、1932年、pp.131-140.
26 大韓體育會、前掲書、p.165.
27 南宮昑晧「日本統治期朝鮮における東亜日報社主催女子庭球大会(1923-1939)に関する研究」『スポーツ史研究』第13号、スポーツ史学会、2000年、pp.36-37.
28 『東亜日報』1931年2月24日付.
29 『東亜日報』1931年10月29日付.
30 金性洙、宋鎮禹らは民族主義を標榜してこれらの活動を行っていたが、現代において彼らは「妥協的民族主義者」と呼ばれ、文化政治期の植民地支配体制のなかで政治運動ではなく文化運動を、独立運動ではなく自治運動を選択していったことが親日的な行為であるとも言われる。
31 『東亜日報』1927年12月19日付.
32 『東亜日報』1927年12月19日付.
33 『東亜日報』1939年3月18日付.
34 『東亜日報』1932年6月2日付.
35 西尾達雄『日本植民地下朝鮮における学校体育政策』明石書店、2003、p.290.
36 朝鮮神宮競技大会については拙著「朝鮮神宮競技大会の創設に関する考察―その経緯を中心として―」スポーツ史研究第16号2003年、ならびに「植民地朝鮮における朝鮮神宮競技大会に関する研究」スポーツ史研究第26号2013年を参照にされたい。
37 武者錬三「スポーツと内鮮融和―内鮮の理解は運動から―」熊平源蔵編著『朝鮮同胞の光』熊平商店、1934年、p.297.
38 『東亜日報』1936年8月10日付号外.
39 『朝鮮日報』1936年8月11日付

植民地教科書に見る身体と近代化

北島順子＊

はじめに

　教科書研究の一環として、近代教科書に現れた「運動会」に関する記述・記載を詳細に検証し、その記述・記載がどのような思想的背景のもとに成り立っているのかを、「健康」・「体育」領域、特に「身体文化」の視点で明らかにしようとしている。
　「スポーツ」、「運動会」や「教科書」が、国家主義・軍国主義と深く結びついていたことは、先行研究により早い時期からすでに指摘されている[1~8]が、教科書の中の「運動会」を詳細に検証した研究は見当たらなかった。
　筆者は、拙稿[9]で、国定教科書の中の運動会、及びその関連事項の記述・記載を検証し、近代日本の教育における「運動会」をめぐる思想的特質に含まれる今日的課題について考察した。そこでは、1931年から1945年の15年戦争の時期に使用された国定三期・四期・五期教科書の中の「運動会」に関する記述・記載を検証した結果、三期・四期・五期と時期が進むにつれ、教科書の中の「運動会」に関する記述・記載が増え、特に、五期1941年発行の1年用教科書の中の「運動会」に関する記述・記載の頻度が高く、教材の内容においても軍事色が強くなっていたことがわかった。
　また、筆者は別稿[10]で、国定教科書と植民地等（南洋群島）教科書の中の「運動会」に関する記述・記載の比較検証を行った。教材種目・内容別に比較検証した結果、日本の国定教科書と比較して、南洋群島教

＊大手前短期大学

科書の教材は、「教練」に関する内容の頁数が顕著に多いのが特徴であった。

本報告では、これらの成果をふまえて、日本植民地（台湾・朝鮮）教科書の中の「運動会」に関する記述・記載の中で、「身体規律」や「身体の近代化」に関わる種目・内容である「教練」、「ラジオ体操・体操」教材に焦点を絞り、内地の国定教科書、南洋群島教科書と比較検証する。また、台湾・朝鮮における植民地学校体育政策を基にした時期区分からの検討を試みる。本研究を通じて、「植民地教科書に見る身体と近代化」について考察することを目的とする。

なお、本報告で扱う運動会、及びその関連事項（以下「運動会」に関する、と記す）とは、学校行事としての「運動会」そのものや「運動会」の種目の他、「運動会」の種目や内容に結びつく日常の授業や遊び、「運動会」をイメージする物等、例えば、「教練」・「ラジオ体操・体操」等の「集団秩序訓練」、「万国旗」等の教材も含む。「教練」には、「たいそうごっこ（内容：教練）」・「集合」・「整列」・「行進」等の内容も含む。

1. 教科書整理の時期区分と分析対象

【調査対象教科書】

調査対象教科書を表1に示した。国定教科書と台湾・朝鮮総督府教科書は、私設教科書総合研究所（吉岡数子・北島順子共同主宰、大阪府堺市所在）、及び玉川大学教育博物館の所蔵教科書を調査し、資料を収集した。南洋群島教科書は、『南洋群島　国語読本　一〜八』（復刻版）[11]より、資料を収集した。

表1　調査対象教科書

国定	国語・修身・算術・唱歌
台湾総督府	国語・修身・算術・唱歌
朝鮮総督府	国語・修身・算術・唱歌
南洋群島	国語（内容：修身・地理・歴史・理科含む）

【調査時期】

　日本の国定教科書は、各教科毎夫々異なる時期区分により分類され研究されてきた。一口に国定五期の教科書と言っても、教科により編纂と発行の経緯が異なっているため、その使用年次が（発行年次も）異なっていることに留意する必要がある。

　しかし、各教科毎に異なる時期区分を設定するのでは、日本の国内外の教科書の全体像を把握するのに不都合が多い。そこで、筆者共同主宰の私設教科書総合研究所では、国内外の膨大な教科書を整理し分析するため、独自の時期区分を作成し使用してきた。

　この時期区分は、本研究所の前身である平和人権子どもセンターに教科書資料館が併設された時から採用したもので、細部に変更を重ねているが、基本的な内容に変更は加えていない。

　1872年から2014年を14期に区分しているが、本稿の内容に関るのが、第4時期区分「国定一期」から第8時期区分「国定五期」までである。この期間の時期区分は、「内地」の「国語」教科書の時期区分に準じており、第4時期区分「国定一期」が1904〜1909年、第5時期区分「国定二期」が1910〜1917年、第6時期区分「国定三期」が1918〜1932年、第7時期区分「国定四期」が1933〜1940年、第8時期区分「国定五期」が1941〜1946年と設定している（以下文中「国定三〜五期」を簡略に「三〜五期」と記す）。

　本稿は、日本の国定・植民地・占領地教科書（台湾・朝鮮・南洋群島）の全てを、発行年月日によって、上記の時期区分にもとづき分類し検討するものである。

　調査時期は、一〜五期とし、日本の国定・植民地・占領地教科書（台湾・朝鮮・南洋群島）の中の「教練」・「ラジオ体操・体操」に関する教材・内容別記述・記載科目別・時期区分別・対象学年別比較検証の分析時期は、1931年から1945年の15年戦争の時期に使用された教科書を含んだ三・四・五期を対象とした。また、台湾・朝鮮における植民地学校体育政策を基にした時期区分からの検討も試みる。

【調査対象学年】

　国定教科書の対象学年は、義務教育期（尋常小学校1〜6年、国民学

校1～6年）の教科書とした。植民地・占領地教科書も同様に初等教育期（1～6年）を対象とした。

2. 植民地（台湾・朝鮮）教科書の中の「教練」に関する教材・内容

　朝鮮教科書の中の「教練」に関する教材・内容記述・記載を表2に示した。一～五期において、台湾教科書では、現在のところ、「教練」に関する教材は見当たらなかった。朝鮮教科書では、合計8冊・9例・約13頁+1/3扱われていた。三～五期において、朝鮮教科書では、合計7冊・8例・約12頁+1/3扱われていた。

表2　朝鮮教科書の中の「教練」に関する教材・内容記述・記載（一～五期）

番号	国定時期	植民地学校体育政策時期区分（西尾達雄）	発行年月日	書名	対象学年	課題名（内容）	数量 頁	数量 (+)行	頁	備考
1	二	武断政治期（第一段階）	1912年	普通学校国語読本 巻一	1	三十一（教練）	1		49	※挿絵含
2	三	文化政治期（第二段階）	1923年9月5日	普通学校国語読本 巻六	3	第十二 弟のたいそう（教練）	3	1/4行	41~44	挿絵含
3	三	文化政治期（第二段階）	1923年9月15日	普通学校国語読本 巻二	1	十一 タイソウゴッコ（教練）	2	4/7行	22~25	挿絵含
4	三	準戦時体制期	1930年9月15日	普通学校国語読本 巻二	1	三 タイソウゴッコ（教練）	2	1/7行	6~8	挿絵含
5	四	準戦時体制期	1937年3月31日	初等算術第一学年児童用　上	1	（教練：整列）		2/3行	10~11	挿絵のみ
6	四	準戦時体制期	1937年3月31日	普通学校　算術 第一学年児童用　上	1	（教練：整列）		2/3行	10~11	挿絵のみ
7	四	戦時体制期	1939年3月10日	初等国語読本 巻一	1	（教練：集合・整列）	1		29	挿絵含
8	五	決戦体制期	1942年8月31日	ヨミカタ　1年上	1	（教練：集合・整列）	1		38	挿絵含
9	五	決戦体制期	同上	同上	1	（教練：行進）	1		43	挿絵含

※福岡教育大学付属図書館蔵　普通学校国語読本　粒粒舎　2000

（1）科目別比較

　表3に示したように、科目別に比較すると、朝鮮教科書では、国語が6例・約11頁、算術が2例・1頁+1/3扱われていた。

表3 国定・植民地・占領地教科書の中の「教練」に関する教材・内容記述・記載科目別比較（三〜五期）

科目	日本の国定教科書	台湾教科書	朝鮮教科書	南洋群島教科書
国語	2例 3頁	0	6例 約11頁	5例 約14頁半
算術	3例 ※:1 2頁+1/7行	0	2例 1頁+1/3	—
唱歌	0	0	0	—
修身	1例 2頁	0	0	—
冊数 合計 教材数 合計 頁数 合計	4冊 6例 ※:1 7頁+1/7行	0	7冊 8例 約12頁+1/3	5冊 5例 約14頁半

※：他種目・内容と同教材の数

（2）時期区分別比較

表4に示したように、時期区分別に比較すると、朝鮮教科書では、三期が3例・約8頁、四期が3例・約2頁+1/3、五期が2例・2頁扱われていた。朝鮮教科書において、頁数が三期で最も多く扱われていたのは、南洋群島教科書の傾向と一致している。

表4 国定・植民地・占領地教科書の中の「教練」に関する教材・内容記述・記載時期区分別比較（三〜五期）（上段：教材数・下段：頁数）

時期区分	日本の国定教科書	台湾教科書	朝鮮教科書	南洋群島教科書
三期	0	0	3例 約8頁	4例 12頁+2/8行
四期	3例 約2頁+1/7行	0	3例 約2頁+1/3	1例 2頁+1/8行
五期	3例 5頁	0	2例 2頁	—
冊数 合計 教材数 合計 頁数 合計	4冊 6例 ※:1 7頁+1/7行	0	7冊 8例 約12頁+1/3	5冊 5例 約14頁半

※：他種目・内容と同教材の数

(3) 学年別比較

表5に示したように、学年別に比較すると、朝鮮教科書では、1年が7例・約9頁、3年が1例・3頁+1/4行扱われていた。朝鮮教科書において、1年で最も多く扱われていたのは、国定教科書の傾向と一致している。また、1年と3年で扱われていた傾向は、南洋群島と一致している。

表5　国定・植民地・占領地教科書の中の「教練」に関する教材・内容記述・記載対象学年別比較（三～五期）（上段：教材数・下段：頁数）

対象学年	日本の 国定教科書	台湾 教科書	朝鮮 教科書	南洋群島 教科書
1年	6例　※:1 7頁+1/7行	0	7例 約9頁	3例 6頁+1/8行 本科1年
2年	0	0	0	0 本科2年
3年	0	0	1例 3頁+1/4行	2例 8頁+2/8行 本科3年
4年	0	0	0	0 補習科1年
5年	0	0	0	0 補習科2年
6年	0	0	0	―
冊数　合計 教材数　合計 頁数　合計	4冊 6例　※:1 7頁+1/7行	0	7冊 8例 約12頁+1/3	5冊 5例 約14頁半

※：他種目・内容と同教材の数

(4) 考察

台湾の『公学校各科教授法全』[12] によると、体操科教授の要旨について、身体的方面においては、「一、身体各部の均斉なる発育」、「二、動作の機敏」、精神的方面においては、「一、快活剛毅の精神」、「二、規律協同の良習慣」がある。「二、規律協同の良習慣」とは、「師長の命に服従し道徳的自治の修練を積むには規律を守ることが必要である。……」と説明されている。体操科の教材は一、体操・二、教練・三、遊戯・四、戸外運動・五、運動生理の初歩であるとし、教練について、「体操に比べると一層規律的の動作で身体的方面よりも精神的方面に重きをおいてある。規律を守り協同を学ぶことや機敏な動作、剛毅堅忍の修練を積むに

最も適したものである。教練は各個教練から小隊教練まで課すればよい」と説明されている。

このように、台湾の体操科教材として、体操に次いで、二番目に教練が挙げられているが、台湾教科書には、現在のところ、「教練」に関する教材は見当たらなかった。

朝鮮教科書では、二期 1912（大正元）年発行の『普通学校国語読本巻一』（図1）の中に、休み時間が終わった後、「セイト　ガ　ナランデ　ハイリマス。」と整列・行進を促す教練につながる内容の教材がある。

三期 1923 年発行の『普通学校国語読本巻六』に掲載された「第十二　弟のたいそう」は、毎日学校の体操を見に行く 6 歳の弟が、帰って来ては、「前へ進め。」「ぜんたい止れ。」「手を横にあげ——あげ。」「一二。」「一二」と、真似をして、間違えながら一生けんめいけいこをしている姿を、「弟のたいそうには誰でも笑わされます。」とあたたかく見守る兄とのなごやかな家庭での様子が 3 頁 +1/4 行にわたって扱われている。

三期 1923 年発行（図2）・三期 1930 年発行（図3）の『普通学校国語読本巻二』の中に、「タイソウゴッコ」の教材が登場している。タイト

図1　国定二期：武断政治期（第一段階）
　　　1912（大正元）年
　　　『普通学校国語読本巻一』朝鮮総督府

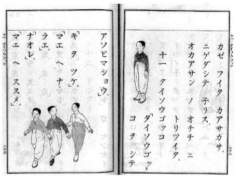

図2　国定三期：文化政治期
　　　（第二段階）
　　　1923 年
　　　『普通学校国語読本巻二』
　　　朝鮮総督府

図3　国定三期：準戦時体制期
　　　1930年
　　　『普通学校国語読本巻二』
　　　朝鮮総督府

ルに「タイソウ」とあるが、前述の「弟のたいそう」と同様、内容は体操科教材の中の教練である。

　北川知子[13]は、1923年発行の教材「十一　タイソウゴッコ」について、「編纂趣意書には『学校生活に慣れてきた児童は、自分等の日々の生活を遊戯に移して学校ごつこなどをはじめるものである』と述べられているが、どちらかといえば、こういう遊び方もあると児童に示唆することで、日本語を用いたごっこ遊びを誘導する意図があったと考える方が自然であろう」と分析している。

　同様に、体操教材を用いたごっこ遊びの中で「集団秩序訓練」を浸透させる巧みな意図が窺える。編纂趣意書[14]に「耳より学んだ語は時に不正確であるから、教授者は之を整理するつもりで取扱ふがよい」とあるように、体操の授業時に身体を通して学んだ号令「キ　ヲ　ツケ。」「マエ　ヘ　ナラヘ。」「ナオレ。」「マエ　ヘ　ススメ。」を、国語教科書で日本語の文字を通して学ぶことにより、定着の効果が高まったであろう。「タイソウゴッコ」で扱われた教練の内容は、体操と国語がタッグを組んで教育されていた。

　図4は、三期1924年発行の『小学校普通学校体操教授書全』（朝鮮総督府）、図5は、三期1930年発行の『小学校体操読本尋常一年用』(文部省体育課) において、「気をつけ」の姿勢をイラスト付で説明したものである。

　四期1937年発行の『初等算術第一学年児童用上』・『普通学校算術第一学年児童用上』に掲載された絵教材は、2頁にわたり1～5までの順

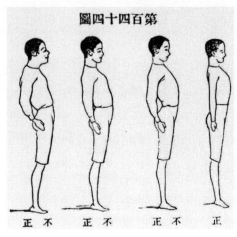

図4 『小学校普通学校体操教授書全』1924年
朝鮮総督府

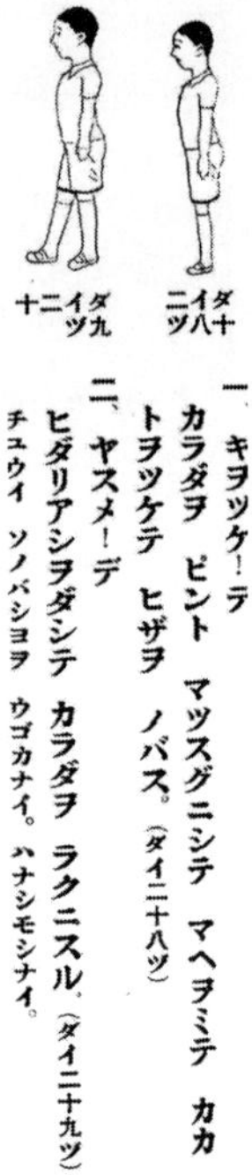

図5 『小学校体操読本尋常一年用』1930年
文部省体育課

番の旗を持った生徒たちも描かれた「かけっこ」の挿絵の上に、「気をつけ」の姿勢で整列している10人の生徒たちの挿絵がある。算術の教材で「教練（整列）」の挿絵が登場する点は、四期1936年発行の国定教科書『尋常小学算術第一学年児童用下』に掲載された教材と類似している。

　四期1939年発行の『初等国語読本巻一』には、「カン、カン、カン、カネ　ガ　ナリマス。ハジメ　ノ　カネ　デス。『サア、アツマリマショウ。』」と、「教練（集合・整列）」の内容の挿絵付教材が掲載されている。この教材の次頁には挿絵付の体操教材が続く。

　五期1942年発行の朝鮮教科書『ヨミカタ1ネン上』には、教練に関する教材が2例登場する。1例は、図14、ラジオ体操教材の前頁に、「…ハヤク、アツマリマセウ」という本文と挿絵付の集合・整列を促す教材である。図6では、1年生の教材の中で「ゲンキデ　タイソウ、一、二、三　コクミンガクカウ　イチネンセイ」という本文の挿絵として、旗を持つ教師の笛に合わせ一糸乱れず行進する子どもたちの様子が描かれて

おり、この「集団秩序訓練」の情景は入学直後の子どもの目にしっかりとやきついたであろう。

図6　国定五期：決戦体制期
　　　1942年
　　　『ヨミカタ1ネン上』
　　　朝鮮総督府

3．植民地（台湾・朝鮮）教科書の中の「ラジオ体操・体操」に関する教材・内容

「ラジオ体操・体操」に関する教材・内容記述・記載について、台湾教科書は表6に、朝鮮教科書は表7に示した。

一〜五期において、台湾教科書では、合計5冊・5例・約6頁+1/4、朝鮮教科書では、合計9冊・9例・約11頁+32/45扱われていた。

三〜五期において、台湾教科書では、合計4冊・4例・約5頁+19/28、朝鮮教科書では、合計8冊・8例・約9頁+32/45扱われていた。

(1) 科目別比較

表8に示したように、科目別に比較すると、台湾教科書では、国語が1例・2頁、修身が3例・約3頁+19/28、朝鮮教科書では、国語が3例・3頁+4/9行、算術が4例・2頁+4/15、唱歌が1例・2頁扱われていた。国語教科書は、国定・台湾・朝鮮教科書において扱われていた。

表6 台湾教科書の中の「ラジオ体操・体操」に関する教材・内容記述・記載（一〜五期）

番号	国定時期	日治時期殖民與教育政策（王錦雀）／植民地学校体育政策時期区分（蔡禎雄）	発行年月日	書名	対象学年	課題名（内容）	数量 頁	数量 (+)行	頁	備考
1	二	綏撫時期：無方針及漸進主義／第二期 人種差別政策期	1912年6月26日	台湾教科用書 国民読本 巻一	1	（体操）	約	4/7行	12	挿絵含
2	三	文治時期：内地延長主義／第三期 内地延長主義政策期	1928年3月30日	公学校修身書 巻二 児童用	2	七 カラダヲ タイセツニ セヨ（体操）	1	5/7行	10〜12	挿絵含
3	三	文治時期：内地延長主義／第三期 内地延長主義政策期	1928年3月30日	公学校修身書 巻二 第一種児童用	2	七 カラダヲ タイセツニ セヨ（体操）	1	5/7行	10〜12	挿絵含
4	三	文治時期：内地延長主義／第三期 内地延長主義政策期	1929年3月12日	公学校修身書 巻四 第一種児童用	4	第五 からだを きたえよ（体操）	約	1/4行	11〜13	他種目・内容と同教材、挿絵のみ
5	五	皇民科時期：軍國民主義皇民化運動／第五期 軍国主義政策	1942年7月15日	コクゴ 二	1	（ラジオ体操）	2		34〜35	挿絵含

表7 朝鮮教科書の中の「ラジオ体操・体操」に関する教材・内容記述・記載（一〜五期）

番号	国定時期	植民地学校体育政策時期区分（西尾達雄）	発行年月日	書名	対象学年	課題名（内容）	数量 頁	数量 (+)行	頁	備考
1	二	武断政治期（第一段階）	1912年	普通学校 国語読本 巻一	1	三十五（体操）	2		54〜55	※挿絵含
2	四	準戦時体制期	1937年3月31日	初等算術 第二学年児童用 上	2	○ウンドウカイ（たいそう）	約	2/3行	95〜96	他種目・内容と同教材
3	四	準戦時体制期	1937年3月31日	普通学校 算術 第二学年児童用 上	2	○ウンドウカイ（たいそう）	約	2/3行	95〜96	他種目・内容と同教材
4	四	戦時体制期（第一段階）	1937年10月31日	初等算術 第二学年児童用 下	2	○イロイロノ モンダイ（2）（タイソウ）		7/15行	70	挿絵含
5	四	戦時体制期（第一段階）	1937年10月31日	普通学校 算術 第二学年児童用 下	2	○イロイロノ モンダイ（2）（タイソウ）		7/15行	70	挿絵含
6	四	戦時体制期	1939年3月10日	初等国語読本 巻一	1	（タイソウ）	1		30	挿絵含

番号	国定時期	植民地学校体育政策時期区分（西尾達雄）	発行年月日	書名	対象学年	課題名（内容）	数量 頁	数量 (+)行	頁	備考
7	四	戦時体制期（第二段階）	1940年2月28日	初等唱歌第三学年用	3	一〇 ラジオ體操の歌	2		21～22	挿絵含
8	五	決戦体制期	1941年3月31日	初等国語読本巻五	3	十八 日記（ラジオ體操）	1	4/9行	92～99	挿絵含
9	五	決戦体制期	1942年8月31日	ヨミカタ1年上	1	（ラジオ体操）	1		39	挿絵含

表8　国定・植民地・占領地教科書の中の「ラジオ体操・体操」に関する教材・内容記述・記載科目別比較（三～五期）（上段：教材数・下段：頁数）

科目	日本の国定教科書	台湾教科書	朝鮮教科書	南洋群島教科書
国語	2例 3頁+2/9行	1例 2頁	3例 3頁+4/9行	0
算術	1例 ※:1 1頁	0	4例 2頁+4/15	―
唱歌	2例 2頁半	0	1例 2頁	―
修身	1例 2/9行	3例 ※:1 約3頁+19/28	0	―
冊数 合計	6冊	4冊	8冊	
教材数 合計	6例 ※:1	4例	8例	0
頁数 合計	約7頁	約5頁+19/28	約9頁+32/45	

※：他種目・内容と同教材の数

（2）時期区分別比較

　表9に示したように、台湾教科書では、三期が3例・約3頁+19/28、五期が1例・2頁、朝鮮教科書では、四期が6例・3頁+4/15、五期が2例・2頁+4/9行扱われていた。

　時期区分別に比較すると、台湾教科書では、三期の早い時期から扱われており、朝鮮教科書では、国定教科書と同様に、四期が最も多かった。五期は、国定・台湾・朝鮮教科書において扱われていた。

表9 国定・植民地・占領地教科書の中の「ラジオ体操・体操」に関する教材・
内容記述・記載時期区分別比較（三～五期）（上段：教材数・下段：頁数）

時期区分	日本の国定教科書	台湾教科書	朝鮮教科書	南洋群島教科書
三期	0	3例 ※:1 約3頁+19/28	0	0
四期	3例 4頁+2/9行	0	6例 3頁+4/15	0
五期	3例 2頁+2/3行	1例 2頁	2例 2頁+4/9行	―
冊数　合計 教材数　合計 頁数　合計	6冊 6例 ※:1 約7頁	4冊 4例 約5頁+19/28	8冊 8例 約9頁+32/45	0

※：他種目・内容と同教材の数

（3）学年別比較

　表10に示したように、対象学年別に比較すると、台湾教科書では、1年が1例・2頁、2年が2例・3頁+3/7行、4年が1例・1/4頁、朝鮮教科書では、1年が2例・2頁、2年が4例・2頁+4/15、3年が2例・3頁+4/9行扱われていた。1・2年は、国定・台湾・朝鮮教科書において扱われていた。

表10 国定・植民地・占領地教科書の中の「ラジオ体操・体操」に関する教材・
内容記述・記載対象学年別比較（三～五期）（上段：教材数・下段：頁数）

対象学年	日本の国定教科書	台湾教科書	朝鮮教科書	南洋群島教科書
1年	2例 2頁半	1例 2頁	2例 2頁	0 本科1年
2年	3例 3頁+2/9行	2例 3頁+3/7行	4例 2頁+4/15	0 本科2年
3年	1例 1頁+2/9行	0	2例 3頁+4/9行	0 本科3年
4年	0	1例 ※:1 1/4頁	0	0 補習科1年
5年	0	0	0	0 補習科2年
6年	0	0	0	―
冊数　合計 教材数　合計 頁数　合計	6冊 6例 ※:1 約7頁	4冊 4例 約5頁+19/28	8冊 8例 約9頁+32/45	0

※：他種目・内容と同教材の数

(4) 考察

　台湾教科書では、二期1912（明治45）年発行の『台湾教科用書　国民読本巻一』（図7）には、「アニガ、タイソオヲ　シテイマス。オトオトガ、ソレヲミテイマス」という記述と挿絵が登場する。

　三期1928年発行の『公学校修身書巻二児童用』・『公学校修身書巻二第一種児童用』に掲載された「七　カラダヲタイセツニセヨ」（図8）の教材に、「……アサ　ハ　ハヤク　オキテ　タイサウ　ヲ　スル　コト　ニ　シマシタ。……」という挿絵付の記述・記載がある。

　三期1929年発行の『公学校修身書巻四第一種児童用』に掲載された「第五　カラダヲキタエヨ」（図9）の教材には、「かけっこ」と「体操」の挿絵があった。五期1942年発行の『コクゴ二』（図10）には、「ラジオ体操」そのものの内容が2頁にわたり扱われている。

図7　国定二期：第二期　人種差別政策期
　　1912（明治45）年
　　『台湾教科用書　国民読本巻一』
　　台湾総督府

図8　国定三期：第三期　内地延長主義政策期
　　1928年
　　『公学校修身書巻二第一種児童用』
　　台湾総督府

図9　国定三期：
　　第三期　内地延長主義政策期　1929年
　　『公学校修身書巻四児童用』台湾総督府

図10　国定五期：
　　第五期軍国主義政策1942年
　　『コクゴ二』　台湾総督府

『公学校各科教授法全』[15]によると、「体操は一定の命令規律の下に動作をして身体各部の均斉なる発育を助成するものである。矯正に始って鍛錬に移る。而して端正なる姿勢を作り上げ動作の機敏熟練を求めるものであって、公学校体操科の中心をなす教材である」と説明されている。すでに戦争体制に入っていた五期の「ラジオ体操」教材だけでなく、「体操」教材が二・三期にも登場している。

朝鮮教科書では、二期1912年発行の『普通学校国語読本巻一』（図11）には、「イマ　タイソウ　ヲ　シテ　イマス。マッスグニ　タッテ、マエ　ヲ　ミテ　イマス。ウシロ　ヲ　ミマセン。ワキ　モ　ミマセン。…」という規律的な本文と挿絵の「体操」教材がある。

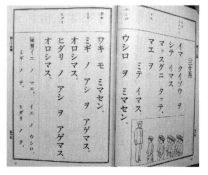

図11　国定二期：武断政治期（第一段階）
　　　1912（大正元）年
　　　『普通学校国語読本巻一』朝鮮総督府

四期1937年発行の『初等算術第二学年児童用上』・『普通学校算術第二学年児童用上』に掲載された「〇ウンドウカイ」（内容：タイソウ・カケッコ・ハタトリ・キバセン）の教材は、「ツギ　ノ　オハナシ　デ、モンダイ　ヲ　ツクッテ　ゴランナサイ。」、……「ミンナ　ガ、ウンドウジョウ　デ　タイソウ　ヲ　シマシタ。一レツ　ニ　八人　ズツ　ナラビマシタ。」……というように、運動会の種目を題材にした文章問題である。

四期1937年発行の『初等算術第二学年児童用下』・『普通学校算術第二学年児童用下』に掲載された「〇イロイロノモンダイ（2）」は、「セイト　ガ、四レツ　ニ　ナランデ、タイソウ　ヲ　シテ　イマス。一レツニ、十四人　ズツ　イマス。ミンナ　デ　何人　デショウカ。」という生徒たちが並んで体操をしている挿絵付の文章問題である。

四期1939年発行の『初等国語読本巻一』には、「アサ　ノ　タイソウ

ヨイ　キモチ。ウデ　ヲ　ノバセバ　ヨイ　キモチ。……」と、先生を模範に生徒たちが並んで体操をしている挿絵付の教材がある。この教材の前頁は、「教練（集合・整列）」の内容の教材である。

四期1940年発行の『初等唱歌第三学年用』（図12）に掲載された「ラヂオ體操の歌」や、五期1941年発行の『初等国語読本巻五』（図13）と五期1942年発行の『ヨミカタ1ネン上』（図14）にラジオ体操に関する内容が掲載されていた。

図12　国定四期：戦時体制期
　　　（第二段階）1940年
　　　『初等唱歌第三学年用』
　　　朝鮮総督府

図13　国定五期：決戦体制期
　　　1941年
　　　『初等国語読本巻五』朝鮮総督府

図14　国定五期：決戦体制期
　　　1942年
　　　『ヨミカタ1ネン上』朝鮮総督府

「ラジオ体操・体操」に関する教材が、国定教科書だけでなく、植民地・占領地教科書においても、南洋群島を除く台湾・朝鮮教科書の中で扱われていたことが確認できた。

黒田[16]は、「ラジオ体操そのものには国家的イデオロギーを直接表現する動作もなければ、考案時にはその意図もなかったといわなければならない。その動作を国家的に利用するとなれば、日本人という集団による斉一の動きという面を強調する必要があった。それがさまざまな国家を象徴する儀礼によって囲まれる必要があった。それが『ラジオ』という装置によって、日本中が一斉に動いていると想像できることが必要だった。そのような条件が満たされて、ラジオ体操は『国家的』に利用されていった」と述べている。

黒田が指摘したように、かつてのラジオ体操は、単なる体操として扱われていたのではなく、戦争体制の強化とともに、国旗掲揚、宮城遥拝、「君が代」斉唱、「愛国行進曲」斉唱等、国家を象徴する儀礼と深く結びつき、集団体操の実施により、結果として「国家的に」利用されたと言える。

ラジオ体操は、現在もなお日本の教育現場や地域社会に根付いている。ラジオ体操を指導する、特に教育に携わる者は、軍国主義的と捉えられた時代があった、ラジオ体操の歴史を認識した上で扱う必要がある。

4．台湾・朝鮮における植民地学校体育政策を基にした時期区分からの検討

蔡禎雄による台湾における植民地学校体育政策、及び、西尾達雄による朝鮮における植民地学校体育政策を基にした時期区分を表11・12に示した。

(1) 台湾における植民地学校体育政策を基にした時期区分からの検討

台湾における植民地教育政策は、異なる時期区分により分類され研究されてきた。例えば、王錦雀による日治時期殖民與教育政策の時期区分では、綏撫時期：無方針及漸進主義（1895〜1919年）、文治時期：内地延長主義（1919〜1937年）、皇民科時期：軍國民主義皇民化運動（1937〜1945年）に分けられている[17]。本稿では、台湾における植民地学校体

表11　台湾における植民地学校体育政策時期区分（蔡禎雄論文）

第一期	恩威並行政策期	1895年〜日露戦争（1904〜1905年）後まで
第二期	人種差別政策期	日露戦争後から内地延長政策が展開する1918年頃まで
第三期	内地延長主義政策期	1918年内地延長主義政策がとられる頃から中国侵略が始まる1931年頃まで
第四期	日台一体政策期	1931年、太田総督就任頃から日中戦争（1937〜1945年）末期まで
第五期	軍国主義政策期	1940年、長谷川総督就任頃から終戦まで

※西尾達雄（2003）『日本植民地下朝鮮における学校体育政策』（明石書店）を参考に作成。

育政策について論じている蔡禎雄による時期区分からの検討を試みる。

　図7、1912年発行の時期、第二期、人種差別政策期について、蔡禎雄論文[18]は、この時期の体育は、1911年の朝鮮教育令と同様の体育目標が1912年に制定されると共に内地に準じて小学校に「学校体操要目」（1913年）が施行され、公学校でも「公学校体操教授要目」が出され、小学校と公学校の体育を徐々に接近させる政策がとられた時期であったという[19]。

　図8・9、1928・1929年発行の時期、第三期、内地延長主義政策期は、この時期に台湾教育令（1919年）が制定され、台湾人の学校教育体系が制度的に確立し、22年に同教育令が改正され、日本人と台湾人が同じ法律の下に教育を受けることになった。公学校の体育目的が小学校とほぼ同様になったとしている[20]。

　上記の時期には、図7・8・9のように、体操の主教材であった「体操」を少しずつではあるが、教科書においても教材として取り扱い始めてきた変遷を見ることができる。

　図15、1942年発行の時期、第五期、軍国主義政策期は、台湾人が戦争に総動員される体制が作られた時期であった。この時期の教育政策は、国民学校令の公布による国民学校制度の実施、皇国民錬成教育の強化及び義務教育期の施行であった。小・公学校の名称は国民学校に統一されたが、教育内容は日本人用、台湾人用に区別したものであった。初等学校体育では、体操科が体錬科に変わったが、柔道や剣道は台湾人にあまり実施されなかったとしている[21]。

　図15のように、五期、1942年発行の台湾教科書『コクゴ二』では、

8〜11頁（図15①②）の4ページが「運動会」→ 28〜35頁（図15③〜⑥）の8頁にわたり、「戦争ごっこ」→「兵隊ごっこ」→「ラジオ体操」の内容が児童の意識の流れを計算したかのように、自然な流れで教材がつながっている。

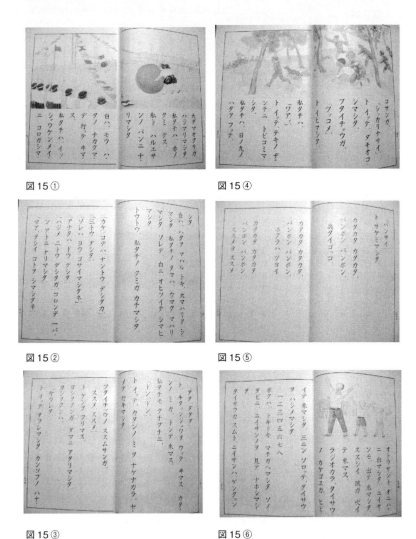

図15① 図15④
図15② 図15⑤
図15③ 図15⑥

図15　国定五期：軍国主義政策期　1942年　『コクゴニ』　台湾総督府

(2) 朝鮮における植民地学校体育政策を基にした時期区分からの検討

図1・11、1912発行の時期、武断政治期（第一段階）の特徴として、「朝鮮人には朝鮮教育令が適用され、朝鮮に在住する日本人には日本本国の教育法令が適用されたこと」、「日本人は普通体操・遊戯及び兵式体操という教材であったのに対して、朝鮮人は兵式体操を配当せず、普通体操・遊戯及び器械体操になっていたこと」、併合前は必修であった普通学校や実業学校の体操を随意科目としたこと」、「私立学校を徹底して弾圧し、私立学校を中心にして盛んであった兵式体操や運動会を禁止することによって民族主義的な体育運動を抑圧したこと」などをが挙げられる[22]。

西尾[23]は、「規律的訓練と教練教材」について、武断政治期（第二段階）、1914年の学校体操教授要目で示された「教練」は、日本で実施されていたそれ以前の兵式体操よりも軍事的には後退したものであり、「教練」に配当されている執銃各個教練や部隊教練の一部は、実践的な戦闘教練の基礎としての集団秩序運動に重点を置くものであり、その内容は「体操の集団一斉指導上必要な"気をつけ""右へならえ"の類で教練の

表12　朝鮮における植民地学校体育政策時期区分

1910年代	武断政治期	第一段階：朝鮮教育令（1911年）の制定とそれに基づく各学校規則によって体育目標と内容が規定
		第二段階：1914年に制定された学校体操教授要目によって教材内容が変更
		第三段階：櫻井恒次郎の紳士体操普及奨励（1918～1919年）
1920年代	文化政治期	第一段階：三.一運動後から朝鮮教育令の改正（1922年）まで
		第二段階：改正朝鮮教育令に基づき各学校規則が制定され体育の目標と内容が規定される段階から体操要目が改正される1927年まで
		第三段階：改正要目の制定から朝鮮人の一部に教練を実施する1928年まで
1930年代	準戦時体制期	1930年代初頭から1937年日中戦争勃発まで
1937年以降	戦時体制期	第一段階：1937年7月の日中戦争勃発以後1939年頃まで
		第二段階：1939年以後太平洋戦争勃発まで
1941年以降	決戦体制期	1941年12月8日に勃発したアジア太平洋戦争以後終戦まで

※西尾達雄（2003）『日本植民地下朝鮮における学校体育政策』（明石書店）を参考に作成。

強化とは言えない」ものであったことを挙げている。

また,『学校体操教授要目』の「教練」について,「執銃教練や小・中隊教練を配当しなかったのは,これらが集団秩序運動に重点を置いたものとはいえ,銃を持った訓練への警戒があったことや部隊とは関係ない一般的な集団秩序を求めたからだということができる。そして朝鮮人に対する秩序運動としての教練の配当は,秩序運動(徒手教練)の目的が『規律節制ノ良習ヲ養成』することであり,まさに体育目標に一致したからであった」と述べている[24]。

西尾が指摘した日本植民地下朝鮮における学校体育政策における「教練」の特徴を考慮すると,朝鮮教科書の中の「教練」に関する教材は,「たいそうごっこ」のような「集団秩序訓練」に関する教材が中心であったことが理解できる。

図2、1923年発行の時期,文化政治期(第一段階)は,朝鮮人に対する統治対策に一定の譲歩と懐柔が見られた時期で,体育においては朝鮮人にも学校体育を必修とし,スポーツ活動も自由に行えるようになり,朝鮮体育会などのスポーツ団体の結成も認められる段階である。第二段階では,朝鮮人を体制内化する巧妙な対応策が展開される。第二次教育令では,「内地延長主義」の方針のもとで「一視同仁」あるいは「日本人と同じ」だということを建前としたが,このような建前とは裏腹に,相変わらず学校体系は別々であり,教育内容も異なるものであった。このような二面性が第二段階の第一の特徴であるという。また,目標と内容の一貫性で問題となるのが教練教材であり,この時期において日本人には教練を実施しているが,朝鮮人に実施することはなかったという[25]。

図3、1930年発行の時期,準戦時体制期の体育政策は,文化政治期において吹き出した朝鮮人の自律的近代化の流れである民族主義的運動が完全に抑圧される中で,「内鮮融和」政策が一層推し進められ,体育内容における日本人と朝鮮人の共通性が生み出される時期であった。「面白い」体育の実践や中等学校以上での学校教練の実施にそれを見ることができる[26]。

「タイソウゴッコ」教材の内容を見ると,文化政治期(第一段階)の23年本では,「タイソウゴッコ　ヲ　シテ　アソビマショウ。」から本文が始まるのに対し,準戦時体制期の30年本では,「タイソウゴッコ

ヲ　シマショウ。」に変わっているのは、戦時体制に向かう時代背景が影響しているものと考えられる。

　朝鮮人に学校教練が実施されるのは、準戦時体制期、1931年9月26日で、このときも朝鮮人に教練をさせ、兵力としてきちんと位置づけて教練していたのでは決してなく、一番の目的は戦時体制下、「教練の目的は軍事知識より軍人精神を育成」であった[27]。

　図12、1940年発行の戦時体制期は、第一段階が、皇国臣民体操の制定など、皇国臣民育成のための学校体育が推進される時期であり、第二段階が、戦争の長期化の中で「戦時における戦闘力」と「困苦欠乏に堪ゆる耐久力」の育成が叫ばれ、やがて戦力増強の学校体育が推進される時期である[28]。

　図13、1941年、図6・14、1942年発行の決戦体制期は、すべて戦力増強の一点に集中する施策を展開し、最終的には体育実施不能に至った[29]。

　戦時体制期・決戦体制期に、「集合」・「整列」・「行進」等の「教練」の内容や「ラジオ体操・体操」等の「集団秩序訓練」が教材として扱われていたということは、その時期にその内容が必要不可欠であったことを意味している。

5. 植民地教科書に見る「規律的身体」

　本稿で着目した植民地教科書に見る「規律的身体」は、「身体規律」や「身体の近代化」を促す「教練」・「ラジオ体操・体操」等の「集団秩序訓練」と深く関わり、フーコーが明らかにした「従順な身体」を形成するための身体に加えられる「規律・訓練」と同様の意味で捉えている。

　これまで見てきたように、植民地（台湾・朝鮮）教科書の中の「運動会」に関する記述・記載を検証すると、「身体規律」や「身体の近代化」に関わる種目・内容である「教練」、「ラジオ体操・体操」教材は、体操の主要教材としてだけではなく、国語・修身・算術・唱歌教科書においても教材として扱われており、他科目とタッグを組み、もしくは数科目で連携し教育されていたと言える。

　また、それらの教材内容は、威圧的に強制するものではなく、武断政

治期の朝鮮教科書を除いては、どちらかと言うと、ごっこ遊びとして楽しく、また、兄弟を登場させる等、日常生活の中で自然に身体規律を浸透させようとする工夫が見られた。

西尾は、「植民地体育政策においてもっとも大きな問題は、他民族を支配する施策の一環として体育政策が遂行されたこと、とりわけ、『皇民化』は、直接戦争に巻き込むものであり、植民地支配の中で遂行された学校体育政策は、愚民化を基盤とし、融和による懐柔をへて皇民化の中で完結する朝鮮人の日本と日本人に対する身体と精神の隷属化政策であった」と述べている[30]。

また、西尾は、「戦時体制期までに一貫して朝鮮人に求められたのは、『従順で普通の健康な身体』であったが、戦時体制期になってからは、日本語能力と『日本人以上に日本的な精神』を持つ、規律訓練能力を備えた身体であった」と述べている[31]。

植民地における学校体育で目指された身体像は、支配者に「従順な身体」であったが、ここで重要なのは、嫌々受動的に服従させられるのではなく、自発的・主体的・能動的に「従順な身体」を涵養することであったと考えられる。

おわりに

本報告では、国定一～五期における日本植民地（台湾・朝鮮）教科書の中の「運動会」に関する記述・記載の中で、「身体規律」や「身体の近代化」に関わる種目・内容であり、当時の体操科主要教材であった「教練」、「ラジオ体操・体操」に焦点を絞り、三～五期における内地の国定教科書、南洋群島教科書と科目別・時期区分別・学年別に比較検証した。また、台湾・朝鮮における植民地学校体育政策を基にした時期区分からの検討を試みた。本研究を通じて、「植民地教科書に見る身体と近代化」について考察し、以下のことが明らかになった。

1．三～五期において、国定・植民地・占領地教科書の中の「教練」に関する教材は、国定が6例、台湾がなし、朝鮮が8例、南洋群島が5例確認できた。「ラジオ体操・体操」に関する教材は、国定が6例、台湾

が4例、朝鮮が8例、南洋群島がなしであった。国定だけでなく、植民地・占領地教科書の中でも、「教練」、ないし、「ラジオ体操・体操」等の集団秩序訓練に関する内容が教材化されていた。
2．「教練」に関する教材
(1) 一～五期において、台湾教科書では、現在のところ見当たらなかった。朝鮮教科書では、9例扱われていた。三～五期において、朝鮮教科書では8例扱われていた。
(2) 科目別に比較すると、朝鮮教科書では、国語が6例、算術が2例扱われていた。
(3) 時期区分別に比較すると、朝鮮教科書では、三期が3例、四期が3例、五期が2例扱われていた。頁数が三期で最も多く扱われていたのは、南洋群島教科書の傾向と一致している。
(4) 学年別に比較すると、朝鮮教科書では、1年が7例、3年が1例扱われていた。1年で最も多く扱われていたのは、国定教科書の傾向と一致している。また、1年と3年で扱われていた傾向は、南洋群島教科書の傾向と一致している。
3．「ラジオ体操・体操」に関する教材
(1) 一～五期において、台湾教科書が5例、朝鮮教科書が9例扱われていた。三～五期において、台湾教科書が4例、朝鮮教科書が8例扱われていた。
(2) 科目別に比較すると、台湾教科書では、国語が1例、修身が3例、朝鮮教科書では、国語が3例、唱歌が1例扱われていた。国語教科書は、国定・台湾・朝鮮教科書において扱われていた。
(3) 時期区分別に比較すると、台湾教科書では、三期が3例、五期が1例、朝鮮教科書では、四期が6例、五期が2例扱われていた。台湾教科書では、三期の早い時期から扱われており、朝鮮教科書では、国定教科書と同様に、四期が最も多かった。五期は、国定・台湾・朝鮮教科書において扱われていた。
(4) 対象学年別に比較すると、台湾教科書では、1年が1例、2年が2例、4年が1例、朝鮮教科書では、1年が2例、2年が4例、3年が2例扱われていた。1・2年は、国定・台湾・朝鮮教科書において扱われていた。
4．日本植民地（台湾・朝鮮）教科書の中の「運動会」に関する記述・

記載の中で、「身体規律」や「身体の近代化」に関わる種目・内容である「教練」、「ラジオ体操・体操」教材は、体操の主要教材としてだけではなく、国語・修身・算術・唱歌教科書においても教材として扱われており、他科目とタッグを組み、もしくは数科目で連携し教育されていた。また、それらの教材内容は、威圧的に強制するものではなく、武断政治期の朝鮮教科書を除いては、日常生活の中で自然に身体規律を浸透させようとする工夫が見られた。

5．植民地における学校体育で目指された身体像は、支配者に「従順な身体」であったが、ここで重要なのは、嫌々受動的に服従させられるのではなく、自発的・主体的・能動的に「従順な身体」を涵養することであったと考えられる。

　今後の課題として、日本の国定・植民地・占領地教科書の中の「運動会」に関する記述・記載の中で、「身体規律」や「身体の近代化」に影響を与えたと考えられる、「教練」・「ラジオ体操・体操」以外の運動会に関する教材種目・内容にも着目し検証を進めたい。

【註】
1　坂上康博：『権力装置としてのスポーツ』、株式会社講談社、1998年。
2　吉見俊哉他：『運動会と日本近代』、青弓社、1999年。
3　木村吉次：「学校運動会の歴史的研究―回顧と展望―」、日本体育学会第63回大会キーノートレクチャー、日本体育学会第63回大会予稿集、2012年8月22日、35頁。
4　山本信良・今野敏彦：『大正・昭和教育の天皇制イデオロギーⅡ』、新泉社、1986年、341-392頁。
5　唐澤富太郎：『教科書の歴史』、創文社、1956年、1-17頁。
6　山住正己：『教科書』、岩波新書、1970年、82頁。
7　石橋武彦：『修身教科書に現われた保健体育思想の研究』、不昧堂出版、1971年。
8　石橋武彦：『国語教科書に現われた保健体育思想の研究』、不昧堂出版、1975年。
9　北島順子：「近代教科書にみる『健康』・『体育』の思想（1）―国定教科書の中の『運動会』に関する記述・記載の検証―」、『関西教育学会年報』、2008年、41-45頁。
10　北島順子：「近代教科書にみる『健康』・『体育』の思想（2）―国定教科書と日本植民地・占領地（南洋群島）教科書の中の『運動会』に関する記述・記載の比較検証―」、『IPHIGENEIA』創刊号（通号が9号）、2009年、98-122頁。

11 宮脇弘幸監修:『南洋群島　国語読本　一〜八』（復刻版）、大空社、2006 年。
12 台北師範学校教諭久住栄一・藤本元次郎『公学校各科教授法全』台北新高堂蔵版、1924 年、330-333 頁（奥付が欠落しているが、諸言に記載有）。
13 北川知子「朝鮮総督府編纂『普通学校読本』の研究―児童の「生活」に着眼した教材について」、植民地教育史研究年報第 6 号、株式会社皓星社、2004 年、34-52 頁。
14 「普通学校国語読本巻二編纂趣意書」朝鮮総督府、1925 年、11 頁。
15 前掲書 12) 335 頁。
16 黒田勇：『ラジオ体操の誕生』、青弓社、1999 年、210 頁。
17 王錦雀：『日治時期：台湾公民教育與公民特性』、台湾古籍出版有限公司、2005 年。
18 蔡禎雄：「日本統治下台湾における初等学校教科体育の歴史的考察」筑波大学博士学位論文　1991 年（未刊）。
19 西尾達雄：『日本植民地下朝鮮における学校体育政策』、明石書店、2003 年、596-601 頁。
20 前掲書 19
21 前掲書 19
22 前掲書 19、579-596 頁
23 前掲書 19、157 頁。
24 前掲書 19、137-138 頁。
25 前掲書 22
26 前掲書 22
27 陳述者・西尾達雄：「体育・スポーツの戦争責任 - 植民地朝鮮における体育政策を中心として」、アジアに対する日本の戦争責任を問う民衆法廷準備会編、『体育・スポーツにみる戦争責任』、樹花舎、1995 年、12 頁。
28 前掲書 22
29 前掲書 22
30 前掲書 19　593-596 頁
31 西尾達雄：日本植民地教育史研究会第 17 回研究大会「シンポジウム『植民地近代と身体』開催趣旨」2014 年。

謝　辞

　本報告の調査研究にあたり、玉川大学教育博物館に資料収集のご協力をいただきました。深く感謝の意を表します。

Ⅱ. 研究論文

娯楽か日本化教育か？
――日本占領下シンガポールにおける音楽――**

松岡昌和*

はじめに

　1941年12月8日、日本軍はマレー半島に上陸し、その後急速に南方（東南アジア地域）を占領し、各地で軍政を敷いた。日本にとっての南方の重要性が資源の獲得にあったことはこれまでもたびたび指摘されてきたが[1]、そうした南方の占領にあたって、住民の協力を取り付けるためのプロパガンダが行われた。その中核をなしたのは日本語教育であるが、そのほかにもさまざまなメディアを通じた文化政策が行われた。なかでも、特に有効とされたのが音楽の利用であった[2]。その背景には、南方の住民を「土人」視する当時の日本人の認識があった。

　本稿の目的は「昭南島」と称された日本占領下シンガポールにおいて、音楽がどのように用いられたのかを明らかにすることで、同地におけるプロパガンダの特徴と限界を指摘することにある。筆者はこれまで、同地で刊行されたこども向け新聞『サクラ』を主たる分析対象として、日本の唱歌・童謡を用いた教育について考察してきた［松岡 2009a; 2009b］。そこでは、歌を教育する際にラジオが用いられたこと、「日本の風土」を歌う曲が多く選ばれていたことを指摘した。本稿では、筆者のこれまでの研究対象をさらに広げ、成人向けに供された音楽についても見ていきたい。音楽は娯楽として消費されるものであるとともに、ある「感性」や美的感覚を伝達する社会教育の媒体としての役割も持つ。ここでは、日本占領下シンガポールにおいて、どのような音楽が提供さ

＊日本学術振興会特別研究員（PD）、東京藝術大学大学院音楽研究科
＊＊本稿は日本学術振興会科学研究費補助金特別研究員奨励費（25・4793）による成果の一部である。

れたかを明らかにすることで、同地における音楽工作がどのような役割を実際に担い得たのかを考察する。

　日本占領下シンガポールにおける文教政策に関しては、特に軍政初期について言えば、軍政部長などを歴任した渡邊渡大佐の影響力が強く指摘されている。渡邊は大本営政府連絡会議の示した資源の戦争の論理（『南方占領地軍政実施要領』に見られる三原則：国防資源の取得、占領軍の自活、治安恢復）を強く批判し、「天皇制を基盤とした東洋道徳文化の創造と高揚、現地住民の皇民化、そして日本の指導の下に新体制を建設すべく彼らを邁進させるべきことを唱え」、「西洋文化に汚染され堕落した彼らの文化の『精神的な禊』を強調した」［明石 2001: 55］。つまり、日本占領下シンガポールにおけるプロパガンダの目的とは、資源の獲得のために現地住民の協力を取り付けるというよりも、現地社会の強力な「日本化」といったものであった。そうした渡邊軍政の遂行過程で、やはり音楽は有効なツールとして認識され、教育やプロパガンダに用いられていった[3]。音楽の持つ「娯楽」としての性格と、「日本化」のツールとしての側面の相克、共犯関係、そして理念と実態とのズレなどを本稿では考えていきたい。

　筆者によるこれまでの研究を除いて、日本占領下シンガポールにおける音楽活動について論じた研究は数少ない。当事者による回想はいくつかあるものの、歴史研究として位置づけられるものはごくわずかに限られる。そうした中でも、このトピックを取り上げた貴重な研究としてジャスミン・リムによる修士論文［Lim 2002］が挙げられる。リムは日本占領下シンガポールにおける娯楽について論じる中で音楽活動について言及している。音楽についての記述は決して多いわけではないが、昭南オーケストラや昭南警察楽隊のコンサートについて、当時の英字紙やオーラル・ヒストリー資料をもとに、その実態を明らかにしようと試みている。しかし、取り上げた情報が断片的であるほか、その内容についての分析が不十分であるなど、同地における音楽活動の社会的機能について考察する余地は大きい。

　これまで日本占領下シンガポールにおける音楽活動について十分に明らかにされてこなかった背景としては、資料が少なく、断片的な情報しか残されていないという事情が挙げられる。しかし近年、シンガポール

の音楽の発展に大きな役割を果たした音楽家ポール・アビシェガナデン（1914-2011）の自伝が出版されたほか［Abisheganaden 2005］、国立文書館での新たなオーラル・ヒストリー資料の収集も進んでいる。特に現地側の証言や回想は、日本がもたらした音楽がどのように受容／消費されたかを考察する上で重要な手がかりを提供してくれるものと考えられる。

　本稿では、英字紙 Syonan Times/Syonan Shimbun および華字紙『昭南日報』などをはじめとした現地の定期刊行物、上述の現地側の回想・自伝、さらにオーラル・ヒストリー資料などを用いる。それにより支配者であった日本人側と被支配者であった現地側の双方の視点から当時の音楽活動について考察してみたい。

　以下、まず英字紙 Syonan Times/Syonan Shimbun[4] と華字紙『昭南日報』に掲載された歌について見ていく。筆者がこども向けの『サクラ』を検討したところ、日本内地の唱歌教科書から最も多くの曲が選ばれていたが［松岡 2009b］、これらの2紙ではどうだったのであろうか。どのような時期にどのような曲が紙上で紹介されていたのかについて詳しく見ていきたい。続いて、現地住民向けの公開演奏会として昭南オーケストラと昭南警察楽隊の活動を検討する。これらの詳しい活動状況については断片的な情報しかないが、Syonan Times/Syonan Shimbun に掲載されたプログラムを中心に関連記事、現地住民の自伝や回想などを用いて、その断片をつなぎあわせていきたい。加えて、そのほかの音楽演奏についても言及したい。その上で、これらの音楽活動がどのように認識されていたのかについて受け手であった現地側の評価を、オーラル・ヒストリー資料などをもとに見ていきたい。

1. 新聞紙上に見られる歌

　まず、新聞紙上に現れた歌について見ていきたい。一般向けの新聞ではどのような機会にどのような歌が掲載され、それはどの程度の頻度であったのか。ここでは発行部数が多く、現地住民が目にする機会が多いと思われる英字紙 Syonan Times/Syonan Shimbun と華字紙『昭南日報』

について見ていく。

（1）Syonan Times/Syonan Shimbun に見られる歌

　英字紙 Syonan Times/Syonan Shimbun では、定期的に日本の歌を紹介する連載記事は見られない。それでも、ことある度に、楽譜や歌詞が紙面で紹介されていた。以下は Syonan Times/Syonan Shimbun に登場した歌の一覧である。以下の歌については、楽譜並びに歌詞が掲載されている。タイトルは紙面においては通常ローマ字ないしはカタカナで表記されているが、特に断りのない限り、筆者が原曲の日本語タイトルと対照させて、漢字かな交じりの表記にした。なお、掲載日のあとのカッコは掲載された紙面が通常とは異なる特別なものであったり、特に解説が付されていたりする場合に、それぞれの曲がどのような文脈で掲載されたかを示している。カッコがない場合は、特に解説文などもなく、単に楽譜と歌詞が掲載されているものを示している。

《アジヤの力》1942 年 4 月 18 日（土曜日増刊号）
《天長節の歌》1942 年 4 月 29 日（天長節特別版）
《君が代》1942 年 4 月 29 日（天長節特別版）
《愛国行進曲》1942 年 5 月 16 日（土曜日増刊号）
《兵隊さん》1942 年 6 月 11 日（『サクラ』紹介記事）
《大南方軍の歌》1943 年 2 月 15 日（シンガポール陥落／「昭南誕生」）
《天長節の歌》1943 年 4 月 29 日
《雨の揚陸点》[5]1943 年 8 月 10 日（日本人と現地教員の合作）
《我が昭南の凱歌》1943 年 8 月 30 日（日本人と現地教員の合作）
《コクセン》[6]1943 年 9 月 4 日（日本人と現地教員の合作）
《走れ！日の丸銀輪部隊の歌》（『シンガポール総攻撃』主題歌）1943 年 9 月 11 日（映画増刊号）
《南方建設部隊の歌》1943 年 10 月 16 日（日本人と現地教員の合作）
《太平洋行進曲》1943 年 12 月 18 日

　これら 13 曲のほとんどが通常とは異なる特別な祝日や状況のもとで掲載されていることがわかる。天長節やシンガポール陥落といった「記

念すべき」日に関連する作品のみならず、軍政初期においては増刊号の主要なコンテンツとして、また1942年6月の「日本語普及運動」に際しては、このとき創刊された『サクラ』を紹介する記事の一部として、マラヤの戦いを取り上げた映画の紹介記事の一部として、また1943年8月から10月にかけては、日本軍兵士の作詞、現地人教員の作曲という日本人と占領地住民の「友情」と「協力関係」を示す特別なものとして[7]、それぞれ作品を取り上げている。全体として、戦意を高揚させる曲目が多く含まれていることが特徴としてあげられる。

この一連の歌の楽譜には、これらがラジオなど他の媒体と組み合わされて実際に音声として届けられたことを示す記述は付されていない。それゆえ、これらの歌が読者によって歌われることを想定して掲載されたものなのか、判断は難しい。しかし、《愛国行進曲》や《君が代》、《天長節の歌》などは、学校などで教育されるほか、後述のように公開演奏会で演奏される機会も多かった。また、《太平洋行進曲》については、後に見るように、同時期に華字紙『昭南日報』にも掲載されており（表1参照）、ラジオで放送された可能性が高い。ゆえに、これらの曲については読者が歌うことを想定した上で掲載されたと見ることも不可能ではないだろう。

（2）『昭南日報』に見られる歌

1943年9月18日、華字紙『昭南日報』紙上の記事に以下のような記述があった。

　　昭南放送局之放送節目除一般原住民之歌曲及日本流行歌曲外、且自去年七月開始即毎邊星期一、二、三之三日間尚作三分鐘左右之健全日本歌謡指導、継続至今已有年餘、為求對一般取聴者之要求、今後毎週所指導之歌曲将先在本報刊載、以利便聴者之練習。（引用者訳：昭南放送局はこれまでの地元の流行歌と日本の流行歌の番組のほか、昨年7月から毎週月曜日、火曜日、水曜日に三分ほどの健全な日本の歌謡を指導してきており、現在まで一年余りとなります。一般聴者の要求に応じて、今後は毎週指導する歌曲をまず本紙に掲載し、聴者の練習の利便に資します。）

表1　『昭南日報』に掲載された曲

	掲載日	出典	内容
黎明勤労の歌	1943年9月18日	国民歌謡	国民生活
空襲なんぞ恐るべき	1943年9月25日	われらのうた	国民生活
若葉の歌	1943年10月2日	国民歌謡	ホームソング
団欒（まどい）	1943年10月9日	国民歌謡	国民生活
花言葉の歌	1943年10月16日	その他流行歌	その他
春の草	1943年10月23日	不詳	その他
明治節の歌	1943年10月30日	祝日大祭日唱歌	国家イベント
叱られて	1943年11月6日	その他童謡・歌曲	ホームソング
母の歌	1943年11月13日	国民歌謡	女性
連合艦隊行進曲	1943年11月20日	その他軍歌・戦時歌謡	皇国・皇軍
今年の燕	1943年11月27日	国民合唱	皇国・皇軍
アジアの力	1943年12月4日	われらのうた	皇国・皇軍
あわて床屋	1943年12月11日	その他童謡・歌曲	ホームソング
太平洋行進曲	1943年12月14日	国民歌謡	皇国・皇軍
放送日本	1943年12月18日	不詳	その他
一月一日	1943年12月25日	祝日大祭日唱歌	国家イベント
十億の進軍	1944年1月18日	その他軍歌・戦時歌謡	皇国・皇軍
日の丸行進曲	1944年1月15日	その他軍歌・戦時歌謡	皇国・皇軍
かやの木山	1944年1月22日	その他童謡・歌曲	ホームソング
軍国舟唄	1944年1月29日	その他軍歌・戦時歌謡	皇国・皇軍
紀元節の歌	1944年2月6日	祝日大祭日唱歌	国家イベント
馬来建設の歌	1944年2月12日	マラヤで制作	マラヤ
馬来の若人	1944年2月12日	マラヤで制作	マラヤ
馬来草	1944年2月12日	マラヤで制作	マラヤ
走れ大地を	1944年3月19日	国民歌謡	国家イベント
流れ星	1944年3月26日	不詳	その他
此の道は	1944年4月9日	その他童謡・歌曲	ホームソング
大空に祈る	1944年4月29日	その他軍歌・戦時歌謡	皇国・皇軍
故郷の白百合	1944年5月2日	その他流行歌	その他
アジヤの青雲	1944年5月9日	その他軍歌・戦時歌謡	皇国・皇軍
白百合	1944年5月14日	国民歌謡	女性
英国東洋艦隊潰滅	1944年5月24日	その他軍歌・戦時歌謡	皇国・皇軍
沖に帆あげて	1944年5月28日	国民合唱	国民生活

これ以降、ほぼ毎週定期的に33曲の日本の歌が1944年5月にかけて同紙上に掲載されるようになった。初期の頃はラジオ放送のスケジュールが明記されており、その後も楽譜や歌詞とともに歌手やピアニストの名前が記されており、それが、ラジオという媒体を通して、実際に音声を伴ったものとして人々に伝えられたことがうかがえる。
　この記事からは、その1年以上前である1942年7月から週3回「健全な日本の歌」を放送していたことがわかる。ただし、この記事が掲載されるまでの間については『昭南日報』にもSyonan Times/Syonan Shimbunにもこれについての情報は掲載されておらず、何が放送されていたのかについては確認できない。また、月曜日から水曜日にかけて放送されているとあるが、『昭南日報』に掲載された33曲についてもほぼ毎週1曲ずつ掲載されており、月曜日から水曜日にかけて3回放送されていたようである。こうした歌の連載は、ラジオという媒体によってその内容が全島に伝達されつつも、Syonan Times/Syonan Shimbunには見られず、『昭南日報』独自のものであった。
　1943年9月以降に掲載された33曲は果たしてどのような曲であったのだろうか。表1はその一覧、曲の出典、そしてその内容である。ここからわかるように、出典については、国民歌謡・われらのうた・国民合唱の楽曲が全11曲あり、全体の1/3を占めている。国民歌謡は1936年から1941年まで日本放送協会がラジオで放送した番組である。そこでは、「猥雑」で「退廃的」とされた流行歌に代わり、「良き流行歌」を「国民的歌謡」として普及させることが大きな目的とされていた。しかし、その後日中戦争拡大の中で、健全で明朗な楽曲の提供という理想から離れていき、上からの音楽の活用という性格を強めていった［戸ノ下 2008: 131］。国民歌謡は1941年には「われらのうた」と改称し、1942年には「国民合唱」となった。これらは大政翼賛会や情報局による国民教化運動に活用され、上からの国民動員の手段として機能することとなった［戸ノ下 2008: 131-132］。
　次にその内容について見ていきたい。ラジオによる「健全な」歌の放送という点において、この放送は日本内地における国民歌謡と共通していることから、ここでは戸ノ下達也による国民歌謡の分類を応用したい。戸ノ下［2008: 124-127］は国民歌謡の楽曲を大きく芸術歌曲・ホームソ

ング(「誰にでも朗らかに歌える」という放送目的に沿ったもの)、教化・動員・意識昂揚を狙いとした楽曲(時局の影響を反映したもの)に分け、さらに後者については女性を歌った楽曲(母性、大和撫子像、銃後を守る女性像など)、軍事関係以外の国家イベントのための楽曲(オリンピックや祝祭など)、皇国・皇軍賛美の楽曲(「皇国」讃歌、戦争賛美、軍事思想の普及・意識昂揚など)、国民精神総動員運動に呼応した楽曲、戦時下の国民運動や国民生活に密着したテーマを題材とした楽曲(銃後家庭強化、軍人援護運動、戦意昂揚・国民意識昂揚など)の5タイプに分類している。この分類を整理した上で『昭南日報』掲載楽曲独自の性格も加味し、歌の内容を①芸術歌曲・ホームソング(ホームソング)、②女性を題材とした楽曲(女性)、③国家イベント関係楽曲(国家イベント)、④皇国・皇軍賛美の楽曲(皇国・皇軍)、⑤国民生活に関わる楽曲(国民生活)、⑥マラヤ関係の楽曲(マラヤ)、⑦その他に分類し、表1に示した(カッコ内は表1における表記)。ここではあくまで主題や歌詞内容について分類を行ったため、童謡は①ホームソングに、祝日大祭日唱歌は③国家イベントに、軍歌・戦時歌謡は④皇国・皇軍に含めた。当然複数の内容を含む楽曲も存在するが、ここでは全体的な傾向を示すために便宜的に分類を行っている。

　それらを内容ごとにまとめたのが表2である。最も多く取り上げられているのは、皇国・皇軍賛美の楽曲である。なかでも、《十億の進軍》や《アジヤの青雲》、《英国東洋艦隊潰滅》など、大東亜共栄圏や南方をイメージさせる軍歌・戦時歌謡が取り上げられているのが特徴的である。国民

表2　『昭南日報』に掲載された曲の分類

	数	％
皇国・皇軍賛美の楽曲	10	30.3%
芸術歌曲・ホームソング	5	15.2%
国家イベント関係楽曲	4	12.1%
国民生活に関わる楽曲	4	12.1%
マラヤ関係の楽曲	3	9.1%
女性を題材とした楽曲	2	6.1%
その他	5	15.2%
合計	33	100.0%

歌謡・われらのうた・国民合唱を出典とするものについても、《アジアの力》や《今年の燕》など、大東亜共栄圏や南方をイメージさせる楽曲が取り上げられている。

続いて、戦時色を持たない芸術歌曲・ホームソングが5曲存在する。国民歌謡にも戦時色を持たない楽曲が取り上げられており、本連載でも《若葉の歌》など、時局を反映していると見られない楽曲もある。

それに続くのが、国家イベント関係楽曲と国民生活に関わる楽曲である。前者については、4曲中3曲が《明治節の歌》、《一月一日》、《紀元節の歌》といった祝日大祭日唱歌であり、関連する祝日の直前に掲載されている。これらに加え、1936年のベルリン・オリンピックの際に応援歌として用いられた《走れ大地を》が取り上げられている。ただ、この曲については、オリンピック紹介記事を伴っていないため、国家イベントと関連させたプロパガンダ効果が期待されたかどうかは不明である。

国民生活に関わる楽曲については、《黎明勤労の歌》や《団欒》といった勤労精神を歌ったもの、《空襲なんぞ恐るべき》や《沖に帆あげて》といった戦時体制への協力や啓蒙、さらには動員への動機づけを行うような楽曲が取り上げられている。

マラヤに関する歌謡がそれに続いて3曲取り上げられている。それらは日本軍支配下の「マライ建設」推進のための作曲コンテストで選ばれた曲であり、そのうち2曲は現地住民による作曲である。現地住民の手による楽曲は英字紙Syonan Shimbunにも不定期に4曲掲載されており、現地社会の日本の政策への協力を示すものとして宣伝されている。

女性を題材とした楽曲としては《母の歌》と《白百合》が取り上げられている。前者については母性を歌ったものであるが、3節目で「日の丸」や「君が代」といった言葉が現れ、「皇国臣民」の母を歌った楽曲としての性格も持ち合わせている。後者は、従軍看護婦を賛美した楽曲である。

これらの楽曲はラジオで放送されていたようであるが、その歌手として1943年12月の紙面には、ゴア出身の音楽家であるフィリップ・ヴァーズの名が4回ほど登場する。その前後について彼がラジオで歌っていたかどうかは確認されていない。しかし、ヴァーズの名はポール・

アビシェガナデンの語りの中にも登場することから、少なくとも12月の4回については彼が歌っていたことは確かだろう。彼の音楽的才能は様々な場所で発揮されており、戦時期においてはキャバレーで演奏活動をしていたほか、学校向けの放送でも歌手として活動していたようである［Abisheganaden 2005: 99］。アビシェガナデンはヴァーズについて「1回か2回でピアノ伴奏付きで歌を通して歌えてしまう」能力の持ち主であると評している［Abisheganaden 2005: 99］。

　さて、『昭南日報』に掲載されたこの一連の歌の紹介はどのような意味を持っていたのだろうか。まず、一つには日本語普及の媒体としての機能が期待されていたと考えられる。そもそも楽譜と歌詞の掲載目的が「歌の練習」に資するためとされていた。また、『昭南日報』は華字紙であるが、日本語の歌のみが取り上げられており、歌詞は日本語のみで記されている。その表記方法は、当初カタカナのみであったが、その後ルビ付き漢字のカタカナ混じりとなり、最終的にはルビが消える。こうした表記方法の変化は単なる編集方針の変更とも考えられるが、日本語の習熟度に応じた変化と考えるほうが、実際に住民の日本語習熟度がどの程度上達していったかは別として、妥当であろう。また、このスケジュールとは異なるが、一連の曲目が連載されている期間に《アイウエオの歌》が日本語普及を呼びかける解説文とともに掲載されていた[8]。以上のことから、まずカタカナの音を習得し、次第に漢字カナ交じり文の読解へと至るという、多分に軍政ないし編集サイドの願望による、日本語普及のプログラムの一環としての機能がこの連載にあったと言うことができよう。

　第二に、戦争の大義や日本精神を知らしめるという目的があったと考えられる。皇国・皇軍賛美の楽曲、国家イベント関係楽曲、国民生活に関わる楽曲、女性を題材とした楽曲を合わせると全体の2/3弱を占めており、そこでは戦争賛美や天皇制、勤労精神、「皇国臣民」の母などが歌われている。また、この連載では当初楽譜と歌詞に簡単な解説文が伴っていた。1943年9月18日の《黎明勤労の歌》の傍らには、「勤労の日本国民精神」を表している旨が記されている。その後、解説文が記されることはなくなるが、全体として一連の曲目は戦時体制への協力を訴え、また啓蒙していくメッセージが多く含まれており、実際にメッセージと

して読者あるいは聴者に伝わったかどうかにかかわらず、これらには現地住民を戦争協力へと駆り立てていく動機が働いていたと見ることができよう。

結局のところ、これらは「健全日本歌謡」を謳っているが、日本内地の国民歌謡のケースと同様、「誰でも朗らかに歌える愛唱歌」というよりも、日本の軍政への協力を要請する、時局を反映したものとしての性格を帯びている。

2. 公開演奏会

（1）昭南オーケストラ

1942年、昭南オーケストラ（昭南管弦楽団）が軍政当局によって組織された。英字紙Syonan Timesによれば、最初の演奏会は1942年5月16日に開催されている［Syonan Times 1942年5月13日］（図1）。昭南オーケストラの演奏活動は便宜上大きく4つのタイプに分類できる。まず、最も目立つ活動として挙げられるのが毎週日曜日（当初は土曜日も）に開催される定期的な演奏会、第二に、1943年夏までの期間に見られる不定期に水曜日に開催される演奏会、第三に1943年秋以降に見られる不定期に開催される特定の作曲家ないしテーマを取り上げた演奏会、そしてその他である。ここでは、主として公演回数の多い日曜日の演奏会について述べたい。

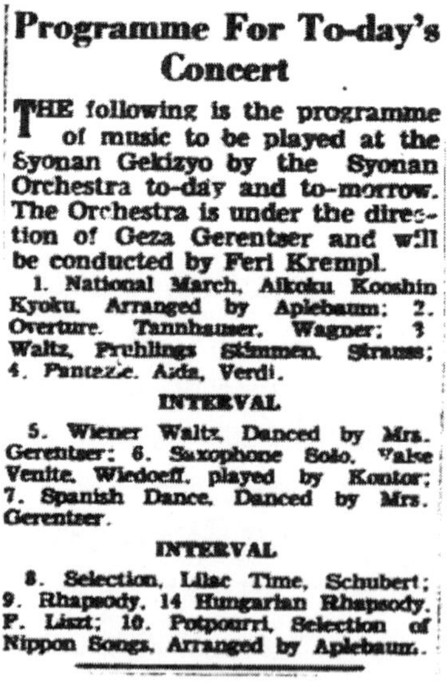

Programme For To-day's Concert

THE following is the programme of music to be played at the Syonan Gekizyo by the Syonan Orchestra to-day and to-morrow. The Orchestra is under the direction of Geza Gerentser and will be conducted by Feri Krempl.

1. National March, Aikoku Kooshin Kyoku, Arranged by Aplebaum; 2. Overture, Tannhauser, Wagner; 3 Waltz, Fruhlings Stimmen, Strauss; 4. Pantezie, Aida, Verdi.

INTERVAL

5. Wiener Waltz, Danced by Mrs. Gerentser; 6. Saxophone Solo, Valse Venite, Wiedoeff, played by Kontor; 7. Spanish Dance, Danced by Mrs. Gerentser.

INTERVAL

8. Selection, Lilac Time, Schubert; 9. Rhapsody, 14 Hungarian Rhapsody, F. Liszt; 10. Potpourri, Selection of Nippon Songs, Arranged by Aplebaum.

図1　演奏会のプログラム
（典拠：Syonan Times,16 May 1942）

演奏会は毎週日曜日午後にヴィクトリア劇場を改称した昭南劇場で開催され、1942年8月にはヴィクトリア・メモリアル・ホー

ルを改称した昭南公会堂に移転した。英字紙 Syonan Times/Syonan Shimbun で確認した限りでは、公演は通常1日に2回行われ、1942年9月までは日曜日に加えて土曜日午後にも公演が行われていた。ただし、1944年5月以降については開演時間が確認できていないため、その後の公演状況については不明である。

現時点でこの演奏会のプログラムを完全に再現することは困難であるが、Syonan Times/Syonan Shimbun に掲載されたいくつかのプログラムから全体の傾向を浮き彫りにしていきたい。プログラムの構成は当初、《愛国行進曲》に始まり、枢軸国の作曲家の作品やダンスなどが続き、日本歌曲の演奏で幕を閉じる構成となっている。《愛国行進曲》に始まり日本の歌曲で終わる構成は間もなく変更されるものの、レパートリーの中心は依然として枢軸国の作曲家の作品とダンスであり、それに日本の作品が1点から3点ほど挿入されている。

日曜日のコンサートで特に作品が多く取り上げられていた作曲家としては、オーストリアのヨハン・シュトラウス2世(《ウィーンの森の物語》、《美しく青きドナウ》、《南国のバラ》といったワルツ)、フランツ・レハール(オペレッタ《メリー・ウィドウ》など)、ハンガリーのエメリッヒ・カールマン(オペレッタ《伯爵令嬢マリツァ》など)、フランツ・リスト(《ハンガリー狂詩曲》など)、イタリアのジョアキーノ・ロッシーニ(オペラ《セヴィリアの理髪師》、《ウィリアム・テル》など)、ジュゼッペ・ヴェルディ(オペラ《アイーダ》、《イル・トロヴァトーレ》など)らであった。現時点で確認できるプログラムは完全なものではないが、確認できる限りでもシュトラウスのワルツは圧倒的な頻度で演奏されていた。

そのほか、リヒャルト・ヴァーグナーやフランツ・シューベルトといったドイツの作曲家の作品、フランスのレオ・ドリーブによるバレエ作品なども比較的多く取り上げられていた。さらに、枢軸国以外では、ロシアのピョートル・チャイコフスキーやモデスト・ムソルグスキーの作品、アイルランドのマイケル・バルフェの作品までも演奏曲目に上っていた。これらヨーロッパの作品の取り上げられ方の傾向については、時期を通じて大きな変化は確認できない。

日本の作品は《愛国行進曲》などの国民歌謡や長唄、小唄、箏曲などをオーケストラ用にアレンジしたものが多く演奏されていた。しかし、

こうした傾向には軍政が終盤に差し掛かると変化が生じる。1945年になると、山田耕筰の交響曲《かちどきと平和》が取り上げられるようになるなど、オーケストラ作品も演奏されるようになった。しかし、この頃には次第にプログラムが紙面に上らなくなってきており、オーケストラの活動状況を正確に知ることは難しい。

　全体としてみると、その構成は枢軸国の作品を中心にしているとはいえ、日本的、あるいは中国趣味や南方趣味を含んだ「大東亜的」というよりも、むしろ西洋的な色彩を強く帯びたものであるといえる[9]。

　日曜日の定期演奏会以外の演奏活動についても簡単に触れておきたい。Syonan Times/Syonan Shimbun からは1942年10月から1943年6月にかけてほぼ毎月昭南公会堂とは別に YMCA（憲兵隊東本部）前でコンサートが行われていたことが確認できる。これは通常水曜日に行われており、そのプログラムは日曜日の定期演奏会とは逆に日本の作品中心である。最も多く取り上げられているのは国民歌謡・われらのうた・国民合唱であり、その他に日本の行進曲や民謡などがアレンジされて演奏されていたようである。ただし、プログラムの全てが日本作品で占められていたわけではなく、ヨーロッパの音楽作品やダンスも取り上げられていた。

　それとは別に、1943年5月以降、特定の作曲家やテーマを取り上げた演奏会が不定期で開催されていた。交響曲が演奏されるようになったのもこの時からである[10]。1943年5月20日にはモーツァルトとハイドンを、同年10月1日と15日にはベートーヴェンを取り上げている。モーツァルトの作品ではオペラ《後宮からの誘拐》、セレナード《アイネ・クライネ・ナハトムジーク》が演奏され、ハイドンでは交響曲第100番《軍隊》のほか、交響曲がもう一作品演奏されている[11]。ベートーヴェンの作品としては、舞台音楽《プロメテウスの創造物》、《レオノーレ》序曲[12]、ヴァイオリン・ソナタ第1番、交響曲第5番《運命》が演奏されている。1944年4月1日と26日にはハンガリーの作品を、同年6月16日と17日はヴィーンの作品を、7月14日と28日にはシューベルトを、8月18日と25日にはシュトラウスを特に取り上げて演奏会を行っている。これらでは舞踏曲、ピアノ曲、声楽曲などが多く演奏され、交響曲の演奏は確認できない。これらの作曲家は日曜日の定期演奏

会で多く取り上げられており、このオーケストラが特に得意としていた、あるいはこれらの作品を特に要求する動きがあったものと推測される。ただし、交響曲については、1943年5月以降「昭南交響楽団（Syonan Symphony Orchestra）」と楽団名を名乗っているにもかかわらず、ハイドンやベートーヴェンなどごく一部の作品のみに限られる。

　加えて、その他不定期に開催される演奏会もあった。例えば、1944年2月17日および18日には「新生マライ誕生」記念の演奏会が、1944年4月14日にはジョホール州のエンダウ（「新昭南」）およびヌグリ・スンビラン州のバハウ（「富士村」）への植民を支援する目的の演奏会がそれぞれ開催されている[13]。

　自身ヴァイオリン奏者としてオーケストラに参加していたポール・アビシェガナデンによると、このオーケストラは「ワタナベ」という日本人指揮者が軍政当局から送り込まれて組織されたもので、日本軍将兵の士気の維持と彼らへの娯楽の提供を目的としていたようである[Abisheganaden 2005: 95-96]。ただし、演奏会は当初から一般向けにも公開されており、住民の娯楽という目的も謳っていたことが確認できる。この日本人「ワタナベ」は紙面のプログラムにはその名が掲載されておらず、楽団における活動の実態は不明である。オーケストラのマネージャーを務めたのはハンガリー人音楽家のポール・グレンザーである。紙面のプログラムにはしばしば指導者としてゲザ・グレンザーの名が現れるが、彼がポール・グレンザーと同一人物、あるいは関係する人物であるかどうかは不明である[14]。そのほか、フェリ・クレンプルとデイヴィッド・アペルバウムの二人の名が指揮者としてプログラム上にしばしば紹介されている。アビシェガナデンは、クレンプルはハンガリー人音楽家で昭南オーケストラの副指揮者、アペルバウムはユダヤ系チェコ人の鍵盤奏者としてそれぞれ紹介している[Abisheganaden 2005: 96-97]。なお、アペルバウムについては、しばしばプログラム上で楽曲の編曲者としてもその名を見ることができる。

　彼らのほか、アビシェガナデンはスイス人コンサートマスターについて言及しており、そこからはヨーロッパ人がその運営の中心にいたことがうかがえる。彼らヨーロッパ人楽団員はオーケストラの運営、地元音楽家との共演、ダンサーの リクルート、プログラムをより華やか

なものにするための活動など、さまざまな役割を演じていたようである。アビシェガナデンは、彼ら団員たちはドイツやオーストリアのワルツ、そしてロマの音楽で日本軍兵士たちを楽しませたと回想している［Abisheganaden 2005: 97］。

ただし、『昭南画報』第1巻第2期によれば、地元のユーラシアン（欧亜混血）音楽家連合によって組織されたという記述もあり（図2）、またアビシェガナデンも楽団には地元音楽家も複数含まれていたことに言及しているので［Abisheganaden 2005: 97］、必ずしもヨーロッパ人が支配的な楽団であったとは言えないだろう。ただ、ヨーロッパ人と地元音楽家の比率、あるいは地元音楽家の属性などについて、正確な記録が確認できず詳細は不明である。

図2　演奏会を伝える雑誌記事
（典拠：『昭南画報』第1巻第2期、1942年7月1日）

団員たちの個々の経歴は不明な点が多く、彼らがどのような身分でオーケストラを組織していたのかはわかっていない。しかし、少なくとも、音楽演奏の能力を持つ西洋人という属性によって、軍政側が彼らを重用したということは確かであろう。

（2）警察楽隊

　昭南オーケストラとともに、高い頻度で一般向けに音楽を提供していたのが昭南警察楽隊である[15]。この警察楽隊は1942年5月以降ほぼ週に2回植物園、ジャラン・ブサール、ウォータールー・ストリート、ファーラー公園で演奏を行っていた（図3）。1943年2月からは警察クラブ（ホン・リム公園）も演奏会場に加わる。そのレパートリーは昭南オーケストラ同様、主に枢軸国の作曲家の手によるものであったそして毎回《君が代》で幕を閉じた。

　Syonan Times/Syonan Shimbunに掲載されたプログラムを見ると、演奏曲目は行進曲が中心であったが、そのほかにワルツなどの舞曲も多く演奏されており、そのほか著名な作曲家の作品の編曲などもプログラムに上っていたことがわかる。行進曲ではイギリスの作品が演奏されることもあり、ケネス・アルフォードの《ボギー大佐》が1942年10月9日に取り上げられたほか、オーブリー・ウィンターの編曲による作品も活動期間を通じてたびたびプログラムにのぼっていた。ワルツでは昭南オーケストラでも多く取り上げられていたシュトラウスの作品が演奏されている。しかし、昭南オーケストラで彼の作品が多く取り上げられていたのに対して、警察楽

図3　演奏会の写真
（典拠：Syonan Times, 15 May 1942）

隊では他の作曲家と比べて特に演奏回数が多いとは言えない。

　その他著名作曲家としては、昭南オーケストラと同様、ヴェルディ、レハールなどの名前がプログラムに多く上っており、枢軸国の作品中心となっていると言える。演奏回数は少ないものの、1943年3月17日にエドワード・エルガーの《愛の挨拶》が、1943年8月10日にグスターヴ・ホルストの《吹奏楽のための組曲第一組曲変ホ長調》が取り上げられるなど、ごくわずかながら「敵国」の作品もプログラムを飾っている。

　1944年になると、それまでヨーロッパ中心だったレパートリーが徐々に変化してくる。「マライの曲」や「マライのこども歌」と題された曲目がプログラムに上るようになり、日本の作品の占める割合も増してくる。その後は1945年になると活動状況を伝える情報が少なくなり、どの程度演奏会が行われたのかをうかがい知ることができなくなる。

　この警察楽隊は日本軍の統治下で組織されたものではなく、戦前から存在していたものであった。ポール・アビシェガナデン［Abisheganaden 2005: 1-3］によると、1920年代にはシーク教徒の楽団員によってシンガポール警察の軍楽隊が組織され、初期の頃は植物園で、後にブラス・バサーで野外演奏会を行っていたようである。これは市民にとっては無料で音楽を楽しめるまたとない機会であって、そのプログラムは主に行進曲、メドレー、イギリス大衆音楽で構成されていた。

　戦時中の警察楽隊の演奏会は演奏会場やそのレパートリーなどの点から戦前の演奏会を引き継いだものと考えられる。プログラムに登場するいくつかの日本の作品や毎回の《君が代》の演奏を除けば、警察楽隊の演奏会は戦時中まで継続した戦前のイギリス植民地文化の一つとして位置づけられるだろう。戦時期に楽隊の指揮者を務めていたガンダ・シンは戦後イギリス軍政時代のシーク警察楽隊も指揮していた［Abisheganaden 2005: 20］。このことは、この音楽文化が戦前から日本占領期を経て戦後にも継続していたことを示しているといえる。

　昭南オーケストラと警察楽隊に共通しているのは、日本占領下でありながらもヨーロッパの作品がプログラムの中核を占めていたということである。それは当時同盟関係にあった枢軸国であるドイツやイタリア、またドイツの影響下にある中欧諸国やフランスの作品が中心ではある

が、ロシアの作品やイギリスの作品までもがプログラムに上っている。確かに、日本内地で英米の楽曲に対する規制が強化されるのは1943年になってからであり、また、英米文化への規制という点ではシンガポールで英米の映画が上映禁止されるのは1943年8月になってからである。つまり、それまでは日本内地においても占領地シンガポールにおいても英米文化に対する制度的な規制は強くなかった。しかし、日本語・日本文化の普及が特に強調された日本占領下シンガポールにおいて、1943年以降になっても枢軸国の音楽のみならず、英米の音楽が生き残り続けたことは注目に値する。

　そうした状況がどのような理由によってもたらされたのか、残された情報からは正確な史実をつかむことは困難である。楽譜の流通や演奏者のスキル、楽団の意思決定過程、軍政当局の許認可・指導などの実態について、現時点で明らかにはなっておらず、残された断片的な情報から状況を推測することしかできない。

　この点で、もう一つ両方の楽団に共通している特徴を指摘したい。筆者が確認したプログラムはいずれも英字紙に掲載されたものであるが、曲目の表記について、ドイツ語のものがフランス語に、あるいはイタリア語のものがドイツ語になっているなど、混乱が見られる。これが何を意味するのか正確なところはわからない。しかし、少なくともプログラムを組む際に、慎重な討議がなされたとはここからは考えにくい。つまり、演奏会のプログラム作成過程において、軍政側、行政側の一貫した文化政策に基づく綿密な指導は少なくとも1943年段階までは行われなかったのではないかと推測される。

3. 音楽に対する現地側の認識

　現地住民は戦時期の音楽活動について複雑な認識を持っていた。シンガポール国立文書館のオーラル・ヒストリー・コレクションには、この時期の音楽について言及しているいくつかのインタビューが存在する。また、当時を生きた市民による自伝や回想の中にも音楽に関するエピソードがしばしば語られる。そうした語りの中ではしばしば日本の軍政

当局が音楽を教育、プロパガンダ、娯楽のツールとして用い、それによって現地住民は音楽に接する機会を多く持つようになったということが語られる。音楽に関する言及は学校教育における歌の指導について最も多くなされている。そこでは、ラジオを用いた歌の指導について言及したものもある。当時視学官を務めていたポール・アビシェガナデンは学校放送を使った歌の指導について次のようにその手法を高く評価している [Abisheganaden, Paul, Accn. no. 001415, Reel 40, pp. 482-483]。

　　思うに、日本のシステムはとても徹底したものだった。彼らは教育のツールとしてラジオを使った。彼らが一度に3-4曲選んでラジオ局でそれを流していたのを覚えている。そして学校の音楽の時間はその放送時間に合わせて行われていた。当時そうした歌を普及させるのにラジオを使うというのは極めて効果的だと思った。

　では、放送された日本の歌について現地住民はどのような印象を抱いていたのだろうか。『昭南日報』などで紹介されていた国民歌謡や軍国歌謡について、詳しく評価した回想は確認できていない。しかし、その他のいくつかの証言や回想から、日本の歌はその歌詞内容よりもむしろ、音楽的特徴や歌われた状況によって判断される傾向が見える。例えば、当時学生であったアイシャ・アクバルは《浜辺の歌》や《荒城の月》などについてその音楽的特徴に対する好意的な意見を述べている [アクバル 1994: 100]。アビシェガナデンもまた、《荒城の月》や《海ゆかば》は「美しい曲」としながらも、そうした「美しい曲」は《愛国行進曲》など強制されて歌う「プロパガンダ以外のもの」と限定している [Abisheganaden, Paul, Accn. no. 001415, Reel 40, pp. 483-484]。
　こうした一部の日本の曲の音楽的特徴に対する好意的評価がある一方、日本の音楽文化全般に対する消極的な評価も見られる。華人で戦時中に昭南オーケストラに参加していたゴー・シンイーは次のように述べている [Goh Sin Ee, Accn. no. 000225, Reel 18, p. 246]。

　　当時、私は日本人が音楽的な人々ではないという印象を抱いていた。彼らの音楽が全く好きになれなかったのだ。国歌からして耳に

心地良く響くものとは思わなかった。今になってようやく彼らは中国人／華人[16]同様に音楽的であると理解できるようになったが。中国人／華人についてさえも、以前は父親が中国オペラに連れて行ってくれた時にその音楽を全く良いとは思えなかった。というのも、我々はみんなそれとは全く異なる西洋音楽を学んできたから。

　西洋音楽の指標からすると、日本の音楽がしかるべき水準に達していない、未成熟なものである、という価値判断が「日本人が音楽的でない」という評価からうかがえる。
　日本の音楽を好むと好まざるとにかかわらず、彼らは「昭南島」に流れた音楽を、あくまで彼らの音楽的基準によって判断しており、そこに日本人「文化人」たちが求めていった「大東亜」の精神を見出してはいない。ゴー・シンイーの発言に見られるのは、音楽の価値はあくまで西洋的・近代的な基準によって測られる、という現実であった。
　こうした西洋音楽への志向は音楽を専門とする人々に限られるものではなかった。昭南オーケストラは枢軸国を中心としたヨーロッパの作品とともに、「大東亜」の文化を振興すべく、日本や他のアジア地域の作品も伴っていた。そうしたなかで、最も多くの聴衆を喜ばせたのはヨーロッパのダンスであったと昭南オーケストラに参加していたヴァイオリニストのベンジャミン・クーは述べている［Khoo, Accn. no. 002911, CD22, pp. 485-486］。
　ここで注目したいのは、日本人がアジアの作品を差し置いてヨーロッパのダンスに興じていたという事実よりも、それを目撃していた現地住民がいたということである。指導的な立場から「大東亜」の精神を興すべく支配者となっていたはずの日本人自身が西洋的・近代的な価値判断で芸術を楽しんでいた、という矛盾した様子が「大東亜」の精神を日本人から学ぶべきとされていた現地住民の目に晒されていたのである。西洋的な価値体系を排し、日本的あるいはアジア的な価値体系を宣伝することの「欺瞞」を示す一事例とみることができよう。

おわりに

　以上、日本占領下シンガポールで行われた主要な音楽活動と、それに対する日本側・現地側双方の認識をいくつかの事例を取り上げて見てきた。ここで標題に掲げた質問に答えたい。日本占領下シンガポールにおいて、音楽は娯楽であったのか、それとも日本化教育のツールであったのか。少なくとも軍政側はその両方、つまり娯楽と「日本化」あるいは住民の動員の両方を満たす音楽をプロパガンダに利用しようとしていたのではないだろうか。つまり、「健全音楽」あるいは「健全娯楽」とも言えるようなものである。

　似たような動きは日本内地でも見られていた。1940年代前半、日本の音楽界では「日本的」音楽の創造と音楽の「大衆化」を目指す「国民音楽」論が浮上し、そうした中から戦時期の音楽運動として「厚生音楽運動」が出てきた。これは「不健全」な娯楽の排撃と国民余暇の「善用」を通じた国民体力の工場や生産力の増大を目指す厚生運動の音楽版として展開されたものであり、音楽を「健全娯楽」の一つとしてみなし、勤労者の士気高揚や能率向上などの手段として利用するものであった［高岡 2008］。

　1943年9月の華字紙『昭南日報』に掲載された記事に「健全な日本の歌を放送」とあるのは、以上のような日本内地での状況を踏まえたものであろう。歌を媒介として「勤労」を「日本精神」として伝えていこうとする動きは、「厚生音楽運動」という大衆動員に類似したものであると言える。

　加えて、住民が日本語を母語としない占領地においては、日本語普及という目的も歌が担うことになった。それはこども新聞『サクラ』のケースと同様である［松岡 2009a］。日本側が現地社会に要求した「健全性」は、まず日本語を習得し、戦争の「大義」を理解し、「勤労」に励むなど日本軍政に協力するという精神であったと言えよう。そこで供された音楽は娯楽という形式を堅持しながらも、現地住民を日本化していこうとする力となることを期待されたものであった。

　一方の現地住民の側からは標題の質問にどのように答えられるだろう

か。そのどちらでもありえなかったというのが一つの回答の可能性として挙げられよう。多くの現地住民にとって、「昭南島」の経験は「恐怖」と「欠乏」によって形容されるものであった。軍宣伝班や従軍「文化人」たちがどれほど日本軍政による「平和」を強調しても、現実には戦争体験と日本軍の暴力性が住民の間に植え付けられていたであろう。軍政開始直後の華人「粛清」や強制献金、憲兵隊による拷問や公開処刑などは少なからず住民の間から「平和」の実感を奪っていったことであろう。また、シンガポールは食糧の多くを輸入に頼っていたことから、市民生活は「欠乏」とも常に隣り合わせであった[17]。そのような中で純粋に娯楽を楽しんだり、進んで「日本精神」を理解しようとすることは必ずしも容易なことではあるまい。

　確かに日本占領下であっても娯楽として音楽を楽しんだ層もいただろう。というのも、戦前・戦後との連続性をもつ警察楽隊が定期的に公開演奏会を行ったり、ヨーロッパ人を動員してオーケストラを組織し、一般向けに音楽やダンスが供されていたりしたからである。特に、シュトラウスのワルツが多く演奏されるなど、プログラムの上では華やかな音楽が多く見られた。また、遊技場や飲食店もまた音楽を娯楽として楽しむ場となったはずである。しかし、そうした場で演奏された音楽は西洋音楽が中心であった。日本が新たにもたらした音楽ではなく、また「日本的」あるいは「大東亜的」音楽とはみなされなかったであろう。

　もちろん、近代日本の音楽文化が西洋音楽のシステムを採用して成立した以上、国民歌謡などの楽曲も西洋的なものとして受容することは可能である。ただし、音楽的要素とは別に、そこにどのようなメッセージが込められていたか、あるいはどのような目的で演奏されたかという点で「日本的」、「西洋的」と区分できたであろう。日本語の歌詞が付され、日本語教育や日本精神の啓蒙に利用された『昭南日報』の歌のイメージと、西洋音楽がそのまま演奏された公開演奏会の音楽のイメージは大きく異なっていたと考えられる。それゆえ、公開演奏会の音楽は「日本的」メッセージの薄い「西洋的」なものであったと言うことが可能であろう。

　日本軍が振興しようとした音楽は、現地の側からは必ずしも好意的に受け容れられた訳ではない。現地社会は日本側の意図とは離れて、彼らの基準で音楽を評価していた。当時のシンガポール社会における音楽理

解の全体像を探ることは不可能である。しかし、植民地として西洋音楽が流入しており、また警察楽隊のように一般市民にも開かれた形でイギリスの音楽文化に触れることができたシンガポールでは、西洋音楽の基準で音楽が評価されることも少なくなかったであろう。そのとき、日本音楽が必ずしも好意的に評価されるわけではない。

　日本の音楽界では西洋音楽を超克した「大東亜音楽」の創造を目指す動きもあったが [松岡 2012]、そもそも近代日本音楽そのものが西洋音楽のシステムを採用することによって成り立った折衷的なものであった [奥中 2007]。英米との戦争の中で、旧英領植民地において音楽プロパガンダを行う際、そうした日本音楽の性格は、当事者たちが意識していたかどうかは別として、「難題」となっていた。戦前期の日本では南方を含めたアジア諸民族を「民度（＝西洋的近代化を指標にした序列化の概念）」の点で「低いレベル」と見ていた [中野 2012: 99-100]。しかし、それは欧米式の制度・教育・文化の影響下にあった南方の実態とは異なるものであった。「民度」＝「西洋化の程度」は日本の指導性の根拠とはなり得なかったのである。それゆえ、日本の音楽文化を用いて、欧米に代わって日本が指導的立場を発揮するという論理には、最初から無理があったのである。日本人が指導民族である最終的な根拠は、「民度」ではなく、「精神」でなければならなかったのであるが [中野 2012: 100]、国民歌謡のような音楽がそうした「精神」を示し、現地音楽文化に対して優位性を持てたかどうか、大いに疑問である。むしろ、そうした「精神主義」プロパガンダが単なるクリシェにすぎないことは、昭南オーケストラの演奏会で西洋音楽とダンスに興じる日本軍兵士の姿から見て取ることができよう。

　ここで取り上げたいずれの音楽活動を見ても、それらが一貫した文化政策のプログラムに基づいているとは言いがたい。『昭南日報』に掲載された歌は、日本語教育の教材としては使われている言葉が難解であり、また歌詞の意味が理解できなくては「日本精神」も伝わらない。昭南オーケストラや警察楽隊のコンサートは西洋音楽中心である上、イギリスの作品も混在している。また、プログラムの表記には言語上の混乱が見られる。

　日本占領下シンガポールにおける音楽活動は史料が不足していること

から、その全体像を詳細に描き出すことが難しい。それでも、残された記録から、日本軍による占領地での文化政策の限界と戦時期音楽プロパガンダが直面したジレンマとが浮かび上がってくる。

【註】
1 南方占領地における資源をめぐる日本軍と現地社会との関係については、倉沢愛子［2012］がこれまでの研究を踏まえてまとめている。
2 当時の南方向け音楽工作をめぐる議論については酒井［2009］および松岡［2012］を参照。
3 例えば、軍政顧問徳川義親は1943年に発表した『マライ教育事情』において「歌ニヨル伝習ハ此ノ地ニアリテ殊ニ有効適切ナリ。之ニ関連シテ各地ハ音符、レコードノ類ヲ需ムルコト甚ダ大ナリ。文教科ガ拙速ニモ他ノ教科書ニ先チテ唱歌ノ本ヲ作リシ所以ナリ」と述べているなど、日本語普及において歌の果たす役割が強調されている［徳川1943: 69］。
4 1942年2月に創刊された英字紙 Syonan Times は1942年12月に Syonan Sinbun と改称した。また、1943年12月からは Syonan Shimbun の表記が用いられている。本稿では、便宜上これらを総称する際 Syonan Times/Syonan Shimbun の表記を用いる。
5 紙面ではローマ字表記のみで "Ame no yorikuten" とのみ記されており、原文の日本語は確認されていない。便宜上、歌詞の内容などから推測して日本語表記を行った。
6 紙面ではカタカナ表記で「コクセン」とあり、またカッコで "Sacred War" と記されている。英語に対応する「コクセン」の語を特定することは困難であり、便宜上カタカナで表記した。
7 作詞は奈良県の学校で校長を勤めていたとされるマエカワという姓の海軍中尉で、現地音楽教員と「友情で結ばれ」これらの4曲が誕生したと Syonan Sinbun は伝えている（1943年8月10日）。
8 この曲が1943年時点のシンガポールで歌われていたことはこれまで知られておらず、『海の神兵』を紹介した記述の多くでも、この映画の音楽担当の古関裕而の手によるものであると考えられてきた。しかし、アニメ作品に先立ってこの曲が製作されていたことから、この説には大いに疑問があるものの、作曲者名は記事の中で言及されておらず、真相はあきらかになっていない。
9 アレックス・アビシェガナデンもまた、米英の作曲家の作品が演奏されることは認められなかったが、ハンガリー、ルーマニア、オーストリア、ドイツの作曲家の作品が中心であったと回想しており、ヨーロッパの枢軸国、特に中欧の音楽が主要なレパートリーになっていたことをうかがわせる［Abisheganaden, Alex, Accession no. 001461, 30］。
10 1943年5月19日の Syonan Sinbun に掲載された翌5月20日の演奏会紹介記事では、楽団の責任者は「マライで初めての交響曲の演奏会（the first Symphony Concert ever held in Malai）」と語っている。
11 この交響曲については史料上の印刷が不明瞭であるため特定が不可能であった。

12 どの版かについては特定されていない。
13 1943年、南方軍によってシンガポール住民の移住計画が下達され、マレー半島や他の島嶼への植民が行われた。エンダウとバハウはなかでもよく知られており、前者へは華人中心、後者へはユーラシア人中心の植民が行われた［Lee 2005: 166-172］。
14 なお、ダンサー集団の中心的存在として「グレンザー夫人」の名が紙面のプログラム（この場合はゲザ・グレンザー夫人）、アビシェガナデンの回想（この場合はポール・グレンザー夫人）双方に見られる［Abisheganaden 2005: 96-97］。このグレンザー夫人は同一人物とみられることから、「ゲザ」と「ポール」もまた同一人物である可能性が考えられるが、それを立証する史料は確認されておらず、本稿ではあくまで可能性としてとどめておきたい。
15 この楽団の演奏形態は、警察の楽隊であることやレパートリーなどから吹奏楽であると考えられるが、詳しい編成について史料上で確認できていない。
16 原文 Chinese。
17 戦時期の食糧事情、特にコメについては倉沢［2012：第2章］を参照。

【参考文献】
シンガポール国立文書館所蔵オーラル・ヒストリー・コレクション
ABISHEGANADEN, Alex. Accession no. 001461. In English.
ABISHEGANADEN, Paul. Accession no. 001415. In English.
GOH Sin Ee, Accession. no. 000225. In English.
KHOO, Benjamin, Accession. no. 002911. In English.

定期刊行物
Syonan Times/Syonan Shimbun (microfilm copy in National Diet Library, Tokyo).
『昭南画報』(microfilm copy in Lee Kong Chian Reference Library, Singapore).
『昭南日報』(microfilm copy in Lee Kong Chian Reference Library, Singapore).

その他文献
Abisheganaden, Paul .2005. Notes Across the Years: Anecdotes from a Musical Life. Singapore: UNIPRESS.
Lee, Geok Boi. 2005. The Syonan Years: Singapore under Japanese Rule 1942-1945. Singapore: National Archives of Singapore.
Lim, Mui Leng, Jasmine. 2002. Recreation in Singapore under Japanese Occupation 1942-45. M. A. thesis, Department of Japanese Studies, National University of Singapore.
明石陽至．2001.「渡邊軍政――その哲理と展開（一九四一年一二月～四三年三月）」明石陽至編『日本占領下の英領マラヤ・シンガポール』岩波書店．
アイシャ・アクバル（香西史子訳）．1994.『アイシャビーのせんそう――ある少女の「昭南島」時代』東京：凱風社．
奥中康人．2007.「国家共同体の歌」徳丸吉彦ほか編『事典　世界音楽の本』370-373. 岩波書店．

倉沢愛子. 2012.『資源の戦争：「大東亜共栄圏」の人流・物流』岩波書店.
酒井健太郎. 2009.「〈大東亜共栄圏の音楽〉の構想―『音楽公論』（昭和16年11月～昭和18年10月）にみる―」『昭和音楽大学研究紀要』28: 42-53.
高岡裕之. 2008.「十五年戦争期の『国民音楽』」戸ノ下達也・長木誠司編『総力戦と音楽文化――音と声の戦争』34-54. 青弓社.
徳川親義. 1943.『マライ教育事情（第一巻）』.（明石陽至編集解題. 1999.『南方軍政関係史料19　軍政下におけるマラヤ・シンガポール教育事情史・資料：1941～1945』龍溪書舎所収）
戸ノ下達也. 2008.『音楽を動員せよ―統制と娯楽の十五年戦争』青弓社.
中野聡. 2012.『東南アジア占領と日本人――帝国・日本の解体』岩波書店.
松岡昌和. 2009a.「日本軍政下シンガポールにおけるこども向け音楽工作」『アジア教育史研究』18: 48-64.
―――. 2009b.「日本軍政下シンガポールにおける歌の教育と『日本イメージ』」『一橋日本語教育研究報告』3: 62-73.
―――. 2012.「「大東亜文化建設」と「日本音楽」――第二次世界大戦期における音楽プロパガンダ構想についての一考察――」平井達也、田上孝一、助川幸逸郎、黒木朋興編『グローバリゼーション再審――新しい公共性の獲得をめざして――』226-246. 時潮社.

1930 年代農村振興運動と農民教育
――京畿道編『京畿道　農民読本全』を中心に――

本間千景＊

はじめに

　本稿の目的は、1930 年代朝鮮総督府が主導した農山漁村更生計画（以下、農村振興運動）の一環として、農閑期に夜学など短期講習での使用を目的に出版されたテキストの内容を分析し、不就学の農民をどのように教育し、農村振興運動の方針をどのように理解させ、政策の実行に導こうとしていたのかを明らかにすることである。

　これまで農村振興運動に関しては、農村の統制・組織化[1]、心田開発[2]、中堅人物の養成[3]、卒業生指導[4]や簡易学校[5]の設置などに関する研究がなされてきた。また、農村振興運動と教育全般に関しては、稲葉継雄[6]、文鐘鐵[7]の研究がある。稲葉は、普通学校の「職業科」の必修化、簡易学校、卒業生指導などの分析に加え、宇垣総督が当初は朝鮮日報社の文字普及運動や東亜日報社のヴナロード運動など民間の識字啓蒙運動を容認しながらも 1934 年にはこれらを抑圧したという経緯と、農村振興運動における識字教育についても若干触れているが、その教育実態については具体的に触れられていない。文の研究も、農村振興運動下の学校教育における実業教育強化や卒業生指導、簡易学校の設置、農民訓練所における訓練方法など広範にわたっているが、朝鮮総督府の方針に沿って各道が主催した夜学講習会＝農民教育に関する言及はない。李正連[8]の社会教育研究は、民間主導の夜学については分析されているが、同様に総督府主導の夜学や講習会については触れられていない。

　夜学で使用されていたテキストについては조정봉[9]の研究があるが、これは 1920 年代天道教系農民運動団体である朝鮮農民社出版雑誌『朝

＊京都女子大学・佛教大学非常勤講師

鮮農民』に連載された李晟煥著『農民読本』と、朝鮮農民社から分離設立された全朝鮮農民社が発行した金一大著『大衆読本』を比較検討したものであり、総督府主導の農村振興運動における夜学や講習会のテキストには触れられていない。管見の限りでは구자황[10]が忠清北道編『簡易農民読本』(1936年)を分析している。구は、1930年代に出版された「読本」を中心に先の李晟煥著『農民読本』や金一大著『大衆読本』なども含め「読本文化」という文脈の中で、忠清北道編『簡易農民読本』を「読本の転変」と位置づけているが、これは運動の主体とその目的が異なるためある意味当然といえるであろう[11]。忠清北道編『簡易農民読本』は、朝鮮総督府主導の農村振興運動が展開される過程で出版されたものであり、社会主義運動・農民運動団体や言論、民間の学術講習会による文字普及運動や農村運動の文脈でひと括りにされるべきではないのではないか。総督府による農村振興運動は朝鮮半島全体を組織化し、総督府の定めた目的と方針にそって朝鮮各道でテキストが編纂され、そのテキストを用いて講習会で教授されていたという点を踏まえて検討する必要があると筆者は考える。

このように1930年代朝鮮総督府が展開した農村振興運動において、夜学や講習会などで農民たちがどのようなテキストを用い、どのような内容を教授されていたのかについてはこれまでほとんど研究されてこなかった。筆者は、朝鮮総督府主導の農村振興運動展開過程で出版された江原道編『簡易農村教本』(1935)および忠清南道編『簡易農村教本』(1937年)を分析したが[12]、これもまた「新教育」(ここでいう新教育は、児童中心主義や労作教育・郷土教育等自由教育を指す)の影響を軸にした分析にとどまっている。

本稿ではこれまでの研究をふまえ、農村振興運動の背景と日本内地との関係、および農村振興運動の目的と方針を概観したうえで、第一に京畿道における農村振興運動の状況と京畿道編『農民読本』編纂の経緯と配布状況、夜学の状況など新聞史料をもとに明らかにする。第二に、京畿道編『京畿道　農民読本全』(以下、京畿道編『農民読本』と略す。)の内容を検討し、その特徴を考察する。

京畿道編『農民読本』は、1933年8月に出版された[13]。農村振興運動は1932年10月政務総監通牒「農山漁村ノ振興ニ関スル件」により、

道、郡島、邑面に農村振興委員会が組織され、1933年3月の「農山漁村振興計画実施ニ関スル件」各道知事宛通牒により、具体的に動き始めた。京畿道編『農民読本』はこの通牒から5ヶ月後に発行されたが、おそらく1933年3月の通牒が出されたのと時期を同じくして編纂作業が始まったものと推測される。京畿道に続き各道から農民読本や農村教本が出版されるが、当初は京畿道編『農民読本』が他の道でも使用されていたという史料[14]も見られることから、最も早い時期に出版されたテキストと考えられる。したがって、まず本テキストについて分析することは、後に続くテキストを検討する一助になるであろう。

1. 農山振興運動の展開

1—1　背景

　まず、朝鮮において農村振興運動が展開された背景について整理しておこう。1920年代産米増殖計画により、朝鮮全体での米の増加増産分以上の米が内地に流出し、朝鮮農家の米の自家消費分は減る一方であった。米価は1920年代後半から下落し、米作依存型の農業経営に大打撃を与えた。これにより朝鮮の農民層は分解し、格差は拡大した。都市部には土幕民や火田民が増加し、一方で離村しても行き先のない農民は農村にとどまり、農村は人口過剰に陥った[15]。総督府としては、荒廃した農村を回復させることが急務であった。

　総督府はこうした農村窮乏の実状を「農家ノ経済ハ極メテ貧弱ニシテ現金ノ収支年五、六十円乃至二百円程度ノ者最モ多ク此等ハ端境期ニ於テ食糧不足ヲ訴ヘ食ヲ野生ノ草木ニ求ムルガ如キ者其ノ数百余万戸ニ及ビ一面高利ノ負債増嵩シテ其ノ重圧ニ喘ギ過去ニ追ハレ現在ニ苦ミツツ所謂酔生夢死ノ境涯ヲ彷徨シ来レリ[16]」という状況と認識し、その原因は「固ヨリ農民自体ノ無自覚無頓着ナルニ基因スト雖亦以テ政治・経済・教育等ヲ始メトシ社会全般ノ組織並ニ環境・指導等ニ十全ノ効果ヲ挙ゲ得ザリシ点ニモ胚胎シ[17]」とし、政策の効果が十分に上がっていないと一部は認めながらも原因はあくまでも農民の「無自覚無頓着」としている。

また、朝鮮においては1920年代後半、社会主義労農運動が全鮮に広がり、農村の疲弊に伴い農民組合が組織され農民組合運動は活発化し[18]、社会主義運動による農民啓発のための夜学講習会が広く行われていた。そのため、総督府は左翼運動の取り締まりと思想統制をおこなった。こうした状況からも、総督府主導による農村振興運動を展開する必要があった。

1－2　日本内地の農村経済更生運動との関連

　農村振興運動は朝鮮だけで独自に行われたわけではなく、日本内地で同時期に展開されていた農村経済更生運動と少なからず関連していた。内地における農村経済更生運動は、1932年9月農林省官制改正により農林省に経済更生部が設置（1941年1月に廃止）され始まった。内地においては、1932年から農村恐慌にともなう未曾有の疲弊と混乱に陥った農山漁村の再建を目指して全国的に運動が展開された。

　武田勉によれば、昭和農業恐慌は3つの局面において特に現れたという。一つは養蚕・生糸恐慌とされる貿易生糸のアメリカ市場における崩落、二つは米穀恐慌であり、1930年の産米大豊作、それに加えて植民地米の大量流入により、内地米の価格が著しく低落した。さらに東北地方では1931年の凶作に続き1934年には大冷害が襲い、農業恐慌の被害を著しくしたのが三つ目の要因となったという[19]。先に述べたように、朝鮮においては産米増殖計画により増産された米が、生産者の手元には残らず日本内地に移出したことにより農村が窮乏した。しかし、その移出米は日本内地を潤すどころか米価を下落させ、植民地朝鮮においても内地においても農村恐慌を引き起こす一因となったというのは皮肉な話である。

　内地農村の主要な現金収入の源は米と繭であるが、米の価格は1931年には前年に比べると一石27.34円だったのが18.46円に、また繭の価格は1930年には前年平均一貫匁7.06円が3.03円と急激に下落した[20]。このような農村恐慌の状況から、農村経済更生運動は初め農会の「自力更生」運動であったものを日本政府が施策＝運動化し、満州事変後の一貫した軍事拡大のもと、内政費の「安上がり」農政として推進した[21]。では、運動の内容は具体的にどのようなものであったのだろうか。

1932年12月農林省は「農山漁村経済更生計画樹立方針[22]」を発表し、農村山村漁村各経済更生計画樹立方針、農山漁村経済更生計画と産業組合の指導方針、農村金融改善計画樹立方針を明確にした。その中で「農村経済更生計画樹立方針」では、「貯金ノ励行、負債ノ整理、予算生活ノ実行、諸負担ノ適正、冗費ノ防止、農村ニ於ケル過剰人口ノ適当ナル処理等ノ計画ヲ実行シ以テ農業経済ノ改善ニ努力スルコトヲ要ス[23]」とした。

この方針内容を府県や町村段階で更生計画を推進するに当たり、樹立推進機関である経済更生委員会の構成及び実行機関としての農会、産業組合、町村役場とこれに小学校を加え役割分担された[24]。

1—3　朝鮮における農山漁村更生計画の目標と方針

日本内地と呼応するように、朝鮮においても1932年9月朝鮮総督府農村振興委員会が設置され、これに続き各道、郡島、邑面に農村振興委員会[25]が組織され、農村振興運動の指導体制が構築された[26]。同年10月25日、「農山漁村振興ニ関スル各種施設運動ト密接不離ノ関係ヲ保チ効果ヲシテ一元的ナラシムル必要アルニ付」「民心作興運動ニ関スル件[27]」が通牒された。その民心作興施設要綱実行項目は、忠君愛国については国旗掲揚、公徳心の涵養、婦人の社会的地位の改善向上など、自力更生については、他力依頼心の打破、発明・独創・工夫の勧奨誘導、勤労尊重、借金の弊風打破、貯蓄の奨励、婦人野外活動の奨励、冠婚葬祭に於ける伝統的悪習の打破、堆肥の奨励など多岐にわたっている。翌1933年3月には「農山漁村振興計画実施ニ関スル件[28]」が各道知事宛に通牒された。これによれば、農家更生計画樹立方針は、「一、計画は農家個々の経済更生の具体的方策を本体とすると共に其の精神生活的意義を充分闡明ならしむること、二、計画は各戸所在<u>労力の完全なる消化</u>を目標とし其の作業能率の増進を図ると共に可及的多角形的に利用し彼是有機的に綜合統制し一事一業に偏せしめざること、三、計画は<u>自給自足</u>を本則とし漫に企業的営利本位の計画に陥らざること、四、計画は地方の現状に鑑み食糧の充実、<u>金銭経済収支の均衡</u>、<u>負債の根絶</u>の三点を目標とし年次計画を樹立すること[29]」（下線引用者）の四つを掲げた。下線部は前述した内地の方針とも重なる。朝鮮においては現況調査を通

して、より具体的な現況の把握と将来的な計画が農民たちに提示された。

　これらの方針を実施する段階として、朝鮮においてはまず指導部落設計計画を樹立し、次に指導部落を選定、選定された部落の現況調査が行われた。現況調査はまず面職員がこれに当たり、郡や普通学校、金融組合、警察官憲から援助を得て調査を進める。現況調査は16ページにわたる記入式の農家現況調査書[30]に沿って行われた。調査項目は、家族調、年雇調、耕地・林野・垈等調、農作物生産高調、自給飼料生産調、畜産調、養蚕調、農産加工・林産・水産その他調、現金収入調、現金支出調、負債調、預金・貸金等調、食糧不足調、穀物現物受払・貸付使用残等調、労力調と多岐にわたっている。この現況調査の結果を資料として各農家の更生計画が作成されたのである。

2　京畿道における農民教育

2－1　京畿道における農村振興状況

　では、京畿道における農村振興運動はどのような状況だったのであろうか。1933年9月、松本誠京畿道知事は京畿道における農村振興状況について述べている[31]。これを見ると、京畿道では前年（1932年）の政務総監通牒「農山漁村ノ振興ニ関スル件」により、農村振興会数6800余り、会員数は25万6千余戸に達した。各郡に地方社会主事を配置して農家の指導に当たらしめ、1933年度には『農村の光[32]』一万部を発行して農村振興に関する施設の状況及び必要な事項を報道して指導誘掖に努めるほか、婦人社会係嘱託を置いて、農村婦女子の指導強化に当った[33]。青年指導については、1927年度より農村の普通学校に対し卒業生指導の施設を講じて卒業生中将来の指導と併せて公民的教養に努めた。朝鮮総督府嘱託として農村振興運動の実践に深くかかわった八尋生男によれば「この卒業生指導は京畿道からはじまり、朝鮮総督府の指導で各道に広まり、朝鮮全体でやるようになりました。これは農村振興運動のなかで、村の中堅青年養成の一番確かな方法になったのです。（略）中堅人物養成が京畿道を中心にはじまり全国に波及していって、そこに農村振興運動がはじまった[34]」という。その甲斐あってか、卒業

生指導を受けた学生は1932年末には、912人に達し、それぞれ家産を興し、あるいは営農の傍ら農村振興会の幹部として活動する者も多かった。1933年度には農事訓練所[35]を設置し、普通学校を卒業した農村の青年四十名を収容し一年間訓練指導し、中堅青年として実践躬行活動模範を一般に垂れ本運動の促進を図る考えだとしている。

また、小額生業資金の貸し付け事業の拡張充実を図ることとして、貸付資金を増加し、従来実施しなかった面に対しても全部にわたり勧農共済組合[36]の設置を促した。春窮期に高利の負債を累増し農村の窮乏が加速したという事をふまえ、1932年京畿道では25万円を借り入れて邑面に転貸し、道費で利子を補償して低利農糧貸付事業を実施した。余剰労力の生産化と現金収入の増加という点では、京畿道で従来行われていた養蚕養鶏・縄叺の製造及び普及増産に加え、1933年度には予算約4千円の経費を計上し、切り干し大根や干瓢の製造機及び貝類の養殖その他施設を行う計画で、副業の普及発達に努める考えだという。

ただ、この史料には農民教育、具体的には文字教育に関する記述はない。しかし、この記事が掲載された際、京畿道はすでに『農民読本』を発行していた。では、どのような経緯で京畿道編『農民読本』は刊行されたのであろうか。次節で詳しく見ていこう。

2－2　京畿道による『農民読本』出版

1933年6月20日付『大阪朝日新聞朝鮮版』は、「いまだ農村には文盲が多くこのため折角の農村振興運動がはかばかしく進まぬこともあるので京畿道地方課では種々調査の結果今度諺文の農民読本を発刊することゝなつた、この農民読本は農民教育に関する種々必要な材料を平易に盛つたもので道内各地の農村振興会ではこの農民読本を利用して農閑期には夜学を開き徹底的に文盲一掃を期せんとしてゐる[37]」と伝えている。これによれば、京畿道で農村振興運動が進まない原因は高い非識字率にあり、識字率を上げるためにハングルで書かれた『農村読本』を発行することになったということ、その内容は農民生活に必要な材料を平易に書かれたものであること、京畿道内各地の農村振興会でこのテキストを使って農閑期に夜学が開かれるということである。1933年8月1日付『朝鮮中央日報』によれば、京畿道内の「文盲者」は、男子が61万5647人、

女子が84万1346人、総数145万6993人であり、道内人口の約6割7分5厘に上るという[38]。

　前述のように、日本内地でも農村経済更生運動が展開されたが、日本内地では1920年代から30年代にはすでに義務教育制度が一般に定着し、就学率が男女とも99％以上に達しており[39]、運動推進の過程で「文盲退治」は問題にならなかったと考えられる。この点が日本内地と朝鮮との大きな違いであると言える。また、内地において義務教育機関である小学校が運動の実行機関としての役割を担っていたということは、この運動の質および運動に対する認識が各道府県内において、児童レベルまである程度共有されていたであろうと推測される。

　同年9月9日付『東亜日報』には、「今月京畿道庁では道民たちの農民精神と公民的徳性を涵養し文盲を退治するという目的で農民読本五万五千部を刊行し、道内各郡七千六十九個所の農村振興会に配布して、そのうち一万五千巻は無料でその他は有料（巻あたり五銭）とする。また同農民読本を教材として次のような要領で講習会を実施する。一、今年（1933年：引用者注）冬の農閑期から毎年農閑期ごとに三ヶ月間道内七千余の農村振興会が一斉に講習会や夜学会を開催するほかに経済更生計画を実施する農村にこれを開催する。一、読み方や文字の書き方を教えるが、それにとどまらず、農民精神と公民的徳性を養うこと。一、講師は各官公署、学校職員や振興会幹部をもって適当な者とし、報酬は受け取らずに行うこと[40]」とある。

　この記事によれば、5万5千部の『農民読本』が発行されたということであるが、前述のとおり、京畿道における「文盲者」は約145万7千人であることを考えれば、初版とはいえ焼け石に水の感は否めない。また、7,069カ所の農村振興会に配布したということは、それだけの講師が必要であるということだが、その講師には、各官公署、学校職員や振興会幹部のうち適当な者が当たり、無報酬で講習を行うという。では、その『農民読本』とはどのような内容だったのであろうか。次章で詳しく見ていこう。

3. 京畿道編『京畿道　農民読本全』の内容分析

3—1　本書の編纂目的

　京畿道編『農民読本』は、普通学校に就学できなかった農村男女へ簡易な朝鮮語綴字法を教授し、農村振興に対する志操を涵養するため編纂された[41]。全95頁、全60課、附録として簡易な漢字表がついている。ほかに、京畿道各府郡位置図、農村振興運動関連写真、朝鮮全図も含まれており、定価は金五銭とある。本文はすべてハングル表記であり、漢字ハングル混じり文の『普通学校朝鮮語読本』とはこの点で大きく異なる。

　また、附録として「簡易な漢字表」がついており、数字、金銭、尺度、斗量、斤衡など後述する日記の筆記に必要な基本的漢字をはじめ、姓氏や五倫、人倫、五行、五方など儒教及び陰陽五行など古来朝鮮人の生活に重要な概念に関する漢字や、官庁、学校、裁判所、交通など社会生活に必要な漢字、国家及社会、大日本帝国四大節など国民として知っておくべき漢字や、朝鮮十三道、京畿道三府二十郡など、朝鮮人（京畿道民）として知っておくべき漢字が6ページにわたって掲載されている。但しフリガナは、日本語でもハングルでもついていないため、自習のための配慮には欠ける。

　表1は、京畿道編『農民読本』の目次と、各課の内容を分類したものである。分類は、朝鮮語、農村振興運動に関する教材、修身的教材、国民的教材、生活改善に関する教材、文学的教材、自然に関する教材、地理的教材の8項目とした。本書が発行された5ヶ月後、本書の「各課内容の主眼点を一致せしめるため[42]」、京畿道『京畿道農民読本取扱について[43]』（原文、ハングル漢字混じり文、以下『取り扱いについて』と略す。）が発行され、各課の教授目的や注意事項が記されており、これをもとに『農民読本』を教授したと考えられる。この『取り扱いについて』の内容をもとに、1932年朝鮮総督府発行『普通学校朝鮮語読本巻三　編纂趣意書』の分類を参考に分類した[44]。

表1　京畿道編『京畿道農民読本全』目次

課	目　　次	分　　類	課	目　　次	分　　類
	京畿道各府郡位置図	地理的教材	36	私たちの村	農村振興運動
	凡例	―	37	青年	農村振興運動
	教授上注意すること	―	38	婦人の責任	農村振興運動
	（写真）	農村振興運動	39	世の中の宝物	国民的／修身的教材
1-13	綴字法	朝鮮語	40	農糧と負債金	農村振興運動
14	うちの子	修身的教材	41	私の汗	農村振興運動／文学的教材
15	泰山	農村振興運動	42	うちの田んぼ	農村振興運動
16	私の家	農村振興運動	43	二回の涙	修身的／文学的教材
17	勉強	農村振興運動	44	あの鐘の音	農村振興運動
18	一週間	国民的教材	45	朝鮮と内地	国民的／地理的教材
19	ことわざ	修身的教材	46	木	自然
20	大きな力	自然	47	童謡	修身的教材
21	有り難い世の中	国民的教材	48	鬼神も涙を	修身的教材
22	私の身体と世の中	国民的／修身的教材	49	清潔	生活改善
23	職業	農村振興運動	50	考えてみること	生活改善
24	農事打令	農村振興運動	51	手紙	朝鮮語
25	互いの助け	農村振興運動	52	私たちの振興会長	農村振興運動
26	かわいそうなこと	生活改善	53	詩調	文学的教材
27	虫の問答	農村振興運動	54	面白い生活	農村振興運動
28	振興会万歳	農村振興運動	55	公徳心	修身的教材
29	振興会歌	農村振興運動	56	暮らしの調査	農村振興運動
30	使えないものはない	農村振興運動	57	日記	農村振興運動
31	格言	国民的／修身的教材	58	同じ人種	国民的教材
32	洞内自慢	農村振興運動	59	力を尽くせ	農村振興運動
33	四大節	国民的教材	60	沈青	修身的教材
34	恩賜救療	国民的教材	附録	簡易な漢字表	
35	三つの約束	農村振興運動		朝鮮全図	地理的教材

3―2　各課の教授内容と教授目的および方針

では、分類にそって各課本文の内容および『取り扱いについて』に書かれている各課の教授目的および方針について、具体的に見てみよう。（ただし、文学的教材、自然に関する教材は紙幅の都合もあり割愛する。）

①朝鮮語

まず、京畿道編『農民読本』の第一の目的である「朝鮮語綴字法」を見てみよう。凡例によれば、本テキストは朝鮮総督府で編纂した『朝鮮語辞典』による綴字法を採用して、1930年に改訂された新綴字法に接近させ表音的表記法も若干採用したとある。同時期普通学校で使用されていた『朝鮮語読本』は全6巻のうち巻1から巻3まで、新綴字法が採用されていたが、まだ一般には普及していないため、京畿道編『農民読本』では新綴字法は採用しなかった。しかし、一部の表音的表記法では若干採用して新綴字法に接近を図った[45]。

京畿道編『農民読本』の文字は現在のハングルに非常に近い。1課から13課まで13ページが文字の導入に割かれている。基本母音、平音、激音の各字母は現在と同じである。9課の複合母音に現在使用されていない文字が二つあるが、二重母音（ㅢ）がない。また、パッチムはㄱ, ㄴ, ㄹ, ㅁ, ㅂ, ㅅ, ㅇの7つ、二重パッチムはㄼ, ㄲ, ㄺの3つのみ提示されている。濃音の文字は現在と同じㄲ, ㄸ, ㅃ, ㅆ, ㅉの5つである。各課では新出文字を使用した語彙のみが表記されている。

『取り扱いについて』には、「綴字法を正確に修得させるには、いくら速く進んでも一個月は要するであろうから、反復練習に留意して徐々に進行すること[46]」とある。13頁に1ヶ月ということは、3〜4ヶ月予定の講習の3から4分の1程度を文字修得に充てるということである。前述のとおり、本書は全95頁であるが、『取り扱いについて』には「教授者は三個月か四個月に必ず全冊を教えなければならないと思わず、被教授者の学習状態と教授上諸設備等を充分に考慮して臨機応変の方法で所期の目的を貫徹せよ[47]」とある。つまり、綴字法を最速でも1ヶ月、普通はそれ以上かかるであろうから、あとは講師が学習者の状態を見て、教材を取捨選択して教えるということである。

文章が始まる14課から47課までは分かち書きで書かれているが、48

課以降は分かち書きをせず、句読点によって長文を読む練習となっている。各課の分量は1～2頁だが、最後の60課だけは分かち書きはもちろん、句読点もなく6頁にわたっている。内容は朝鮮の古典小説『沈青伝』であり、朝鮮人ならおそらくだれでも知っている物語であるため、内容の理解が目的ではなく理解している内容で文字・単語から文章の理解へと導く教材であろう。51課「手紙」は、父親宛と弟宛の二つの文例が挙げられている。『取り扱いについて』によれば、自分の考えをそのまま書くこと、目上および目下に対する手紙の書き方の要領を会得すること、郵便の出し方の練習などが企図されている。

②農村振興運動に関する教材

　表1を見ると、全60課中23課、文字の13課分を除けばほぼ半分を農村振興運動に関する教材が占めている。本テキストは朝鮮語の文字と綴字法を理解させ、「農村振興に対する志操を涵養するため」に発行されたものであるから、これが中心的主題になるのは当然であろう。以下、これらを内容によりさらに4つに分類した。

　まず、勤勉及び勤労の尊さを涵養する教材を見てみよう。例えば23課「職業」では、「朝鮮ではなにもすることなく、歳月を送る人がいまだに多く、これは大きな恥と言えます。（略）これからは何もせず遊んでいる人が最も卑しいのであります。」とあり、『取り扱いについて』には「遺産が多くても職業を持ちその職業に精励する人でなければ」ならないとしている。ここでは「遊衣徒食を常事に誇衿する陋習の打破根絶を期する」とある。27課「虫の問答」においても「怠け者の暮らしが豊かになるか勤勉な人の暮らしが豊かになるか、ちょっと考えてみなさい。」とあり、勤労の尊さを理解させる内容となっている。59課「力を尽くせ」は詩であるが、「力を尽くせは万事が必ずなるという理解と信念を持つようにして、自彊不息の努力的人生観を樹立するように指導する」とある。50課「考えてみること」の目的は、『取り扱いについて』に「朝鮮の良風美俗と弊風陋習に対する内省と弁別匡正の態度を涵養する」とある。本文では、良風美俗については「昔から両親に孝行を尽くすだけでなく近所の年長者に礼儀正しく謙遜なこと」が挙げられているが、弊風陋習については、「思いのままに動いてくれる人を休ませずに

過ごすことを幸福だと考え、自分の力で生きていく考えもなく、兄弟親戚や友達の力を頼みにすることはよくない風習であります。」とあり、勤労を厭う、自立できないという内容に続き仕事を途中で投げ出すなどの「弊風」が取り上げられている。

　第二に、理想の農家及び農業について取り上げられている教材である。16課「私の家」では「私の家には畑もあって田んぼもあります。（略）蚕も飼い、鶏も飼い、豚も飼い、牛も飼います。栗の木、竹、杏の木もあります。6人家族の中で働けないのは一人だけです。（略）」という本文の内容が、「理想的農家」を描いた文章になっている。田畑はもちろん、数種の家畜を飼い、実のなる木や竹など副収入になる樹木を植えるなど、農村振興運動が農家に推奨する農家の姿が描かれている。また、『取り扱いについて』には、「働けない家族は誰かを想定させ、全家総働の思念を涵養すること」とあり、具体的に女性の野外労働や子供も作業を手伝うことなどを想起させる。24課「農事打令」は、農事を礼賛した歌であるが、朝鮮従来の曲調である「四々調」で講習者に唱謡させる。25課「互いの助け」は、大工、商売人、医者、警察官、軍人、学校の先生、官吏と同じように「農事をする人がいなければ人々の生活がどのようになると思いますか。どのような仕事をする人でもみんないてこそ私たちが無事に生きていけるのであります。」とあり、『取り扱いについて』では、「農業者の尊貴な職能的地位に対する自覚を促進し」、「社会協同の観念」と「官尊農卑の弊習打破にも適合する教材」として、農業従事者としての誇りを持たせる意図が示されている。54課「面白い生活」では、内地人が登場する。内地人「斉藤さん」と親しくしているクムドンの父、クムドンのおじさんとクムドンの会話である。クムドンがお父さんに伴い斉藤さんの家に行ったとき、斉藤さんの家に花と絵があったことをお父さんに話し、クムドンは家にも花を植えましょうと言うが、お父さんはたばこを吸いながら気のない返事をする。それを隣の部屋で聞いていたおじさんが「内地人たちが生活するのを見ると、円満な家には花や絵がある。人は食べるだけで生きるのではなく、美しいものを見て、おもしろいことを聞くこともしなければならない」という。『取り扱いについて』では、農民の「趣味的生活」の必要性を提示している。

　第三に、郷土に対する愛着を涵養する教材である。32課「洞内自慢」

で取り上げられている自慢は、「昔からどんなことにも心を合わせて穏やかに暮らしてきて、辛いことや困難なことに対して互いに助け合うよい風習を持っている」ことと、「為親契[48]の歴史があること」である。『取り扱いについて』では、「平和な農村に対する愛着の念」と「諸和協同と相互扶助が平和な理想的郷土建設上重大要件であることを充分に鼓吹する」とある。42課「うちの田んぼ」は詩であるが、「うちの田んぼはおじいさんおばあさんが汗を流した田んぼ」という「父祖の遺業すなわち農業に対する決心と郷土に対する土着の覚悟を鞏固にさせる」教材となっている。

　第四に、農村振興会の活動及び農村振興運動の内容に関する教材である。28課「振興会万歳」は、振興会発会式における区長の挨拶を通して、振興会の三つの目的である「風習の醇厚、生活改善、産業発展」とその実現のための自力更生を奨励する内容であり、29課「振興会歌」も同様に農村振興会の三大眼目である「矯風教化、生活改善、産業改良」を歌詞に表しており、そのために「一家総働と部落協同に依り達成せよという精神を涵養する」教材である。35課「三つの約束」では、「自給自足、計入制出、節約貯蓄の三点を恪守実行させる」目的の教材である。本文の最後に「現金をできるだけ出さぬよう努めること。入ってくるお金をよく計算してみて、それ以上は使わないこと。入ってきたお金の十分の一以上を貯金すること」とあり、貯蓄を奨励している。37課「青年」では、「これからの農村青年は、洞内の農村を盛んにする責任を背中に負っていると思って、どのような辛いことでもすべてに他人の模範となるべきである。」とあり、農村に求められる青年像が見て取れる。『取り扱いについて』では、農村青年には「郷土振興の先駆者になるという不抜の覚悟と鞏固な決心」を涵養するとある。38課「婦人の責任」では、「女性は外に出て働くものではないとして、農事は男性が一人だけですれば、その農家の暮らしは到底豊かにならないのであります。」と女性が家の中だけに籠っていることを批判したうえで、「女性は男性の仕事を手伝うだけでなく、家庭にあって父母によく仕え養い、子供たちをよく教育しなければなりません。家族が和睦して過ごし家事に費用があまりかからないようにし、隣や親戚が互いに仲良く過ごし、生活をいろいろと直していくことも、女性の力がとても必要なのであります。」と続き、婦

人の野外労働、倹約及び良妻賢母と、女性の役割が奨励されている。44課「あの鐘の音」は、農村振興会ができるとすぐに寄付された鐘が、時間を知らせてくれるというもので、鐘の数二つは戸主たちの集まり、三つは婦人たちの集まりであるが、「集会訓練、規則的観念を涵養し、時間厳守と団体行動に対する責任観念を啓培する」内容になっている。これらは村全体で一斉に集散する中で「愛郷的社会的精神を喚起強大させることに留意する」とあり、郷土に対する愛着に関する教材としての意味合いも含まれているといえる。52課「私たちの振興会長」では、私たちの洞内の振興会長の言葉として、「老若男女がこのように勤勉に仕事をしたら、食糧が不足し、借金のために心配に過ごす家が私たちの洞内に一つもなくなる日は遠くない」として、一家総働による理想的な農家の姿が提示されている。『取り扱いについて』では、こうした理想的な農家は「振興会を中心にその指揮に絶対服従して一致協力、部落振興に専心して邁進する」ことによる実現の涵養を求められている。

　次に挙げる三つの教材には、さらに農村振興運動の施策の具体的な内容が記述されている。40課「農糧と負債金」は、農民の借金負担を減らす施策に関する内容である。まず、農民たちの暮らしが貧しい原因として「長利（穀物の貸借で年五割の利息：筆者注）稲や高利金のために、毎年困難が甚だし」いため、京畿道では「農糧貸付と高利負債金整理の施設をしました。農糧貸付は昔の還子米（朝鮮時代貯蔵穀物を春に農民に貸し付け秋に返納させる制度：筆者注）のような春窮期に申告した農民が糧米を借りて安心して農事に精を出せる施設」である。高利負債整理は「金融組合員として高利の借金を負っている農民」が組合から低利金で借りて、すでに受けた高利金を返すようにするもの」であり、『取り扱いについて』には、「これに対する感謝と善処の精神と態度を涵養する」とある。56課「暮らしの調査」では、区長と振興会長が家に来て「一年の間に不足した糧米がどれだけか、一年に入ってくるお金と出ていくお金はいくらか、借金はどれだけで、その借金をどのような方法で返すのか、そのほか一年の間の暮らしていく状況について、詳しく調査されました」とあり、「これらの調査がすべて終わった洞内の各農家は五年のうちに、糧米が不足しないようにして、入ってくるお金と出ていくお金の数値があうようにして、借金が1文もなくなり、そのほか暮

らしが苦しくならないようにする計画を立てるようにするとおっしゃいました」と、農村振興運動を遂行するために具体的な調査を行い、計画を立て、最終的な農家の姿を提示した内容になっている。では、具体的に各農家では何をしなければならないのか。それが、次の57課「日記」である。ここでは、日付、曜日、天気やその日にあったことなどをきちんと日記をつけることが求められており、また日々入ってきたお金と出て行ったお金について、その記述法を提示している。例えば「入ってきたお金　鶏の卵十個の値段　四十八銭」「出ていくお金　白菜の種の値段　十一銭」などとなっているが、計算の方法は提示されていない。

　③修身的教材
　文字学習後の最初の課である14課「私たちの子供」は、子守唄である。朝鮮古来の「四々調」のリズムで文字に慣れ覚えるための教材と考えられるが、『取り扱いについて』には「孝を百行の源と信じる朝鮮人の道徳観念、親子関係を中心に発展する国民道徳、民心作興の基調が親子間の敬愛を柱軸にする一家の整然とした秩序にあるということを、あらかじめ念頭に置いてこのような教材を取り扱う必要もある」とあることから、修身的＝儒教的道徳観念に関連させた教材といえる。19課「ことわざ」では「三つ子の魂百まで／壁に耳あり障子に目あり／行く言葉が美しくてこそ返る言葉が美しい」などのことわざが挙げられているが、『取り扱いについて』では本課を「修身的教材であるが道徳の強要に陥らず、学習者の内省による覚醒と決心を促進せよ」とある。47課「童謡」では、「腰の曲がったおじいさん」と「きゅうり」という歌の歌詞が取り上げられている。「きゅうり」は、本テキストの中で唯一児童文学雑誌『オリニ』[49]から採れたものである。55課「公徳心」は「車に乗る時や車から降りる時他人を押したり、沐浴湯（銭湯）に行って熱いお湯や冷たい水を他人にあびせたり、そのほか下品なことを慎まなければならない。道に植えた木と公園にある花や木を折ったり、人々が使っている家や物を汚くしたりすることは大変よくないことである。他人がみていないところでも、汚いものや危険なものをやたらに捨てることや、井戸を汚くしたり人が使う家や物を汚くしたり破損することも、公徳心がない人だ。朝鮮には公徳心がない人が、まだ多いので、これは大変恥ず

かしいことである。」という内容である。公徳心については『普通学校修身書』でも二宮尊徳などを事例にした教材があるが、ここでは日常生活の中での具体的な事例により公徳心＝公共性を涵養している。

④国民的教材

　18課「一週間」では、七曜日の名称を学び、会社や銀行、学校、官公庁等が日曜日に休むという内容であるが、太陽暦を周知する教材となっている。21課「ありがたい世の中」では、昔は遠くへ行くのに時間と労力がかかったが、今では日にちもお金もあまりかからず楽に行くことができる、学校があちこちにでき、警察署や駐在所が生命と財産を保護してくれるなど、国民の福利増進のために「納税の必然」をここで理解させるのが目的である。ただし、『取り扱いについて』では、納税の義務を力説せず「学習者の自覚と実行心を促進する」とあり、これにより「国民的観念」の涵養を念頭に置いて本課を取り扱うようにとある。33課「四大節」では、四大節それぞれの日にちとその由来を理解させ、国民観念を涵養し、国旗掲揚の実行について指導することになっている。45課「朝鮮と内地」では、京畿道内の郡、次に京畿道をはじめ各道名が列記されている。朝鮮総督府には朝鮮総督が、各道には道知事が、各府には府尹、内地の県には県知事がいるという内容に続き、「天皇陛下は宮城にいらっしゃいます」とある。また、「釜山から船に乗り、7時間ほど行けば内地の下関というところに到着します」で締めており、朝鮮と内地の繋がり、あるいは広がりを想起させる。本課では、京畿道から朝鮮全体へ、そして内地へと意識させ、「皇室に対する敬虔の念を啓培」し、「国民意識を涵養する」のが目的である。本課は唯一の地理的教材である。巻末の朝鮮全図で朝鮮各道の位置関係は確認できるが、内地および帝国日本全体の地図はテキストに存在しない。58課「同じ人種」では、朝鮮と内地の間には千年前から交流があり、互いにそのままその地で暮らした者もいたし、朝鮮人と内地人は同じ人種だけでなく互いに近くに暮らし、満州にも内地人と朝鮮人が行って暮らしている。朝鮮人と内地人は満州国人とも互いに親しくしなければならないという内容である。

⑤生活改善に関する教材

26課「かわいそうなこと」は、迷信打破を目的とした教材である。本文には「風水や占いムーダンなどの怪しい言葉を信じ、罪もなく死んだ人や家産を失うことがどれほどあるか」とし、『取り扱いについて』には「迷信による生命の損失と物心両方面の蒙害」と「地方の迷信的流言と行為を詳察し、同胞を救うという確固たる信念の下に本教材を取り扱う」とある。49課「清潔」では不潔が保健上に及ぼす直接的な影響と品位の保持及び社交場の関係を徹底的に知悉させ、清潔の習慣に馴れさせる教材となっている。本文では、「万病の根源は不潔であるが、健康を望む人は清潔に注意しなければならない。清潔にはいろいろあるが、身体・衣服・飲食・器具・家屋を汚くないようにすることが最も重要なことである。朝鮮に初めて来た人は『朝鮮人が汚いのではなく、身体や服や家をもう少し清潔にして暮らせば、百歳長寿は普通にできるのだ』と言ったことがあるが、これは私たちにとても恥ずかしい言葉だ。身体や服を汚くすることは、自分の衛生上にだけ害になるだけでなく、他人に不快な感情を与えるのであり、体面上にも清潔に注意しなければならない」とある。清潔については、「併合」当時から『普通学校修身書』にも取り上げられている教材であるが、体面上の品位保持という視点からも清潔にしなければならないというのは、成人が多く受講している農村振興運動における講習会だからこその注意事項といえるだろう。

3—3　京畿道編『京畿道　農民読本全』の特徴

前節で本テキストの教授目的及び方針とその内容を確認した。では、京畿道編『農民読本』にはどのような特徴を見ることができるだろうか。

第一に、農閑期の3〜4ヶ月という限られた時間での講習用テキストであるが、テキスト全体の分量が多いということである。そのため、文字以外の教材については教授者の選択にゆだねられている。また、本文から何を教授し、受講者が何を学ぶべきかの提示がないため、受講者の農村振興運動についての共通認識にバラつきが生じる可能性は否定できない。そのため『京畿道　農民読本の取り扱いについて』が発行され、教授者のテキスト解釈の統一が図られた。1934年2月2日付『毎日申報』によれば、「その読本の教授者をして各課内容の主眼点を一致せしめる

ために『京畿道　農民読本取扱について』を発行し道内各官公署と学校金融組合と各振興会に無償で配布することになった[50]」という。教授者が、官公署員、振興会幹部と様々であり、講習会でテキストが使用されていく過程で、それぞれの課がどのような趣旨で、何を主眼に教えるべきかに関して、教授者間で迷いや混乱が生じたためであろう。

　第二の点として、理想の農家となるための精神陶冶を目的とした教材が多いことである。農民が農村に定着し、農業を喜びとし、農村振興運動の方針に沿って努力をすれば、理想の農家となるという図がテキスト全体に描かれている。これは、農家更生計画樹立方針の第一である「一、計画は農家個々の経済更生の具体的方策を本体とすると共に其の精神生活的意義を充分闡明ならしむること」に基づいていると考えられる。その一方で理想の農家に近づくための具体的な方法がほとんど提示されていない。例えば40課「農糧と負債金」では、負債を軽減するための農糧のシステムについては説明されているが、負債を減らすため日々の生活の中でどのように無駄を省けばいいか、現金収入を得るためにはどのような副業があるか、現金支出を抑えるために金肥を買わずどのように堆肥を作ればよいかなどはほとんど取り上げられておらず、ひたすら怠けず働く努力を説いている。

　また、この点と関連して、本テキストには算術に関する教材がない。前述したとおり、農村振興運動では、指導担当者が更生指導部落の「農家現況調査書」を作成し、最終的に各農家の五か年計画を立てるため、非常に細かな現況調査を行う。この際問題となるのは現金収入及び支出の状況である。これは日々書き留めておかなければならず、あとでまとめてというわけにはいかない。そこで、前述のとおり本テキストでは57課「日記」で日記を書く習慣をつけるよう指導している。しかし、数字の筆記や簡単な計算等の練習はなく、「現況調査書」作成には不便を感じることが想像される。1934年1月16日付『東亜日報』によれば、「今月京畿道坡州郡内八十四洞里の文盲退治実績は夜学数265、受講生3395名で、毎日3時間ずつ農民読本でハングル・計算法などを教授している[51]。」とあるが、本テキストには「計算法」の教材は取り扱われていない。1934年1月13日付『毎日申報』によれば、京畿道では、速習算術書を編纂し配布したとある[52]。1月16日付『東亜日報』の記事にある「計算法」は、この

速習算術書を用いての教授であったといえるだろう。

　第三の点として、多くの教材が「民心作興運動ニ関スル件」の民心作興施設要綱に挙げられている実行項目に関連しているということである。国旗掲揚、公徳心の涵養、他力依頼心の打破、勤労尊重、借金の弊風打破、貯蓄の奨励、婦人野外活動の奨励など、民心作興施設要綱実行項目の一部が本書の教材として取り上げられている。一方で、農業における発明・独創工夫の勧奨誘導、堆肥の奨励などの実行項目に関連する教材は取り上げられていない。前述したとおり、本テキストは「農民精神と公民的特性を涵養し文盲を退治するという目的[53]」であったため、農民とその家族たちがどのようにすれば農村振興運動の目標を達成できるのかという具体的な教材をテキストに盛り込むということ自体、元々期待されていなかったと考えられる。

おわりに——今後の課題

　以上、農村振興運動の背景と展開、その方針に基づいて編纂された京畿道編『農民読本』の内容と特徴を見てきた。京畿道は他道に先駆け農村振興運動の方針に沿った夜学テキストを編集・配布した。その内容は理想の農家となるための精神陶冶を目的とし、実現のための具体性には欠けるものの、総督府主導農村振興運動の方針を理解させ、民心作興運動とも密接に連動したものであった。

　農村振興運動により農村は統制・組織化されたが、一方で農山漁村における不就学者に文字教育が普及する大きな契機となった。文字の読み書きができなかった農山漁村民たちが、文字を手に入れたということの意味は大きい。ただし、こうした文字修得の経験は、のちの国語（＝外国語である日本語）常用運動展開に際し、「文盲」というゼロの状況から始めるのではなく、「第二言語としての国語」を習得する基盤となったであろうことは想像に難くない。

　京畿道で『農民読本』が出版された後、忠清南道、江原道、慶尚北道、忠清北道など各道で農村振興運動の趣旨に沿ったテキストが出版された。これらのテキストは、京畿道編『農民読本』とどのような共通点

があり、どのような点で異なっていたのだろうか。編纂方針、構成、朝鮮語綴字法、教材内容、そして国語＝日本語の教材が含まれているかどうかなど、農村振興運動の変遷や運動をとりまく社会的状況の変化とどのようにかかわっているのだろうか。別稿にて検討したい。

【註】
1 青野正明「植民地朝鮮における農村再編成政策の位置付け―農村振興運動期を中心に―」『朝鮮学報』第136輯、1990年7月、板垣竜太『朝鮮近代の歴史民族誌　慶北尚州の植民地経験』明石書店、2008年、同「朝鮮の地域社会と民衆」『岩波講座　東アジア近現代通史5　新秩序の模索1930年代』岩波書店、2011年、同「解説」『自力更生彙報』第六巻、ゆまに書房、2007年、松本武祝「1930年代朝鮮における農村振興運動―植民地権力による農民の組織化過程―」『商経論叢』32（3）（神奈川大学経済学会1996年12月、宮田節子「1930年代日帝下朝鮮における「農村振興運動」の展開」『歴史学研究』No.297、1965年2月など。
2 青野正明「朝鮮総督府の農村振興運動期における神社政策―『心田開発』政策に関連して―」『国際文化論集』37、2007年12月、同「植民地朝鮮における農村振興運動期の『敬神崇祖』―朝鮮総督府の神社政策に関連して―」『桃山学院大学総合研究所紀要』33（1）、2008年3月、など。
3 富田晶子「農村振興運動下の中堅人物の養成―準戦時体制期を中心に―」『朝鮮史研究会論文集』No.18、1981年3月、朴ソプ「第四章　農村統制と中心人物」『1930年代朝鮮における農業と農村社会』未来社、1995年など。
4 李明実「日本統治期における朝鮮総督府の『卒業生指導』」『筑波大学教育学系論集』、22（1）、1997年10月、尹恵順「韓国近代の青少年教育政策に関する研究『普通学校卒業生指導』を中心に」『社会システム研究』5、2002年3月など。
5 尹素英「1930年代植民地朝鮮における新教育運動の変容：簡易学校を中心に」『植民地教育史研究年報』15, 2012年。
6 稲葉継雄「宇垣総督時代の朝鮮教育」『九州大学大学院教育学研究紀要』第4号（通巻第47集）、2001年。
7 文鐘鐵「日帝農村振興運動下 의 教育活動研究」（中央大学校大学院博士学位請求論文）、1995年6月。
8 李正連『韓国社会教育の起源と展開　大韓帝国末期から植民地時代までを中心に』大学教育出版、2008年。
9 조정봉「일제하 야학교재『農民読本』과『大衆読本』의 체제와 내용」『정신문화연구』2007 겨울호、제30권 제4호（통권109호）、2007年。
10 구자황「근대 독본 성격과 위상 (3) -1930년대 독본 의 교섭과 전변을 중심으로」『泮橋語文研究』29、2010年8月。
11 ただし、ここで구자황は、1939年に出版された同じ忠清北道編『簡易農民読本』が、前半部は日本語で、後半部は朝鮮語で書かれており、最初の頁に「日本国歌」と皇国臣民誓詞が挿入されていることを指摘している。農村振興運動の方針に沿ったテキストの編纂方法や構成の変遷に関わる問題は、各

道編纂のテキストについて比較検討する必要がある。
12 拙稿「1930年代植民地朝鮮における農村振興運動と新教育―『簡易農村教本』の分析を中心に―」『平成22～24年度科学研究費補助金（基盤研究（B）（一般）研究成果報告書』、2013年3月。
13 本テキストは、何度も再版されている。筆者が所有し本稿で検討するものは1934年8月に発行された第五版である。
14 「道의 農民読本」『毎日申報』1934年2月5日付。
15 板垣竜太「朝鮮の地域社会と民衆」『岩波講座 東アジア近現代通史5 新秩序の模索 1930年代』岩波書店、2011年、243～245頁。
16 朝鮮総督府「第十七章 農山漁村ノ振興・自力更生事業 第七十七節 農山漁村ノ振興・自力更生」『朝鮮総督府施政年報 昭和8年版』1935年、561頁（『朝鮮総督府施政年報 昭和8年版』クレス出版、1991年）。
17 同上。
18 朝鮮総督府刑務局編『復刻版 最近に於ける朝鮮治安状況 昭和11年5月』不二出版、1986年、55～60頁、飛田雄一『日帝下の朝鮮農民運動』未来社、1991年。
19 武田勉「解題 農山漁村経済更生運動の展開と関係基本資料について」武田勉・楠本雅弘編『農山漁村経済更生運動史資料集成 第一巻』柏書房、1985年、3～4頁。
20 農林大臣官房総務課『農林行政史 第二巻』農林省内財団法人農林協会、1957年、1143頁。
21 前掲、武田勉「解題 農山漁村経済更生運動の展開と関係基本資料について」、3頁。
22 農林省「農山漁村経済更生計画樹立方針」1932年（武田勉・楠本雅弘編『農山漁村経済更生運動史資料集成 第二巻』柏書房、1985年、151～173頁所収）。
23 同上、157頁。
24 前掲、武田勉「解題 農山漁村経済更生運動の展開と関係基本資料について」、8頁。
25 農村振興委員会は、朝鮮における農山漁村の振興に関する方針施設及び統制に関する重要事項を審議する機関であり、朝鮮総督府農村振興委員会を筆頭に、道・郡島・邑面農村振興委員会が設置された。朝鮮総督府「朝鮮に於ける農山漁村振興運動」1934年1月、18～22頁（『戦前・戦中期アジア研究資料1 植民地社会事業関係資料集〔朝鮮編〕27 社会事業政策「経済更生と社会教化」―農山漁村振興運動と農村社会事業3』近現代資料刊行会、2000年所収）。
26 前掲、稲葉継雄「宇垣総督時代の朝鮮教育」、126～127頁。
27 政務総監通牒各道知事宛「民心作興運動ニ関スル件」、1932年10月25日。
28 1933年3月7日、政務総監各道知事宛。
29 「農山漁村振興計画実施ニ関スル件」朝鮮総督府編『農村更生の指針』1933年3月7日、20～23頁（前掲、『戦前・戦中期アジア研究資料1 植民地社会事業関係資料集〔朝鮮編〕27 社会事業政策「経済更生と社会教化」―農山漁村振興運動と農村社会事業3』近現代資料刊行会、2000年所収）。
30 「農家現行調査書農家更生五年計画書様式並記載例 農家現況調査書」、前

掲『戦前・戦中期アジア研究資料 1　植民地社会事業関係資料集〔朝鮮編〕27』、307〜322頁。
31 京畿道知事松本誠「本道に於ける農村振興の状況」朝鮮総督府編『自力更生彙報』第四号、1933年9月15日、8頁(『自力更生彙報』第1巻、ゆまに書房、2006年所収)。
32 京畿道発行の月刊雑誌。管見の限り、現在のところ『農民の光』の所蔵は確認できていない。
33 婦女子に対する指導強化がどのように行われていたかについての詳細は書かれていない。ちなみに婦人会の活動として、京畿道月浦里婦人会を事例に見てみると、月浦里婦人会（16名）のおもな事業として 1. 毎月副業の収入より金二十銭ずつ共同貯金、2. 畑に棉作を共同耕作し収入は共同貯金、3. 桑園と養蚕、4. 養鶏、5. 養蚕室兼集会場の建設、6. 匙米貯金とある。朝鮮総督府学務局社会課「農村は輝く　京畿道」社会教化資料第六輯、31〜32頁『戦前・戦中期アジア研究資料 1 植民地社会事業関係資料集〔朝鮮篇〕26 社会事業政策〔経済更生と社会教化〕—農山漁村振興運動と農村社会事業 2』近現代資料刊行会、2000年。
34 八尋生男「朝鮮における農村振興運動を語る」水田直昌監修『資料選集　朝鮮における農村振興運動』友邦シリーズ第二十五号、1983年、5頁(『朝鮮近代史料研究—友邦シリーズ第七巻農業』クレス出版、2001年所収)。
35 京畿道農事訓練所の入所資格は、道内に居住し十七歳以上の男子にして普通学校以上を卒業し、身体強健、郡守の推薦を受けた者で、経費については食費・授業料は徴収せず、被服、寝具類は各自持参せしめ、その他制服、書類及び筆紙墨は自弁とした。修業期間は一年、科目は修身、農業経営、作物大意、畜産大意、体操等で、訓練所職員の給与並びに事務費及び設備費等は道費より支出し、練習生の食費及び実習に要する諸費は自給自足の方針に基づき訓練所生産物及び販売による収入をもって支弁を目的とする。京畿道参与官金東勲「京畿道農事訓練所に就て」朝鮮総督府『自力更生彙報』第6号、1933年12月20日、11頁(『自力更生彙報』第1巻、ゆまに書房、2006年所収)。
36 勧農共済組合の目的は、以下のとおりである。
　　組合ノ目的ハ組合員ノ互助共済ヲ旨トシ其ノ生業ニ必要ナル資金ヲ利用シ生活ノ安定ヲ図ルト共ニ勤倹貯蓄ヲ励行シ良風美俗ヲ涵養スルノデアッテ組合員ハ其ノ目的ヲ達スル為オ互ニ左ノ事項ヲ遵守実行セネバナラヌノデアル
　　　　イ、生業ヲ励ミ農耕ニ努メ借受資金ノ利用ヲ全ウスルト共ニ之ガ借受期限内ノ返済ヲ期スルコト
　　　　ロ、勤労ニ依ツテ得タル収入ノ内ヨリ毎年一定額ノ貯蓄ヲ為スコト
　　　　ハ、冠婚葬祭費ヲ節約シ其ノ他生活改善ニ努ムルコト
　　　　ニ、其ノ他組合員総会ニ於テ協議シタル事項ヲ励行スルコト
朝鮮総督府内務局「小農ニ対スル少額生業資金貸付説明書」1929年、33〜38頁(『戦前・戦中期アジア研究資料 1　植民地社会事業関係資料集〔朝鮮編〕25　社会事業政策「経済更生と社会教化」—農山漁村振興運動と農村社会事業 1』近現代資料刊行会、2000年所収)。
37 「諺文の農民読本　京畿道で発行」『大阪朝日新聞　朝鮮版』1933年6月20

38 「京畿道管内에만 文盲이 百四十五萬　道内人口의　約六割七分五厘　文盲打破가　急務」『朝鮮中央日報』1933年8月1日付。『日本近代教育史事典』平凡社、1971年、175頁。
40 「農閑期利用　文盲打破運動　경기도에서 관내 각농촌에 農民読本五万部配給」『東亜日報』1933年9月9日付（夕刊）。
41 京畿道編『農民読本』凡例1頁、1934年。
42 「農民読本の教授統一」『毎日申報』1934年2月2日付。
43 京畿道『京畿道農民読本取扱에 対하야』1934年1月31日。
44 朝鮮総督府『普通学校朝鮮語読本巻三　編纂趣意書』1932年5月（『日本植民地教育政策史料集成（朝鮮篇）』第19巻（中）、龍溪書舎、1990年所収）。これによる『朝鮮語読本巻三』の各課教材分類は、修身的教材・歴史的教材・地理的教材・理科的教材・実業的教材・国民的教材・文学的教材の七つである。京畿道編『農民読本』には歴史的教材はなく、また実業的教材は農村振興運動に含まれるためこれらの項を設けなかった。
45 前掲京畿道編『農民読本』凡例1頁。
46 同上、2頁。
47 同上、1頁。
48 為親とは親の為に尽くすの意味で、契とは共同体で行われる相互扶助のための伝統的な組織のこと。
49 『オリニ』は、1923年創立された児童文学同人会セクトン会の会報であり、方定煥が創刊した児童文学雑誌である。1923年に創刊、1934年廃刊となった。
50 「農民読本の教授統一」『毎日申報』1934年2月2日付。
51 「이 달에 京畿道　坡州郡内　84個洞里」『東亜日報』1934年1月16日付。
52 「農村算術読本　京畿道에서 配布」『毎日申報』1934年1月13日付。
53 前掲「農閑期利用　文盲打破運動　경기도에서 관내 각농촌에 農民読本五万部配給」『東亜日報』1933年9月9日付（夕刊）。

ional subst## Ⅲ．記念講演と研究ノート

講演録

『日帝の対韓国植民地教育政策史』を出すまで

鄭在哲＊

　まずい日本語ではございますが、日本に参りましたのでせめて日本語でご挨拶させていただきたく思います。よろしくお願い致します。
　先ず一緒に参りました私の家内を少々冗談を交えて紹介させていただきますので、ご諒承ください。ご存知の事と思いますが、韓国では日本と違って嫁いだ女性と言えども夫の姓に従わずに生まれた実家の姓をそのままとこしえに持ちますので、私の妻は、姓は孫、名前は鎮瑛と申します。トーマス・ハディを勉強したソウル女子大学校の英文学教授でしたが、定年退職をして隠居さんです。旅行好きのばあさんですので、私が旅行するところはどこにもよくついて来ます。うるさくはございません。時たま英語やフランス語の通訳と翻訳をしてくれるので、有効な面もあります。ただ節約好きなので、2010年JR Passで東北地方と日本海側を約1週間ほど旅行をしましたが、寿司屋にも行けず主に立ち食いうどん一点張りで廻されましたなつかしい思い出もあります。今度の訪日を喜んでおります。国民学校5年生の時に、1945年8月、日本から解放されたので日本語が少しばかりできますが、まだまだです。
　この度は拙著《日帝の対韓国植民地教育政策史》をお忙しい折りにも精密にそして立派に日本語に翻訳してくださいました佐野通夫教授、そして書名を『日帝時代の韓国教育史』とし、副題に原著名を入れて、実にいろいろと難しかった事情にもかかわらず、ひとえに「本書の出版が日本と韓国の関係を正しく客観的に認識する一助となる事を願って……そしてそのことに関与できる事を誇りに思いつつ」というお考えに基づいて出版して頂きました皓星社の藤巻修一社長様に、真心からの感謝の

＊中央大学校名誉教授

ご挨拶を申し上げます。佐野教授および藤巻社長お二人様、本当にご苦労様でありがとうございました。また、この度の日本植民地教育史研究会研究集会でお話をする機会を下さいました中田敏夫代表様、井上薫副代表様およびご参席の皆様に厚くお礼申し上げます。私は拙著の日本語版出版と本日の集会で挨拶させていただきます事を光栄の至りと存じ、また生涯忘れがたきうれしい事と思い、感謝しております。

過ぎし時代、日本植民地教育政策の基調はご存知の如く独特な国粋主義的皇国史観に基づいた同化と差別でありました。その結果、形成された日韓・韓日両国民の偏見をこの本が多少とも和らげうるのに一助し、両民族の恒久的共栄と平和に少しでも貢献できればと切に願う次第でございます。

私は去る2月26日に佐野通夫教授から（1）3月22日・23日両日に日本植民地教育史研究会が開催される、（2）拙著訳本は研究会当日までに出版できる、（3）23日の例会で拙著出版と関連した何らかの話をしてほしいとの、実にうれしい国際電話を受けました。何らかの話とは拙著の著述に関連したいきさつを語る事と思い、ちっとはまごつきましたが、気軽くお話ししてもよいかなと、またピントはずれになるではないかなと考えながら、お話しする事にしました。

先ずここで少々私事をお話しさせていただきますのでご諒恕下さい。私は1945年4月、中等学校課程の工業学校機械科に入学して、太平洋戦争と韓国動乱を体験しながら卒業し、すごく就職が難しい頃に交通省の車両課機関車補修品係の技術系公務員を勤め、職場の合宿所で高校生の弟と共に自炊生活をしながら、大学で教育学を学ぶ苦学をしていました。大学3年生の時にアメリカから帰国した女の先生・徐英彩教授に実存哲学で言う教育的契機の一つである「師との出会い（Begegnung、邂逅）」をし、徐教授から職場を辞めて勉学だけをするようにと強要されましたが、私は学問の道具である外国語習得が工業学校出身の故、不十分であるなどといろいろな言い訳をしながら一学期間逃げ回りましたが、徐教授に強要され、つまるところ、いやいやながら中央庁勤務の公務員職を辞任し、学部を卒業、大学院にも進学、どうにか大学教授になり、定年、そして今日に到っております。

「出会い」がいかに重要かつ教育的であるかを体験、実感しておりま

す。しかしながら私は徐先生のごとき教師にはなれませんでした。私の人生行路を定めて下さいました恩師にこの場を借りて心からのお礼を申し上げ、また教職を遂行しうる資質を授けて下さいました亡き父上と母上にも感謝申し上げ、そして黙々と内助してくれた家内にも心からお礼をいたしますので、皆様お許し下さい。

　以上のようなわけで私の勉強は自然に日本の書籍に頼って遂行した次第でございます。私の主な論文または著書は修士学位論文である「韓国教育財政の史的考察」(1959)、省谷財団の省谷文化財団支援研究論文である「韓国における日本植民地主義教育政策と韓国民族の教育的抵抗に関する研究」(1975)、博士学位請求論文である「日本植民地主義教育に関する社会思想史的研究」(1981)、韓国精神文化院主催韓国学国際学術会議発表論文である「韓国人の近代意識発達を抑圧した日本帝国主義の教育」(1996)、そして著書は『日帝の対韓国植民地教育政策史』(1985)などであります。

　私の植民地史の勉強、そして論文または著書作成に、特に刺激と影響、そして道案内を与えてくれた日本の主な書籍または論文は、重野安繹・久米邦武・星野恒等の『国史眼』(1912年)、東郷實『植民政策と民族心理』(1925年)、矢内原忠雄『植民及び植民政策』(1935年)、加田哲二『植民政策』(1942年)、神山茂夫『天皇制に関する理論的諸問題』(1947年)、海後勝雄『教育科学入門』(1955年)、楊井克巳他『帝国主義研究』(1959年)、阿部洋『併合初期における朝鮮総督府とキリスト教主義学校』(1960年)、山辺健太郎『日韓併合小史』(1960年)、および『日本統治下の朝鮮』(1971年)、小沢有作『民族教育論』(1967年)、井上清『日本帝国主義の研究』(1968年)、旗田巍『日本人の朝鮮観』(1969年)、中村栄孝『日鮮関係史の研究』(1969年)、渡部学『朝鮮教育史』(1975年)、桑原作次『天皇制教育』(1977年)などであります。

　以下省略しますが、当時の初等・中等学校教科書を求めたり借りたりするのに、そして1943年以後の資料を求めるのに苦労しました。以上の資料及び著者にお礼をいたしたく存じます。

　私は日本で勉強したくて、1980年度の韓国政府支給国費国外派遣研究教授申請試験に応じ合格通知を受けて (1980.2.9 通知)、渡部学教授の斡旋で日本大学の土屋忠雄教授研究室で1年間勉強する手続きを進め

ましたが、突然大学内に大騒擾が起こり、総長が退き、大学理事長は私が国外に出るのを拒み、結局学長（日本の学部長）、教育大学院長（夜間専門大学院、アメリカの Professional Schools）等の行政職に回され、私が獲得した国費国外派遣研究教授の地位を他人に譲り、1年予定の日本留学は儚き夢となってしまった事があります。万一日本留学がなせたならばもっと良い本を書く事ができたかもしれないのにとも考えてみます。もちろん渡部先生のご諒恕を賜りましたが、今尚亡き渡部先生と土屋先生両先生に申し訳なく思っております。また日本で勉強する好機会を失った事を今も残念に思っております。

　そして国内で博士課程を履修しておりましたので、行政職を昼夜に勤めながら、学位論文を書きました。学位を得以後、私が拙著の原稿を作成している頃、今は亡き英文学の金秉喆教授に原稿内容を問われて、そのあらましをお話しした事がきっかけとなって、韓国学分野の出版で著名な一志社を紹介をしていただき、拙著が刊行されました。出版後、意外にも好評を得て、政府の第19回文化公報部推薦図書に選定され、また東亜日報・京郷新聞・中大新聞などに書評が、聯合通信・ソウル新聞・週刊朝鮮・全北日報・大田日報・韓国学報などに解説記事が載せられたり、または韓国教育学会の著作賞を受けたりしました。

　東亜日報の書評（ソウル大・韓基彦教授）では、教育政策史的・比較教育史的視点で教育課程および教科分析を巨視と微視の両側面から着実に接近した堅実かつ説得力のある本、京郷新聞の書評（延世大・金仁會教授）では、日帝植民地教育遂行内容に対する実証的研究で30種以上の当時の教科書、100余種の一次資料を動員して教育政策と方針および教科課程を徹底的に分析した本、中大新聞の書評（仁荷大・金善陽教授）では、近代日本人の韓国経略意識、日帝植民主義の実体、日本植民地教育政策内容に対する実証的研究を多数の論文と書籍、そして30種以上の教科書分析によって解明しようとした本、また台湾・満州・北部中国・東南アジアなどにおける日本植民地教育をも述べていると評されました。全北日報の出版紹介では「文明論を掲げて天皇制注入、日本百姓（一般人民・庶民、ひゃくしょう（農民）だけではなく）化試図、未だに我等の意識に残る残りかす」と見出しを書いています。

　出版を斡旋してくださった金秉喆教授は「あなたの本（著書）がいつ

かは日本で翻訳されるかもしれない」と言われましたが、金先生の予言が今実現されてほんとうにうれしいです。亡き金先生に感謝申し上げます。

　定年退職後、もっと勉強せずに無為に過ごしています私が恥ずかしい次第でございます。後悔先に立たずです。1999 年 5 月、私はソウルで小沢有作教授より拙著の日本語訳のご紹介を突然受けました。全く思いがけない提案でしたので、迷いましたが、即座に写真入り等の条件を付けただけの翻訳を受け入れました。小沢教授とは 1993 年 12 月、川崎市で開催された第 4 回日韓社会教育ゼミナール第 1 セッションで、日本側からは堀尾輝久日本教育学会長が「日本における教育研究運動の歴史と課題」を、韓国側からは元韓国教育学会会長の私が「韓国における教育学研究の歴史と動向」を各々発表を担当したときに初めてお会いしました。もちろん私は小沢教授の『民族教育論』を読んでおりましたので、初対面ではございましたが、親しみを感じながら談笑したことがあり、拙著の日本語訳のご紹介の時は二度目の対面の時でありました。ご紹介を受けた後、拙著を小沢先生に郵便で贈呈しましたところ、小沢先生が韓国人の弟子に送った 1999 年 7 月 31 日の手紙に「鄭先生から本をお送りいただきました。佐野教授にがんばってもらいます。植民地教育肯定論者に大打撃となりましょう」と書き送ったのを見せてもらいました事をご紹介いたします。また『日本植民地教育史研究年報』第 5 号（2000 年 11 月 3 日）の編集後記に、「鄭在哲さんの『日帝の対韓国植民地教育政策史』の和訳を佐野通夫さんが進めておられる」と小沢有作教授は書き残しました。この場を借りて故小沢有作先生に真心からの感謝の御礼を捧げます。

　以後、佐野通夫教授と藤巻修一社長様のお世話になり、お二人のお骨折りによって拙著の日本語訳本が日の目を見るようになって、誠にありがたく、再度光栄の至りと存じております。また本日のご挨拶を末永く記憶したいと思っております。私は数多い方々に支えられながら今日に到ったことを感謝しております。

　皆様、拝聴してくださいまして、ありがとうございました。

1920年代植民地体育・
スポーツと民族主義の関わり（1）
―― 李學來著『韓国体育百年史』の翻訳を通して ――

西尾達雄＊

はじめに

本資料は、李學來『韓国体育百年史』（韓国体育学会　2000）第4章「日帝の植民地文化政治と体育」「Ⅰ．日帝の植民地文化政治と欺瞞的体育政策」（164～180頁）を訳出したものである。

本書は、韓国における近代体育史研究の成果を網羅しており、とりわけ本節では、1920年代の学校と社会における体育・スポーツ活動に関わる研究成果を普く押さえており、この時期に対する韓国における代表的な植民地体育・スポーツ認識を示すものといえる。ただ、本節の注にはいくつかの誤植があったのは残念である。

なお、原文では「韓国」と「朝鮮」が混在して使用されているが、タイトルを含めて執筆者の立場を尊重してそのままとすることにした。また注の番号は原文のままとしたが、訳者の判断で422）を413）とし、その間の番号は一番ずつずれている。また、注の中で訳者の判断で補足をしているところがある。

1．日帝の植民地文化政治と学校体操教授要目の改編

1）植民地文化政治

わが民族の全民族的な三・一運動は、武断統治政策に大きな打撃を与えた。今や日帝は軍隊と憲兵警察を基盤とした武断統治では朝鮮を継続

＊北海道大学教員

支配することができないことを知るようになった。日帝は、韓民族に対する武断的抑圧を緩和させ、官制を改編してある程度自由な雰囲気の中で支配するといういわば「文化政治」という懐柔政策を採択した。

三・一運動以後新しい総督に赴任した斉藤実は、「文化的制度ノ革新ニ依リ朝鮮人ヲ誘導提撕シ幸福利益ノ増進ヲ計リ将来文化ノ発達ト民力ノ充実トニ応シ政治上、社会上ノ待遇ニ於テモ内地人ト同一ノ取扱ヲ為スヘキ窮極ノ目的ヲ達成センコトヲ庶幾スルモノニ外ナラス[384]」という名分を打ち出しながら文化政治を標榜した。その結果、表面上いろいろな変化が起きた。

まず、陸・海軍の大将のみが任命された朝鮮総督に文官も任命されうるようにしたし、憲兵警察制度を普通警察制に変えたし、官吏・教師たちが制服を着て剣を差して通うのを止めるようにした。また、韓国人の教育水準を日本人と同様の水準に押し上げて、総督府官吏に韓国人を任用し、韓国人が経営するハングル新聞の刊行を許容するなど韓国人に対する待遇を全般的に向上させた。

しかし、文化政治の本質は、結局植民統治の緩和を意味するのではなく、むしろ、懐柔を通して韓国人の反発を鎮めながら、より徹底的に支配するための欺瞞政策に過ぎなかった。実際に日帝が敗亡するまでたった一人の文官も総督に任命したことがなかったし、警察の組織と人員を大幅に増加し、監視と抑圧がより増した。例えば、1919年警察官署と警察官数は、それぞれ736個所、6387名であったが、翌年の1920年には2746個所、2万134名に急増した[385]。韓国人の総督府官吏任用も形式的であった。総督府官僚431名を707名に増員したが、韓国人はかろうじて10余名に過ぎなかったし、地方道庁官吏も481名から2079名に増員したが、韓国人官吏は約100名程度に過ぎなかった[386]。学校施設も多少増え、三面当たり一校の比率で増設されたが、それも植民地教育政策を推進したものに過ぎなかったし、日本人との差別教育も相変わらずであった。ハングルの新聞として1920年に東亜日報と朝鮮日報が創刊され、民族意識の鼓吹と民族文化の暢達に努力したが、日帝の甚だしい言論統制によって削除、押収、停刊、廃刊等が続いた。

このように日帝の植民地文化政治は、わが民族を懐柔してより効率的に支配しようという高等な欺瞞政策に過ぎなかった。結局三・一運動以

後にも日帝の支配政策は、基本的に植民地分割支配政策で一貫した。この政策によって最も核心的な民族運動はいっそう苛酷に弾圧したが、そうでない部分は融和的な態度をとり、弾圧を緩和するような印象を与えることに努めた。

　日帝の支配政策の変化により、1920年代の教育など文化活動は、1910年代に比して活発になった。これと共に体育活動も以前の時期に比べて形式上相当な発展を成し遂げた。

2) 学校体操教授要目の改編

　三・一運動以後日帝の植民地支配政策は武断政治から欺瞞的な文化政治に変わった。これにより教育政策も一定変化した。朝鮮総督府は、1922年2月に教育令を全面改正して第二次朝鮮教育令[387]を公布したのがそれである。この時新たに制定された教育制度の核心は次の通りである。

　第一に、普通学校の修業年限を4年から6年に、高等普通学校は4年から5年に、女子高等普通学校は3年から4年（又は5年）に延長した。第二に、従来各級学校で廃止されていた朝鮮語が必修科目に採択された。第三に、韓国人と日本人の共学を原則に据えた。第四に、師範学校と大学設置を許諾した。第五に、実業教育、専門教育、大学教育を日本の制度と同一に定めた。[388]

　第二次朝鮮教育令は、形式上日本の学制と同一にすることによって、韓国人に対する融和政策を標榜した。そしてこのような教育政策の表面的変化は、韓国人の教育熱を呼び起こし、教育の恵沢を受ける層を拡大させた。教育受恵者層の拡大によって学校体育の役割も非常に大きくなり、1920年代以後の学校体育は、二つの意味を持つようになった。第一は、純粋な意味の学校体育、すなわち、体育科教科課程で学生を対象に教授する体育教育を意味した。第二は、各学校単位で運動選手チームを育成して各学校間対抗競技や地域間対抗競技を開催するなどの学校体育の範囲を超えたスポーツ中心の社会体育を意味した。

　ところで、三・一運動以後にも各種学校では、1914年6月10日に制定された学校体操教授要目によって学校体操が実施された。しかしこの教授要目は、形式的なスウェーデン体操に非常に偏って青少年の心身の

発達段階を充分に考慮できなかった。すなわち、遊戯的スポーツ教育内容の軽視が最大の欠陥であった。したがって当時各学校の運動チームを中心に各種スポーツの普及がより進展されたにも関わらず、教授要目ではこれを十分に反映することができなかった。このような時代的要求によって教授要目の内容を改善すると同時に学校体操が進むべき方向を提示する必要があった。その結果、1927年4月1日総督府訓令第8号で学校体操教授要目を改編したが[389]、これは要目の性格、体操科の教材及びその配当、体操科教授時間外に行うべき諸運動、教授上の注意で構成されている。

第一に改訂要目の性格は学校体操教授要目の前文から確認することができる。

　　当然、本（改正）教授要目ニ準拠シ且（学校）教練教授要目トノ連携ヲ保チ克ク土地ノ状況ト生徒児童心身ノ発達トニ鑑ミ（各々）適切ナル教程ヲ定メテ之ヲ実施セシメ以テ体育ノ振興ヲ図リ生徒児童ノ健全ナル発達ヲ期セラルベシ[390]
　　〈（　）内訳者補充〉

ここから判ることは、1914年の教授要目で体操科教授上の参考とのみなっているのに比べて、改訂要目では本教授要目に準拠するように規定し、強制性が高くなった点である。

第二に、体操の教育内容は、体操、教練、遊戯及び競技に区分されているが、ただ師範学校、中学校、高等普通学校、実業学校の男子学生に限って剣道と柔道を課すことができるように規定している。体操は、脚の運動、首の運動、腕の運動、胸の運動、懸垂運動、平均運動、体側運動、腹の運動、背の運動、跳躍運動、倒立及び回転運動、呼吸運動に分けたし、教練は学校教練である徒手基本動作と規定された。遊戯及び競技は、競争遊戯、唱歌遊戯、行進遊戯に分けたし、剣道及び柔道の場合は一定の方式を提示せず、適当な方法を定めて教えるようにした。

第三に、体操と教育内容を配当する時には学生の心身発達により、運動の性質を考慮して適切に行うことを勧告した。また教育指導は、循環・漸進の方針によって学年、学期、時間ごとに既修の練習を行い、漸次そ

の程度を上げるようにした。

　第四に、体操科教授時間以外にもいろいろな運動を施行すべきことを勧告した。体操の場合は、挙踵半屈膝、頭後屈、臂側上伸、体前下屈及び後屈、体側屈及び側転、臂前上挙側下等を例示した。また、遊戯及び競技、剣道、柔道以外にも弓道、角力、薙刀、水泳、漕艇、庭球、卓球、野球、スキー、氷上などを挙げた。

　第五に、教授上の主要注意事項を次のように提示した。各学生の心身発達に留意して指導すること、いろいろな運動中特定種目に偏重せず、等しく教授すること、体育運動とその合理的実施の必要性を自覚させ常にこれを行う習慣を養成すること、体操場の衛生と用具及びその他の設備の使用に留意すべきこと、教授または教育内容の選択は土地の状況、季節、気候等を考慮して適切に行うこと、剣道及び柔道等の競技時には、勝敗に執着するようにせずに礼節を重視するようにすること、砲丸投げ・円盤投げ・槍投げ等をする時には、安全に留意すべきことなどである。

　改訂要目の種目数も1914年のものに比べて大きく増加した。例えば、一次教授要目では体操種目の数が総108個であったのに比べて改訂教授要目では135個に約1.25倍増加したし、遊戯・競技の数も3.4倍以上増えた。体操に対する遊戯・競技数も15パーセントから40パーセントに増加した。[391]

　以上のように改訂要目は、1914年のものと比較すれば、次のような点からより進展した。①教育内容配当の順序を定めて運動種目を整理して教育内容の名称を変えた。②体操教育内容では、鉄棒、跳躍、回転運動のような技巧性を要する全身運動が増加された。③遊戯が分化され新しい競技である走、跳、投、球技を加えた。④遊戯教育の内容を整理してその数が増加された。⑤私立学校、高等普通学校、実業学校の男子学生には剣道、柔道を加えることができるようにした。⑥各種運動において、特に、礼節を大事にして勝敗にとらわれないようにした。⑦投擲競技等において安全のために監督に留意するようにした。⑧特定の運動種目に偏重することがないようにした。

　このように改訂教授要目では、遊戯競技で新しい教育内容を多く採用すると同時に体操の教育内容も器械を用いる運動や回転運動などのようなより動的な教育内容に主眼点を置いたが、特に、器械体操を含めた教

育内容に重点を置いた。しかしながら、体操の場合は、1914年のものと同様にスウェーデン式を中心にしてドイツ式を加味したという点から大きな差異はなかった。[392]

一方、改訂学校体操教授要目に準拠して学校体育が実施されるにしたがい、学校体育も変化した。その端的な例は、1927年12月に朝鮮総督府が改訂学校体操教授要目の教授参考書として刊行された小学校普通学校新編体操教授書の序文から窺うことができる。

> 一、この教授書は昭和二年四月一日朝鮮総督府発布の学校体操教授要目に準拠し、実際教授の参考書として編纂されたものである。されば、舊い教授書と全然其の内容を異にして、体操編に於いても新教材を加へてあり、遊戯及び競技編は新しく加へられたものである。
> 二、遊戯編に於いて楽譜を加へ、説明図の若干を加へたことや、参考として海外の韻律遊戯図を挿入したことは新しい試みである。(以下略)
> 三、(略)
> 四、(略)……朝鮮の初等教育も教授の実際に於いて其の地理的歴史的関係上勢其の情態を画一にするを得ざるものがある。教授者はよろしくこの教授書を用いるにあたって、地に応じ時に循ひ、之を活用すべきである。[393]

これに依れば、体操編に新たな教育内容を加え、遊戯及び競技編を新設したが、特に遊戯編では楽譜と外国音律遊戯図を加えた。また体育教育をする時韓国の現実を考慮して教授書を適切に利用することを推奨した。これは、体育教育が号令と示範による形式的な体操から創造的精神と自主的行動によって行うようになるスポーツや遊戯中心に移行したことを意味した。指導方法も注入的強圧的形式から離れて、学生たちの興味を誘導して自発的に参加させる開発式・問題式方式に転換されたことを示している。

しかしこのようなことは、体育教育の全般的主題を反映するものであり、決して注入式強圧的指導が完全に廃棄されたものではなかった。特

に、教練は注入式で一貫したが、前の教授書の次のような文がこれを立証してくれる。

> 教練の特質を身体上から見れば全身運動である。併しながら教練の特質ともいふべきは是等身体上よりも寧ろ精神上の性質にある。即ち精神の充実・規律の厳守・協同一致・節制・忍耐・服従及び剛健なる意志等の良習慣を養ふことにある。[394]

当時の学校体育は体操、遊戯及び競技と教練に分化され、体操等の教授は興味中心の開発式指導方法で行われたが、教練は引き続き注入式の教育で一貫して全体主義的体育教育が相変わらず維持されている実情であった。

2. 学校体育

1927年改定された学校体操教授要目体制下で作り上げられた学校体育の全体像がどのようであったかは資料不足で正確に知ることができないが、おおよその姿を調べてみることはできる。まず、「競技指導の諸問題」という資料[395]では、京城師範付属普通学校五～六学年体育教育の実際内容が記録されており、当時の学校体育教育の大体をうかがい知ることができる。その内容は次の通りである。

> 五学年（男）：短距離競走（50、100、150ｍ）、中距離競走（200、300ｍ）長距離走（800、1000ｍ）、400ｍリレー、幅跳び、高跳び、ベースボール、バスケットボール
> 六学年（男）：短距離競走（100、150、200ｍ）、中距離競走（300、400ｍ）長距離走（1000、1200ｍ）、400ｍリレー、80ｍリレー、幅跳、高跳、三段跳、ベースボール、バスケットボール、グランドボール

ここに見ることができるように学校の体育教育は、大部分陸上競技中心に実施されたし、運動競技は野球と籠球が主に行われたものとみられ

る。このように学校体育が陸上中心に教育されたことは、「競技指導の諸問題」で指摘されたように運動設備の不足のためであった。

京畿道師範学校付属普通学校初等教育体操科研究会でもすでに運動設備の不足を指摘していた。この研究会で諮問事項を審議した東大門小学校訓導近藤誠吾は、初等科の任務と体育の目的を達成するために体育設備が必要だと強調して、特にその解決策として室内体操場と体操機器の設置を提示した[396]。当時学校体育は、体育設備の不足のために教授要目で設定した遊戯中心の体育より教練や陸上競技または知識中心の体育教育に指向せざるを得なかったものとみられる。

例えば、1927年専門学校入学検定試験では、実際的な体力を試験するものではなく、体育に対する知識をテストする実情であった[397]。その上、運動設備の不足は、学生たちの同盟休校にまで繋がっていた。東亜日報1922年6月27日付記事によれば、安州公立普通学校六学年学生20～30名は、担任教師の不親切、教室の不潔さ、運動器具の不足などを解決してくれることを要求したが、学校当局がこれを拒否するや盟休を決議した。そして学校当局が運動器具の不足問題を解決すると約束するや盟休を撤回した[398]。それほど学校体育で運動設備の不足現象は深刻であった。

体育設備の不足にもかかわらず学校体育を発展させようという努力は続いた。特に、冬季に学生たちが体育を等閑にすることに注目して、冬季運動としてスケート運動を奨励した[399]。これとともに体育教育の問題点を指摘して改善しようとした。これは、体育計画上の重要な問題として、第一に、児童に対する調査、第二に、設備の充実、第三に、季節による運動の配当、第四に、課外運動の実施、第五に、基礎訓練の実施、第六に、教室での準備、第七に、成績評価、第八に、指導案の作成、第九に、永続的体育の実施を提示するものとして現れた。[400]

このようにこの時期の学校体育は、体育設備の不足という客観的条件の制約の中でも児童を中心とした遊戯中心の体育として発展していたと見ることができる。しかしながら、体育施設の不足によって運動競技が学校選手団中心に施行されたために全般的な社会体育が活性化できなかった。その結果、体育や運動が学生時代にのみ限定され、学校を卒業して社会人になった時に引き続き運動をすることができない限界をもっ

ていた。その端的な例は、1925年10月26日付東亜日報社説「第一回野球連盟戦」から確認することができる。この社説では、運動が学生時代にだけ可能な現実に言及して、これによって運動が社会的に拡散できず、運動を通して達成できる社会的気風、即ち運動精神と運動の楽しさがないために低級な娯楽だけが流行する状況を指摘した。[401]

　このような限界にもかかわらず、当時の学校体育がわが国近代体育の発展に一定の役割を果たしたという点は評価するに値する。各種近代的スポーツ競技が学校体育を基盤として社会的に普遍化されたし、朝鮮体育会及び各種競技団体が設立される土台を提供した。また学校体育を通して養成された選手や運動チームが国際競技に出場して優勝することによって植民地時期の民族的矜持心（プライド）を呼び覚まして、民族意識を鼓吹することができる契機をもたらした。

　一方、学校は、体育団体や言論機関、そして各種社会団体などが主催した競技大会に積極的に参加するにとどまらず、自ら体育行事を主催して体育発展に大きく寄与した。学校が主催した最初の競技大会は、延禧（ヨンヒ）専門学校が1923年11月に主催した全朝鮮中等学校陸上競技大会であった。この大会の他にも延禧専門学校は、全朝鮮中等庭球大会、全朝鮮中等学校籠球選手権大会、全朝鮮中等学校武道大会、そして中等学校野球大会などを開催した。[402]

　延禧専門とともにわが国学園スポーツに大きな貢献をした学校は、普成（ポソン）専門学校であった。特に、今日の「延高戦（延世大学対高麗大学戦―訳者）」の嚆矢ということができる延普戦は学校間対抗競技の代表的な例ということができる。普成専門学校が主催した代表的な大会は、全朝鮮中等学校蹴球大会であった。1928年2月4日徽文（ヒムン）高等普通学校運動場で第1回大会が開かれた。この大会は、すべての球技競技が中止される前年である1940年の第13回大会を最後にそれ以上開催されなかった。[403]

　専門学校が主催した競技の他にも高等普通学校が主催した競技大会もあった。中央（チュンアン）高等普通学校（現在の中央高等学校）は、児童の体育発展に尽くそうと普通学校児童野球大会を開催した。わが国で普通学校児童、すなわち、小学団の野球競技は、1925年朝鮮体育会主催の第5回全朝鮮野球大会に小学団大会が新設されることによって始まった。

　野球は、運動用具が高く、日本人が楽しむ種目であったために、われ

われが遠ざけた競技で、他の種目に比べて普及が遅く、朝鮮体育会が主催する当時では三チームだけが参加した。それから三年後の1928年10月、中央高普運動場では、六校が参加して競技をもった。[404]

　このように専門学校が中心となり開催した各種競技大会は、学園スポーツそれ自体のみならず、わが国の体育発展に相当な寄与をした。また、培材(ペジェ)、普成、養正(ヤンジョン)、徽文など高等普通学校の体育活動もスポーツ普及に大きく寄与した。

　養正学校の場合、陸上で著しい活躍を見せた選手達を多く排出したが、マラソン世界記録とオリンピックマラソン制覇を成し遂げた金恩培(キムウンペ)と孫基禎(ソンキジョン)はすべて養正学校の選手であった。養正陸上チームは、1930年1月日本の開催中等学校駅伝競走大会で最初に三連覇を達成したほど強豪チームであった。

　培材、普成、中央などの野球チームは、野球競技で常に優勝を争う野球の名門学校であったし、野球競技の普及と活性化に大きな寄与をした。学校運動競技チームの選手達は、卒業後にもいわゆるOBチームというか、クラブなどを結成して競技大会に参加してわが国スポーツの発展に大きく寄与した。培材高普の李榮敏(イヨンミン)は、野球選手としてのみならず蹴球選手としても名を馳せたし、五星学校の李源容(イウォンヨン)は、行政家として草創期韓国野球を率いた人物として、1922年米国プロ野球オールスターチームを招請して親善競技を繰り広げることもした。[405]

3. 民族改良主義の活性化と体育

　第一次世界大戦以後、世界的な民族主義の思潮の流行は、三・一運動の外的要因であった。三・一運動の結果、日帝は武力による植民地支配体制をもうこれ以上実施することができないことを悟るようになった。また、日帝は、第一次世界大戦以後の全世界的な民族主義の熱風に寄り添ってスポーツ分野を国策化して政治的に積極利用しようとした。1924年10月に開催した明治神宮競技大会は、民族主義的性格が強い競技大会であった。この大会の目標は、まさに新日本建設の主役である「明治天皇の聖徳を憬仰(けいぎょう)し、併せて国民の心身を鍛練し、国民精神を作興す

る」ということであった[406]。このような政策は植民地韓国にも適用し、より効率的に統治するためのいわゆる文化政治という欺瞞術策を施行した。

日帝は、抗日運動陣営を分裂させ反日力量を縮小するために実力養成論を流布した。すなわち、韓国の独立は日本の承認と援助を通して可能にし、その前提としてまず韓国人の政治的・経済的地位が向上しなければならないというものであった[407]。したがって韓国人は日本の支配に反対してはだめであり、韓国の文化を促進させて実力を養成しなければならないという文化運動を主張した。結局日帝の実力養成論は、韓民族の独立意志を折ろうという欺瞞策であった。

これは、朝鮮総督府が編纂した『施政二十五年史』に明白に現れている。ここで日帝は、「文化的開発に力を盡したるが為、普通に文化政治と称せらるるも、半島統治の根本方針に於ては毫も異なる所はないのである。……苟も国憲に反抗し併合の精神に乖戻（かいれい）するが如き不逞輩に対しては、毫も仮借（かしゃく）することなく取締る方針を以て進んだ」ことを明確に示している。[408]

民族主義右派系列が日帝の欺瞞的実力養成論に基づいて主張した理論がまさに民族改造論である。これによって日帝は民族陣営を分裂させるために各種親日団体の組織を促進した。これら親日団体は民族改造論に基づいていわゆる文化運動を展開した。代表的な民族改造論者である李光洙（イ グァンス）は、1922年1月親日団体である修養同盟会を組織したが、その目的は次の規約前文から明確に確認することができる。

　　　本会ハ自己修養ト文化事業トニヨリテ朝鮮人ニ高尚ナル徳ト必要
　　　ナル知識ト健康ト富トヲ享受セシムルヲ目的トシ絶対ニ時事又ハ政
　　　治ニ干与セザルガ主義ナリ[409]

ここからわかるように、当時の親日団体は、時事と政治に関与しないと宣言して抗日民族運動に対する排他的な態度を取った。修養同盟会の事業は、通信教授部、講習所、講演会、書籍出版部、体育場、倶楽部、学校などの設置を通して妥協的民族改良主義を宣伝するところにあった[410]。特に運動会も結婚式での相見礼（サンギョンレ）、講習会、喜楽会などと共に修養同盟

会の主義・精神及び知識を鼓吹するために開催した。修養同盟会のような妥協的団体には、朱耀翰（チュヨウハン）が主導した朝鮮体育社などがあった。411

このように親日団体の文化運動は、日帝の欺瞞的文化政治の枠組み内で行われた。しかも、当時のこれら団体と各種体育団体が主導した体育活動は、植民地支配体制に直接的に対決できる力量を分散させた。その結果、日帝と親日団体による体育活動も植民地体制との妥協を助長する目的でなされた。

一方、民族主義運動家は、日帝の体育政策の意図を看破した。彼らは、体育本来の精神を無視した体育は、大衆的支持を得られないということを前提にして、当時のスポーツが体育を通した興味誘発という本来の機能から離れて思想善導の手段や労働争議を抑圧するなど現社会体制を擁護する機能を遂行していると把握した。すなわち、現代スポーツの本質を体育に必ず伴う労苦の忌避ないし忘却のために興味誘発的要件を加味した細工的体育手段であると指摘し、スポーツが思想善導の手段として利用されていると批判した。412

このような指摘は、当時日本帝国主義者たちが植民地統治手段として体育を利用しようという政策を鋭く批判したものである。同時に植民地支配手段として利用している体育奨励策に積極的に参与する朝鮮体育人たちに対する警告でもあった。

実際日帝は体育奨励を通して青年たちの思想を善導しようとした。1928年5月日本文部省は学生たちの思想善導を目標に体育課を局に昇格させ、体育運動を奨励した。1928年7月4日付京城日報（夕刊1面）はこのような内容を次のように報道している。

> 運動競技を奨励すれば思想悪化は吹き飛ばされる。その証拠には、運動選手には左傾思想のものがないという説が教育者や運動競技会間に行はれ、文部省でもこの点に多大の望みを嘱し本年の要求予算の内に體育課を局に拡張する経費を計上しその実現に努力することとなった413

日帝がこのような体育政策を展開したことは、社会主義思想が韓国に受容されてからであるが、社会主義系列では、体育をブルジョア階級が

労働者たちの階級意識を麻痺させる手段であると批判した。これは当時の普成専門学校教授である洪性夏(ホンソンハ)の「近来スポーツを利用して軍備拡充を試みて、階級意識を薄くしようとする意図があるという。このようなことは、スポーツの精進のために私たちは実に惜しいと考えると同時に、非難されるべき憎らしいスポーツとして排撃せざるを得ない」という指摘[414]から確認することができる。このように日帝はスポーツを利用して植民地支配に対する韓民族の抵抗を弱化させようと企図した。結局日帝の体育政策は、天皇制の軍国主義的イデオロギーを注入する政治的目的を実現させるための植民地支配の一手段であった。日本人団体は、日帝のこのような政策を反映して各種運動競技を開催した。1925年東大門運動場の竣工に併せて実施し、1942年18回大会まで続いた朝鮮体育協会主催の朝鮮神宮競技大会はその代表的な例である。

4. 運動競技の過熱化醸成と民族離間策動

　日帝の植民地体制下で各種運動競技の発展は、学園スポーツの発展を反映するものであった。朝鮮体育会やその他の団体の主催で開かれた各種競技大会に参加したチームの主軸は、他でもない学校運動チームであったし、もう一方では、各学校別対抗競技が盛行し、社会的関心を集めたのも学校運動チームであったためである。

　学校の運動競技チームは学校体育の一部分としてのみならず社会体育の根幹として機能した。その原因は、学校という教育制度の下で運動選手を養成することがたやすかったのみならず、新しい運動競技を導入して普及させることも簡単であったためであった。また、学校単位の運動選手団は、自己の学校の名誉を社会的に広く認識させるのに重要な役割を果たしたために、学校運営者たちは、これを積極的に支援して養成した。したがって、運動選手たちは、一般学生たちと違って優遇されたし、運動選手団は社会体育の根幹として成長することができた。

　しかし、運動選手団中心の学校体育は、体育の本旨を歪曲して、選手たちをしてスポーツ精神に背反するようになる傾向を産むこともあった。結局、学校体育の本末が転倒した現象を起こしたのである。すなわち、

学校体育の目的は、すべての学生たちの体力増進にあるにもかかわらず少数の代表的選手養成に偏り一般学生たちの体力増進は無視された。

東亜日報1923年10月19日付社説「体育と競技」では、このような現象を批判している。即ち、すべての学生がある種類の運動なりに参与して、その中で最も技能が優秀な者が出て選手権を獲得するようになる時、はじめて完全な学校体育になり得るとした。ところがすべての学校では、体育の本旨から離れて、授業さえ終われば学生の大多数は帰り、選手数名だけ残って、あるいは野球にあるいは庭球に熱中する実情であることを指摘した。要するに学校体育は、学生すべてがまんべんなく運動に参与しなければならず、結局学校対抗競技に出場する選手数人だけの体育になってはいけないという点を強調した。[415]

このような批判が提起されたのは、学校体育が遂行しなければならない社会体育機能をまともに遂行できなかったためである。即ち、学校運動選手たちが運動精神を忘却して各種競技大会で紛争を起こしたり、応援団に加勢して争乱を起こすことが引き続き発生したために学校体育の弊害としてむしろ運動選手養成が問題となった。

この時期、各種競技大会で起きた紛糾は、おおよそ運動選手の乱暴性、審判に対する判定是非、不正選手問題、応援の過熱化から始まった[416]。これらの紛争は、当時の体育界が技術的に完全に成熟していなかったし、規則に対する理解が十分でなかったのみならず、競技を運営する技術も足りなかったために発生した[417]。また運動選手団の間の紛争は、運動選手団のコーチ不在から始まるものでもあった。当時の体育界は、コーチが普遍化されておらず、これによって選手たちの技術訓練のみならず精神訓練もおろそかにならざるを得なかった。[418]

しかし運動競技の中で発生する紛争は、本質的に選手団中心の学校体育から始まった。東亜日報1923年12月4日付読者投稿欄の記事は、運動競技中の紛争が選手団中心の学校体育にあることを正確に言及している。具体的に運動選手が学業におろそかになる点、学校で許諾しない贅沢をしても認められる点、運動場と運動器具を独占しても当然視する点、甚だしきに至っては、教師たちに傍若無人な態度を見せても関与しない学校教育風土などが運動競技で紛争を引き起こす原因だと指摘した[419]。運動競技中に起きた紛争は、社会的に大きな物議を醸したし[420]、甚だ

しくは選手制度廃止論まで台頭した[421]。のみならず、各学校応援団の風気（風俗、風格と気性）も正さなければならない問題として提起された。[422]

　学校体育に現れた運動競技の過熱現象は、近代体育がわが国に正常に受容されなかったことを意味する。近代体育の歪曲された受容は、日帝の高度の植民地支配政策の結果であった。

　この時期には、民族運動が非常に活発に展開していた。労働者・農民たちの熾烈な抗日闘争をはじめとして知識人たちの言論文化運動、民族大学設置運動、資本家勢力の物産奨励運動、社会主義系列の民族運動など、すべての民族成員がそれぞれ自身の処している状況に基づいて抗日闘争を展開していた。したがって日帝は、抗日運動を効果的に阻止し糊塗(こまかし)しようという政策を行ったが、体育政策もその一環として推進された。日帝は、運動競技を奨励することによって民族的感情よりもわが民族内部の地域感情、対立感情を誘発させ、抗日運動に傾く関心を運動競技に注ぐようにする巧妙な政策を行った。代表的な事例としては、（先に指摘した1928年7月4日付京城日報の記事にあるように）運動競技を奨励して社会主義思想の拡散を止めようとしたことを上げることができる。特に運動競技の過熱現象は、日帝の植民地支配の本質を隠蔽して、わが民族の内部的対立・派閥争いなどを宣伝するのに良い口実になった。それ故運動競技の過熱化は、このような日帝の分割支配政策と植民地支配政策をまともに認識できなかった体育人の呼応によって始まったものとみることができる。しかも日帝は、運動競技の過熱化を健全に発展して行っていた民族主義的体育に対する弾圧手段と見なしてもいた。

　朝鮮総督府が公布した1932年9月の野球統制令[423]と1934年1月の蹴球統制令[424]はその代表的事例であった。野球統制令では、特に中等学校学生が参加することができる大会は、全国大会の場合朝鮮総督府学務局公認の下で年一回に制限した。入場料も総督府の許可を受けるようにし、決算収支もやはり競技終了後直ちに総督府に報告するようにした。これは、入場料収入で団体を運営していた韓国人体育団体の活動を事実上制限するものだということができる。蹴球統制令でも全国的競技は総督府の許可を受けるようにしたし、入場料は一切許さなかった。

　最も人気があり多くの観衆が集まる野球と蹴球競技に対する日帝の統

制令は、表面では競技中に発生した紛糾を前面に押し出していた。しかしこれはわが体育団体の活動を制御して運動競技を通して表出されていた民族意志さえ抹殺しようという措置であった。またわが体育団体と学校体育活動を統制することによって植民地体育政策を貫徹しようという意図も持っていた。

【註】
384 原文注では「『朝鮮総督府、施政に関する諭告・訓示竝演述』、1936、2頁」となっているが、同名資料の所在を確認できなかった。1937年には、『朝鮮施政に関する諭告・訓示竝演述』が出されているが、これは、1927（昭和2）年から1937（昭和12）年3月までの記録が収められており、該当する斉藤の就任演説は収められていない。斉藤の就任演説が収められているのは、1922年に出された『施政に関する諭告・訓示竝演述』で、その2頁に引用された文章が掲載されている。（水野直樹編『朝鮮総督諭告・訓示集成』2、緑蔭書房、2001）この文献は、1919（大正8）年8月から大正11年2月までの記録が収められている。なお、引用文中の「提撕」は、「後進を教え導くこと」、「庶幾」は、「こいねがうこと」という意。
385 朴慶植、日本帝国主義の朝鮮支配、チョンア出版社、1986、203頁。
386 朴慶植、同上書、211頁。
387 朝鮮総督府官報、号外、1922年2月6日付。
388 渡部学、朝鮮教育史、講談社、1975、383〜387頁；孫仁銖、韓国近代教育史、延世大出版部、1971、166〜169頁
389 朝鮮総督府官報、号外、1927年4月1日付。
390 同上
391 羅絢成、韓国学校体育制度史、図書出版教育院、1970、74頁。
392 羅絢成、韓国体育史、教学研究社、1981、179〜180頁。
393 朝鮮総督府、小学校普通学校新編體操教授書、1927、1〜2頁。
394 同上、221頁。
395 緒方篤三郎、「競技指導の諸問題」、朝鮮の教育研究 2巻2号、1929年5月。
396 京畿道 師範学校付属普通学校 初等教育（体操科）研究会（其の一）、文教の朝鮮、1929年7月号、62頁「体操科の任務と体育の目的を達成する必要上体育的設備を望む。これに就き殊に左の二項の解決を要す。イ 室内体操場、ロ 体操器具器械の設置。」
397 文教の朝鮮、1927年12月号、115頁。
この時出題された試験問題を見れば次の通りである。
一、体操が他の運動に優れる点を述べよ。
二、フィールド競技の種目を列記せよ。
398 東亜日報、1922年6月27日付。「安州公立普通学校六年生徒二十三名全部は、担任教師の不親切と、教室の不潔さと運動器具の不足を以前から学校当局に嘆願したことがあったが、学校側では強硬に拒絶して来たところ、前記六年生徒全部は去る21日始業時間に着席せず一斉に学校運動で同盟休校を決議した後、……教師の不親切と教室の不潔な問題に

対しては学生の請求に応じることはできないが、運動器具に対しては充分に設備してやるはずだから、するとしてもすぐに授業を受けなさいと学生に説諭をしたところ学生たちも学校の命令を聞いて即時始業することにした。」
399 京畿道師範学校付属普通学校　初等教育（体操科）研究会（其の一）、文教の朝鮮、1929年7月号、65～66頁。
400 李基綾、「体育に関する計画」、朝鮮の教育研究　2巻2号、1929年5月。この文では、月別平均気温と降雨量を調査して、気温による適切な運動が編成されなければならないことを主張している。
401 東亜日報、1925年10月26日付。「このような運動が社会でどのような地位にあるかといえば、今までは中学校在学時に相当な成績を発揮した選手たちも一度学校の門を出れば社会的に普及せずまた奨励する何かが別にないので在学時代の技術をそのまま無駄になるようにしてしまうだけでなく、一般がそのまま見るようになっている故に、運動によって各個人に与える莫大な利益は勿論であるが、このような運動が社会的に助長されず、持ちこたえられないことによって、運動を通して樹立されるべき社会気風、即ち運動の精神、運動の快楽を忘れ、その代わりに低級の娯楽が社会的に流行するようになることは僅かなことのようであるが、決して僅かなことではなく、社会的に非常に重大な事実を意味している……。」
402 大韓体育会編、大韓体育会50年、1970、193～197頁。
403 同上、198～199頁。
404 同上、199～200頁。
405 同上、135頁。
406 今村嘉雄、日本体育史、不昧堂出版、1970、541頁。
407 姜東鎭、日帝の韓国侵略政策史、ハンギル社、1980、387頁。
408 朝鮮総督府編、施政二十五年史、1935、314～315頁。
409 原文の注では、「齊藤實に送られた阿部充家書翰」、齊藤實文書、1921年11月29日付、となっている。日本語資料のため、姜東鎭、『日本の朝鮮支配政策史研究—1920年代を中心として』（東京大学出版会、1979）で確認したところ、同書423頁に「修養同盟会」規約の目的が引用されており、その規約の出所について同書443頁注10）に「斉藤実文書、斉藤実宛阿部充家書翰、1921年11月29日付同書翰に同封して、李光洙の自筆とみられる（原稿用紙を使用）『修養同盟会』の規約が斉藤実に提出されている」とある。1979年以前に同書執筆当時は、冊子資料であったが、現在はマイクロフィルムになっており、原文は未確認である。
410 姜東鎭、前掲書、406頁。
411 同上書、407頁。
412 健渉、「現代スポーツの動向」、朝鮮体育界　創刊号、1933年7月。「現代スポーツの本質を究明すれば、スポーツは体育上必ず随伴する肉体的労苦の忌避ないし忘却のために興味誘発的条件を加味した細工的体育手段だと言うことができるのである。……『スポーツファン』にスポーツの興味提供の約束を実行する『第一線』の興味に鞭を加え『ファン』の要求には忠僕になってしまうのである。このように選手においては、よ

くスポーツの窮極の目的は漸次二次的になる傾向があるということを否定することができない。このような条件下で生長発達している現代文化の上層機構としてのスポーツはまた漸次その被利用の範囲が拡張されていることを見ることができるが、思想善導の手段として利用されることなどがそれである。現制度と組織に対して確固不変の妥当性に固執している現社会制度擁護者の立場から見るならば、現代スポーツが有する利用価値の流行的効果の点に着眼して現代スポーツがそれらにどれほど貴ばれず、信じるだけの娘子軍的武器かどうか判らないのである。……現代スポーツは現制度擁護者の走狗に過ぎないという理由で大衆的支持を得ないのだとも見ることができるだろう。」

413　京城日報、1928年7月4日付　夕刊1面「體育課を局に拡張　文部省の要求」。
414　洪性夏、「運動界指導の総本営となれ」、朝鮮体育界　創刊号、1933年7月。「スポーツが遊興気分で何ら価値判断の対象にならないとすれば、吾人はスポーツを捨てるだろう。プルジョア（ブルジョア─引用者）達の興行心理を満足させるのがスポーツだとすれば取らないであろう。スポーツそれが人類の健康を維持し人間生活の完成のためのものだとすれば、吾人は諸手を挙げてスポーツの普及と完成を祝すであろう。近来スポーツを利用して軍備拡充を図り、階級意識を薄めようという意図があるという。このようなことは、スポーツの精進のために吾人は実に惜しく思うと同時に非難されるべき憎らしいスポーツとして排撃せざるを得ない。」
415　東亜日報、1923年10月19日付。「ある学校の庭球選手や野球選手が常に優勝権を持つとして、その学校の体育が完全だというものではない。その学校のすべての学生が皆何かの種類の運動なりに参与してその中からもっとも技能が優秀な者が出て選手権を獲得するようになる時に初めてその学校の体育が完全だというべきであろう。……ところで今日の朝鮮の諸学校では（日本の諸学校もそうではあるが）、終業さえすれば学生の大多数は皆風呂敷（冊褓）にかけて帰っていき、選手数人だけ残って或いは庭球に熱中する。これは体育の本旨に違反することは勿論である。学校に運動場を設備することや月謝金に運動費を平均に徴収するのは、学生全体が等しく運動をしようということである。決して対抗競技に出場する選手数人だけの専用的練習を目的とするものではない。体育は数人の代表で出来るものではない。」
416　李學來、韓国近代体育史研究、知識産業社、1990、178～180頁。
417　東亜日報、1921年5月24日付。「現今運動界の実状について観察すれば、吾人が遺憾とするところ少なくなく、技術の未熟さもその一つであり、施設の不足もその一つであり、社会の同情と相当な審判者の欠乏もそのひとつである。」
418　韓佑良、「コーチの必要」、朝鮮体育界　創刊号、1933年7月。「壮快でも厳粛にしなければならない競技場で競技を行う選手自身から『スポーツマンシップ』を外れる野卑な行動で卑劣な競技を演じて、一般応援する観衆までも応じて醜態を見せるなど運動道徳を犯す時が少なくない。私は、このようなたびに『コーチ』の必要を切実に感じる。……選手の技術は勿論であり、諸選手の品性向上までも『コーチ』するその指導者

の人格如何によって同化されるわけである。……要するに学校に運動部が存在した以上その運動に対する責任を持ったコーチが必要ということを切実に感じると同時にコーチを重要視して選択することを願う。」

419 読者投稿、東亜日報、1923年12月4日付。「〈選手団本位〉 私も決して不正事件を擁護しようというものではないのです。不正事件はどこまでも不正事件で排除もしなければならないだろうし、また運動精神の冒涜者も憎むべきだろうが、私もそれよりももっと重大な弊瘼（短所苦しみ）が学校体育にあると考えます。それはまさに選手団本位の運動奨励です。運動を奨励しようとすればもちろん選手を養成する必要もありますが、選手だけを養成する運動奨励はその必要がどこにあるのかを理解することがないのではないでしょうか。運動選手は学課に欠席しても関わりなく、校則で許されない奢侈をしても妨げなく、運動場、運動器具は独占しても当然で、甚だしきに至ってはあまり先生には眼下無人の嬌態を見せても見て見ぬ……或いはこのような弊害があるといいます。」

420 東亜日報、1921年5月24日、6月29日、6月30日付；1922年2月5日付；1924年6月14日付、1925年7月1日付などの社説にはこのような紛争を引き続き批判した。

421 丁相允、「運動選手と運動精神」、朝光、1938年4月号。「世上では選手制度撤廃説がある。この制度のせいで神聖な学園スポーツに不正があるのである。……一別個の存在が校内に形成されれば、その四選手たちは英雄的気分に浸って、大概は腕力が強いのでいっそう校内気風にも悪く、学業成績はほとんど不良だということがその重要な論点である。」

422 「各学校応援団風紀問題」、新東亜、1934年3月号；「学校応援団風紀問題に対して」、新東亜、1934年4月号。

423 「野球の統制幷に施行に關る件」、朝鮮総督府官報、1932年9月1日付。

424 羅絢成、前掲書、1981、198頁。

Ⅳ．書評・図書紹介

書評

鄭在哲著　佐野通夫訳
『日帝時代の韓国教育史
日帝の対韓国植民地教育政策史』

芳賀普子*

はじめに

　本書刊行の概要については訳者が『日本植民地教育史研究会年報』16号に「特別寄稿」を寄せて翻訳刊行について述べている。原著者鄭在哲の「日本語版への序文」と「はじめに」を本書から、また当時の韓国メディアにおける書評二点と共に、本書の最後にある「訳者あとがき」をそれぞれ転載して紹介しており、皆様には知られている通りである。

　原著作『日帝の対韓国植民地教育政策史』は1985年12月に発行されたものである。「訳者あとがき」では、翻訳書発行が実に2014年4月と約30年近く（29年と4ヶ月）後となったいきさつも述べられている。

　「あとがき」で紹介されており、また、朝鮮植民地教育研究者に知られているように、本書発行以前の解放後韓国での先行研究は李万珪（1946年）から始まり、60年代には韓其彦（1963年）、呉天錫（1964年）が、そして70年代に入ると孫仁銖『韓国近代教育史―韓末・日帝治下の私学研究』（1971年）が出された。筆者が加えさせて頂くと孫仁銖の『日帝下の教育理念とその運動』（1986年）は、本書と通底している内容である。

　「これらを総合した視点が取り入れられた」とあるように、本書は80年代の韓国における教育史研究の代表的大作であった。

　ゆえに、本書は韓国において植民地期教育史を学ぶ者が必ず目を通す研究書であったし、日本の研究者の間では知られている著作であった。

　本翻訳書が発行されるまでの、この約30年の間、日本・韓国におい

＊一橋大学大学院言語社会研究科特別研究員

て植民地教育史研究はそれなりの進展を見せてきた。

　すなわち、朝鮮史研究会編『朝鮮史研究入門』(2011 年)では、「植民地期　4．文化史・社会史・教育史」の節に、ここ 30 年間の研究史についての記述の中で、代表的な一点として以下のように挙げられている。

　　　「1990 年以前の植民地期の教育史に関する全般的研究動向としては帝国主義批判や植民地教育批判の観点から「民族性」が重視され、「支配と抵抗」の枠組みによる分析が主流を占めてきた。具体的検討としては、教育制度に関して、修業年限の短さや実業・初等教育中心という教育レベルの低さにかかわる差別的な愚民政策の解明と、教育内容では朝鮮語・歴史などの解明(鄭在哲 [1985])に関心が払われた」

　また、駒込武『植民地帝国日本の文化統合』(1996 年)では「序章」において、
　「鄭の研究は朝鮮のみならず台湾や満洲国にも言及し」と評価されて、教育史に関連する代表的な研究として、鄭在哲著の原著書が金雲泰の『日本帝国主義の韓国統治』(1986 年)と共に挙げられと紹介されている。
　このように日本の研究者たちにも知られていた韓国における植民地教育史研究の代表的大作が、翻訳者佐野通夫氏のご努力により、読みやすくなった。本書を手にする若手研究者たちが増えることで、日本における植民地教育史研究の進展に貢献する書となるはずである。
　また、原著書発行から 30 年近く経て進展してきた今日の研究動向と、本書が提起していた問題とをいかにつなげていくか、この書評の役割でもあると考える。

30 年間の研究動向の中で

　原著者の日帝下における教育政策解明への意気込みは、原著書名に韓国で使われてきた「日帝 36 年」の日帝が使われている通り、日帝植民

地主義教育批判を貫かせ、日本植民地主義の特質として同化政策を挙げ「日本帝国主義の韓国支配の性格を考察する時、ある意味では世界にその類例を求めることができない、最も悪辣であり、同時にもっとも幼稚で醜悪だったことが、まさに彼らの同化政策だったということができる」（103頁）という厳しい表現に表されている。

ここでいう同化政策に至る過程は本書の「緒論」と「結論」において、著者が本書で考察しようとした四件の問題点を挙げている内、第一の「日本人の伝統的な韓国支配意識、特に近代日本人の韓国経略に関する意識構造的背景はどのようなものであったか」に当たる記述である。

「近代日本人の朝鮮経略意識」（第2章）は徳川政権末期から明治政権期まで扱い、そして「日本帝国主義と日本植民地主義の特質」（第3章）と合わせて90頁を割いて述べている。

日本教育史研究であるから当然、日本の研究書を土台にしており、通史・概説書は戦後「近代ないしは植民地期という時代を背景とした戦前の朝鮮（史）研究の侵略肯定論的性格からの脱却」を課題として書いた研究者として代表的な旗田巍『日本人の朝鮮観』（1977年）『朝鮮史』（1954年）、井上清論文「日本の朝鮮侵略と帝国主義」（1968年）などが数多くの回数引用されている。これらの研究書を越えていく膨大な量の研究が積み重ねられたところであり、近年では「支配─抵抗」の二項対立の枠組みを超え、多層的、多面的な視点からの研究が目指されるようになった（前述した朝鮮史研究会編『朝鮮研究入門』にまとめられている通り）。

日本では、旗田に代表される50年代から70年代にかけての研究書が見落としてきた面から問題を、拾い起こす研究が盛んである。

わたしたちの日本植民地教育史研究会でも、約10年前から、新たな視座を求めてテーマを組んできた。端的にいえば「支配─抵抗」の枠組みを超えようとしている視座、といえるだろう。取り組みの結果報告は『年報』『科研報告書』を通して見ることができる[1]。

2006年〜2008年科研と2010年〜2012年の科研「新教育」の問題は、「同化主義」から演繹するのではなく、現場から帰納的に植民地教育と「新教育」にアプローチして研究したものである。現在進められている科研では「日本植民地・占領地教科書にみる植民地経営の『近代化』と産業政策に関する総合的研究」で、「近代」をどう考えるかという課題と取

り組んでいる。『年報』16号佐藤広美の「巻頭言」「植民地教育と近代化」は、「「植民地近代化論」を批判する課題の重さ」を、わたしたちの使命として引き受けている。

　植民地経営が近代化に貢献したとして近代を肯定的にとらえる「近代化」論が、無視できないレベルと範囲で受容されている現状を憂慮し批判して、出て来た研究動向が「植民地近代論＝近代性論」といわれる近代性そのものを批判的にとらえようとするものである。わたしたち植民地教育史研究会も、「二項対立」と「近代化」論から、もっと進んだ研究を目指しているところである。

　これまでの「支配─抵抗」枠組みによる代表的研究書として日本の学術界においても、紹介されていた本書は、教育史研究の中で基本的な役割を果たしてきたものである。評者は決して30年前発行本書の「支配─抵抗」枠組みによる研究を批判しているのではない。本書は近代性を批判する作業の有効なツールとなる研究書である。

　「同化主義」の問題も、帝国主義時代であった近代から、国民国家時代の現代において、帝国主義を批判し現代の移民・人口移動問題を考える上で教育・文化史研究に重要な問題である。同化の英語 assimilation は、食物を摂り消化吸収されて、体の一部に変える作用をいう。支配側が与えるものは、民族性を抹殺してしまうものと考えれば、民族矜持の高い韓国民族にとって同化政策は「最も悪辣なもの」になってしまうだろう。第3章「日本帝国主義と日本植民地主義の特質」と、第7章「結語」において、F．シュプランガーの「文化形態学の諸問題」[2]から異種文化の交渉関係に関する論議を引き、「文化の浸潤と文化の異質化の二つの概念は、植民地民族と植民地文化の抹殺を画策する同化主義者には有力な理論的論拠を提供する」（106～108頁、523～524頁）としている。シュプランガーが区分した教育学の一つが政策教育学であり、帝国の教育運営に使われたのであったが、わたしたちはその学問を対象化する時代に入っている。異種文化の交渉に関する論考も、植民地同化主義者に都合がよい理論と批判するだけに留まるのは、現代の異種文化交渉を考える際に惜しい気がしないでもない。

　著者が日帝の植民地教育史をどこまでも批判していく姿勢について、日本の植民地支配を肯定は決してしない、と決意している我々は、ここ

まで著者たちを追い詰めた日本の植民地支配をあらためて考えざるを得ない。しかし、敢えて著者の文章を、また引用させて頂く。

> 「この暴挙（韓国民族の永遠的抹殺—評者注）は法的には「日本帝国臣民」として思想的には「日鮮同祖論」により、教育的には「同化主義教育」を通して、韓国民族の非民族化を画策した。政治的に権利は無く義務だけが賦課され、そして経済的には最底辺の労働だけが負荷され非人間化が恣行された」（14頁）

「日鮮同祖論」と呼ばれる論議も、同化政策と日韓併合に必要とされて「日帝」に使われたものである。しかし、詳細に同祖論者の研究書を読めば、イデオロギーとして使われた著作が、実は読み違いもされて利用されたという研究も昨年まとめられたばかりである[3]。

日本人の韓国併合に至る韓国経絡意識の分析から、歴史を下り日韓併合から植民地統治について、「第4章　日本植民地主義教育の基調」「第5章　学部の学政参与官および統監府による日帝の対韓国植民地主義教育の扶植」「第6章　朝鮮総督府による日帝の対韓国植民地主義教育の恣行」と、原著書タイトル『日帝の対韓国植民地教育政策史』にふさわしく400頁以上にわたり、詳細な教育法令を軸にした政策史を、教科書分析も含めて分析、解明しており圧巻である。

上記記述には小沢有作『民族教育論』（1967年）が、よく引用されている。研究者のみならず日韓の教育を考える人たちが、小沢有作の著作を通過してきて、その上に植民地支配責任を考える層ができてきたのである。但し、上記著作が出てからすでに半世紀近く経過して古典的ともいえる著作として研究史に位置を占めているものである。また、植民地期における総力戦体制、皇民化教育、皇国史観注入、戦争動員に関する研究は盛んになり、基本的な問題はよく知られているので、ここでは上記三つの章についての紹介を省かせて頂く。

著者は「第7章　結論」において「韓国強占過程での無道な行為から敗戦直前までの恐怖の雰囲気造成などの横暴を行い、いわゆる「日鮮同祖論」「一視同仁」「内地延長主義」「「内鮮融和」などの非論理を弄すると同時に、それらを韓国青年に注入しようとした」（529頁）と挙げて

いる。戦前の天皇制の下における日本人と韓国人は文化的・血統的に同じ系統であり、平等に融和すべしという論理批判の中に、著者の「内地延長主義」批判もくくられている。

「内地延長主義」とされる台湾への教育法令施行について著者も詳しく述べている（119～122頁）。1896年の法令63号（「台湾ニ施行スヘキ法令ニ関スル法律」のうち、台湾総督に、行政、立法、司法の三権を与えることを定めた）を改めて、原敬内閣時1921年に日本国内の法律を台湾に適用するとしたものであり、韓国の三.一独立運動の影響が大きい。日本国内の法律の適用範囲を植民地まで延ばして「平等」を実現させて行こうとしたものであったが、「差別」を生み出すものとなってしまった。この問題について、もう少しの考察があると内容が一層充実したであろう。

韓国だけでなく、台湾・満洲の植民地主義教育政策法制度面について詳しい研究がされている本書においては、「朝鮮教育令」と「台湾教育令」の改正施行問題について[4]、日本国内の法律をどこまで延長するかの論議された結果が、差別となってしまう植民地支配の問題、そしてなぜ「非論理」となる結果生むのか、を二項対立の視座のみからでなく、考えてみたいと思う。

さて、「支配―抵抗」の二項対立をスタンスとして書かれた代表的な研究書とも評される本書では、著者も述べている通り、「韓国国民の抵抗および民族主義的な教育活動に関する考察は除外」（15頁）された。「韓国民族の抵抗は多様であり、また綿綿と続いた。これは文化民族としての矜持と知恵の発現であった。日本帝国主義の侵略期において、教育救国運動・反日教育運動・抗日学生運動・民族啓蒙学生運動等は日本植民地主義教育には対する韓国国民の教育史上の抵抗であった」が、研究対象が時間的にも長期であり（徳川政権末期から敗戦まで―筆者）内容的にも広範囲で（幼稚園から大学まで―筆者）あるので、省かざるを得なかったとのことである。「支配―抵抗」の「抵抗」については、具体的研究記述は見えない。しかし、それぞれの政策に対しての引用文と解明が、すなわち韓国国民（当時は韓国民族）の強い抵抗感を示しているのである。

本書の「緒論」と「結論」は、論旨がかなりの量までダブっているの

で、「支配―抵抗」の二項対立が「始めに結論ありき」で叙述されている様相を示している。

その「日帝」の植民地主義教育支配下にあった韓国人の研究として、どこまでもすべてに日帝批判を進めるのは理解できる。しかし、進めて行く一方だけでは、見落としてしまう面も含んでしまうのではないか、と「日鮮同祖論」や「内地延長主義」「同化主義」について、コメントさせて頂いた。

充実している図表

図を作るためには、内容を理解してイメージを持ち、どのように作図すれば分かり易いか、工夫が必要である。苦労して作図されたと思われる図の数は、32図であり、また、表の数は117表にも及ぶ。図は、韓国地域の他に「台湾の諸学校」、「満洲国学制図」、「中国華北地域の学制図」も含み、年齢と学年の列も付いていて、一目で理解できるように出来ている。

特に筆者を含めた研究者にとって役に立つと思われる表は、「第1次朝鮮教育令」「第2次朝鮮教育令」「第3次朝鮮教育令」、そして訳者の第4次用語についての注がある「第4次朝鮮教育令」施行期のそれぞれの「学制図」である。興味深く見ていると色々刺激的な示唆を受ける。第2次朝鮮教育令までの「普通学校」は、5年制もあり、その上に高等普通学校と中学校があり、師範学校は女子と男子があり、と文書を通しただけでは、改正ごとに変る学制度が分かりにくいものであった。
〈図6-4〉「第2次朝鮮教育令　施行期学制図」(343頁) では、〈補注〉として「②　小学校、中学校はそして、高等女学校は日本人の学校である」と日本人の学校も作図化されているのが注で分かる。この第2次期学制図は第3次教育令施行期の1938年 (4月から実施) まで、のものであり、日本人の小学校「尋常小学校」として「普通学校」と並べて入れられている。

第3次教育令で、「普通学校」は「小学校」となった。名称は同一となり、この法令は教育令「附則」で確認され、1938年の朝鮮総督府令第24号

「小学校規程」で、すでに 1926 年に日本国内で施行されていた「学校令」と同じ規程になった。第二条が、38 年総督府「小学校規程」と全く同じ文の「小学校ハ之ヲ分カチテ尋常小学校及高等小学校トス」である。ゆえに、〈図 6-6〉「第 3 次朝鮮教育令施行期の学制図（1938 年〜1943 年）」（419 頁）では小学校は「尋常小学校」となっている。しかし、私の読み違いであるかもしれないが、韓国人児童が通う小学校がすぐに、看板を書き換えて呼称を「尋常小学校」にしたかは疑問である。なぜならば、1938 年から 1940 年までの総督府学務局作成の「公立小学校一覧」では、日本人児童が通う（学校組合費及ビ府第一部特別経済設立ノモノ）では種別が「尋常」「尋高」とあるが、（学校組合費及ビ府第二部特別経済設立ノモノ）に分類された公立小学校一覧では、種別は 6 年制、高小、4 年制と分かれており、学校名にも、「尋常」はついていない。この現状こそが日本本土と同一の学校教育をふれこんでいる植民地教育政策の差別化を示しているのである。

　第 2 次教育令から第 3 次教育令期間には、日本と韓国の児童も共学実施「内鮮共学」が改正と共に浮上してきて、審議（臨時教育調査委員会で）されてきていた。「内鮮共学」[5] が実現した学校もあり、日本人用の尋常小学校で学んだ児童もいたはずであるから、小学校すべてを「尋常小学校」と書くのは、関係条文に中心に作成した正確な図であるが、それだけに考えさせる興味を引く図である。第 3 次教育令施行後も、高等小学校が残存していたことも、師範学校の学制も分かる。第 1 次教育令の時期には、入学者児童の年齢が 8 歳であったことも分かる（実際は、高学齢で就学し、卒業できない児童多数）、というように研究に刺激を与えてくれる図である。

　図版のうち 10 図は 1906 年から 1945 年までの期間の「日本語」「韓国語」との週当り時間数の比率と、歴史地理科の週当り時間数の比率を、初等学校（韓国式呼称―評者）、中学校、師範学校の学校種別にグラフ化したものである。

　図表は、いずれも細かい作業を要したはずであろう。117 に及ぶ表とともに、有効である。

訳と日本語版について

　翻訳者佐野通夫が、『年報』16号に掲載した文章で「いくつかの注意点」として挙げている中にあるように、「本文引用の文献については、著者の協力も得て、できる限り、原典に依拠することを目指したが（中略）またかなり長い引用になっているものもあり、また、日本文を翻訳紹介するに際して、ちょうど間接話法での会話の伝達のように、特に引用の末尾の形が変えられて引用されている箇所もあり、その際には、原文での引用と引用の次の文章との接合がなめらかでない箇所もある」ので、長い引用文には訳者もご苦労をなさったことがしのばれる。評者として、引用の末尾を訳者の考えで、直訳調ではなくて、なめらかに進むようにしてもよかったのでは、ないかと考える。資料の引用に際しても、「注」をつけてあり、原典の日本文は旧仮名遣いが多いので、翻訳に時間がかかったのは無理もないことである。漢字語の翻訳にあたって、著者の用語をそのまま使うのも、韓国側の立場にたって、考えようとする訳者のスタンスが理解でき、韓国人の歴史認識を知ることができるものである。

　主語が「日帝」となっている文章が多い、例をあげれば、引用する場合も、「上の様々な単元のように、日帝は」（中学校修身教科書について）「以上のような現象を日帝は」（日本人教員数について）「この時期に日帝は」（歴史地理時間数について）等々である。擬人化された「日帝」に現在の大学生は違和感を覚えるかもしれない。直訳調の本書を、若い日本の学生たちに魅力ある書として親しんでもらい研究への刺激を受けられるようにするには、意訳も必要だったかもしれない。

　本書には、原書には無い参考写真が著者によって新たに準備され加えられた。1920年後半を中心にして40年代前半国民学校まで学校写真も約10葉、志願兵募集から徴兵制にいたる時期のものが10数葉もある。

　学校写真は、当時の雰囲気がよく出ている。日本のようで日本ではない植民地の雰囲気が出ているものもあり、若い人たちに言葉では難しい雰囲気を伝えるために、有効である。

　残念なことに、1938年の陸軍特別志願兵令公布から同年の国民精神総同盟朝鮮連盟に始まる写真のキャプションが正確ではないものがある[6]。例えば477頁の写真上「感激の徴兵制発表」、下には「輝く校旗の下決

意更に新た」が印刷されたものについていえば、参考写真の説明では「1943 年 8 月 1 日、徴兵制実施」とある、確かに 44 年からの徴兵制実施までは、身体研査や戸籍整備など様々な準備段階が必要であったが、徴兵制実施は 44 年、発表は 42 年 5 月であった。写真下も、明らかに学徒兵たちである（学徒志願兵たちは 44 年 1 月に入営した）。

　限られた時間の中で、膨大な量の情報を翻訳しなければならないご苦労は理解できるものであるが、写真の出典が明記されていれば、有効なものになったであろう。

　一人で訳するのは負担になる量の原著書である。わたしたち会員が協力し合いよりよい植民地教育史辞典なり植民地教育史年表が作られることを夢見る。　　　　　　　　　　　　　　　　　（皓星社、2014 年）

【註】
1　『年報』14 号、西尾達雄「図書紹介」で、笹川紀勝『日本の植民地支配の実態と過去の清算』を取り上げ、「これまで植民地支配の実態に関する研究は、数多くなされている。近年特に増えてきたのが、「植民地近代化」論であり、二項対立批判からの「客観主義」的研究である」と書き出している。この場合は、「近代化」論よりも「近代性論＝近代論」と表現した方がいいであろう。
2　発行年については特定できず─評者。（F. シュプランガ→E. シュプランガー）。
3　例えば『日鮮同祖論』の著者の評伝である石川遼子『地と民と語は相分かつべからず　金沢庄三郎』（ミネルヴァ日本評伝選）（ミネルヴァ書房、2014 年）。
4　「台湾教育令」と「朝鮮教育令」の、ほぼ同一な「改正教育令」（1922 年）施行に至る要因と「内地延長主義」の関連については、弘谷多喜男「書評・『帝国日本の展開と台湾』」（年報 15 号）も「周知の通りである」と述べている。周知である事実が、一層分析を加えられ明らかにされることを望む。
5　本書でも、第 2 次朝鮮教育令の紹介で「第二にいわゆる「「内鮮共学」を定めた点」が挙げられている（339 頁）。
6　写真キャプションについては樋口雄一氏のご教示を仰いだ。

図書紹介
尹素英著　朴美京訳
『明治日本の錦絵は韓国の歴史をどう歪めたか』

佐藤由美＊

　本書は韓国独立紀念館が刊行する一般向けの叢書「歴史歪曲シリーズ」の第1巻として上梓された。韓国独立紀念館館長の金能鎭氏は、巻頭言で「韓日両国の関係回復は相手の立場に立って物事を考える歴史認識なくしては望めない事柄」であり、このシリーズが「韓日両国民の相互理解と相互尊重の関係修復に有益な資料として活用されることを期待」すると述べている。そして、本書『明治日本の錦絵は韓国の歴史をどう歪めたか』はその役割を充分に果たしていると言えるだろう。

　本書は本文155頁に註、参考文献、引用図版一覧が加わり、総頁数は183頁となっている。本文中には錦絵や関係資料91点（部分拡大の再掲載を含む）が時系列で収録されており、カラー版なので画集のように鑑賞することもでき魅力的だ。目次は以下のとおりである。

プロローグ
1　視覚メディアとしての錦絵　大衆の目を引き付けよ
2　征韓論と雲揚艦事件　すべては朝鮮の所為
3　壬午軍乱　敢えて朝鮮なんかが日本を攻撃するとは
4　歴史歪曲教育の拡散　日本の国民よ、朝鮮に対する優越感で愛国心を鼓舞せよ
5　日清戦争　「病者」朝鮮に「独立酒」を下賜する「文明」日本
6　日露戦争　「厄介者」の朝鮮を守るために戦争を
エピローグ

＊埼玉工業大学

プロローグで著者は本書のねらいを次のように述べている。「日本の韓国史歪曲の歴史は長く、その認識共有の底辺は非常に広く深い。その歪曲された認識が拡大された時期は 19 世紀後半の近代であり、20 世紀の帝国主義時代を経てさらに動かぬものとなった」(8 頁)。当時の日本は「周辺地域や国家に対する武力動員は侵略行為ではなく、自国防衛の為の不可避な選択」であり、「やむを得ず兵力を動員している」と、それを「合理化するための主張」を展開していた。そして「このような責任転嫁論は、メディアや歴史教育を通じて広く日本国民に宣伝されて浸透」(10 頁) した。そのメディアの一つが当時、大衆に人気を博していた錦絵である。錦絵は「大衆を対象に朝鮮と関連した『偏見』を共有し拡散させる装置」となって機能し、「画家の想像力によって再構成されたものであるにも関わらず、当時の読者はそれに描かれている内容を『事実』として受け止めた」(11 頁)。本書はそこに注目し、錦絵が「当時の朝鮮がらみの事件をどのように歪曲しているのか」を明らかにし、「日本の韓国史歪曲の構造を理解」(11 頁) するという。「朝鮮がらみの事件」として著者が取り上げたのは、目次からもわかるように、征韓論、雲揚艦事件（江華島事件）、壬午軍乱、日清戦争、日露戦争である。

著者はまず「1　視覚メディアとしての錦絵　大衆の目を引き付けよ」で、錦絵について概説する。錦絵が盛んになったのは幕末から明治の初めにかけてで、とりわけ 1874 年に『東京日日新聞』が「錦絵版」を創刊したのをきっかけにその数は増え、隆盛を極めたという。錦絵新聞の題材は庶民の日常生活で起こる事件が多かったが、政治や軍事などが取り上げられることもあった。但し、気をつけなければならないのは、日刊紙とは異なり、「事件発生後、何カ月か後に紹介」されることもあり、その間に「事件についての再解釈や誇張、歪曲などが行われる余地も多かった」(16 頁) 点である。例えば 1874 年に『東京日日新聞』「錦絵版」創刊号に掲載された「悪僧が貞淑な婦人を斬殺した事件を報じた記事」(図 4) であるが、そもそもこの事件が『東京日日新聞』に掲載されたのは 1872 年 2 月 21 日のことで、かなりの月日が経っていることがわかる。絵師はその間に、この事件に対し想像を膨らませ、自分なりの世界観で捉え直しができるということだ。それが「再解釈、誇張、歪曲」につながるという。「錦絵新聞」が 1880 年頃から衰退し始めると、「錦絵

版画」の制作、特別販売が中心となっていく。「錦絵新聞」または「錦絵版画」で「朝鮮」がその題材となるのは1875年「雲揚艦事件」からである。本書に取り上げられたすべての錦絵と著者の解釈について紹介するには紙幅が許さない。そこで各節から1枚の錦絵を選び、それに対する著者の解釈をみていくこととしよう。

「2　征韓論と雲揚艦事件　すべては朝鮮の所為」には、月岡芳年作「雲揚艦兵士朝鮮江華戦之図」(図11・図12) が掲載されている。著者はこう解説する。「この絵には日章旗が鮮やかである。さらに多くの朝鮮兵士と日本兵士が戦い合っている模様が描かれている。ところで、興味深い点は日本兵士はすべて青年であるのに対し、朝鮮兵士は全部老人となっているところである」(34～35頁)。そして、この絵が日本人に伝えるのは「日の丸を翻して威風堂々と測量をしていた『善良な』日本艦船を『無礼で頑固な』朝鮮人らの攻撃を受け、ひどい目にあったことを伝える一方で、日本の『凛々しい若い兵士』が『無礼な老いた兵士』を撃退したこと」(40頁) であると分析している。

「3　壬午軍乱　敢えて朝鮮なんかが日本を攻撃するとは」には「壬午軍乱」を描いた11枚の錦絵が収録されている。ここでは楊洲周延の「朝鮮変報録」(図20) を取り上げよう。この絵の中には「明治十五年七月廿三日朝鮮之暴徒我公使館江乱妨英公使其他諸将防戦ノ図」と詞書がある。「英公使」は楊洲周延の誤りなのだろう。著者は「花房公使」と修正している。この錦絵は日の丸が掲揚された日本公使館が中央に描かれ、その中から武器を手に飛び出してきた公使館員や官憲数名の姿と、やはり武器を手にして公使館を取り囲んでいる朝鮮の兵士の姿が描かれている。公使館には火の手が上がっている。著者はこう解説する。「朝鮮兵士らが日本公使館を襲う場面が描かれているのであるが、右上には朝鮮人兵士らが配置されており、まるで朝鮮兵士が日本公使館に火をつけたかのように見える」(56頁)。著者は「花房義質公使が外務大臣に宛てた手書きの報告文」(図17) や近藤真鋤の「朝鮮京城激徒顛末記」(49～50頁) 等を根拠として、「公使館に火をつけたのは日本公使館員であった」(50頁) のに、「活字版の公文書は微妙に改作され」(52頁)、それが『時事新報』の記事にも反映された点を指摘している。

「4　歴史歪曲教育の拡散　日本の国民よ、朝鮮に対する優越感で愛

国心を鼓舞せよ」には 5 枚の錦絵が収録されている。今泉一瓢作「北京夢枕」(図 31)、幽齋年章「歴史教育鑑神功皇后」(図 33)、水野年方「日本歴史図解人皇十五代」(図 34)、楊洲周延「加藤清正虎狩之図」(図 35)、高田常三郎『歴史画』高田玄賞堂「加藤清正」(図 36) である。神功皇后や加藤清正といった歴史的な題材は歴史教育においても用いられ、「朝鮮を劣等視する見方が共有されたことから進んで、そのような劣等な国は『懲罰』を受けて当然と思う大衆的心理が拡散」することに繋がったと見ている。

「5 日清戦争 『病者』朝鮮に『独立酒』を下賜する『文明』日本」には 26 枚の彩色豊かな錦絵の他に、モノクロの挿絵や写実的な絵画、写真が収録されている。日清戦争の従軍記者の写真 (図 37) や従軍記者の取材姿が描かれた絵 (図 38) からも戦争を伝えるメディアが多様化していることがわかる。ここでは楊齋延一「大鳥公使韓庭談判之図」(図 43) を取り上げよう。この絵について著者は以下のように説明している。

　　……右側に位置した大鳥公使が大島義昌混成旅団長などとともに、清国の袁世凱と談判する姿が描かれている。「野蛮」を象徴するかのように中国側の服装は伝統衣装であり、「文明」を象徴しているかのように日本側の服装は洋服を着用している。真ん中の後ろ側には高宗と興宣大院君、甲午改革当時、軍国機務処の総裁であった金弘集が座っており、朝鮮側は案山子にすぎないような存在として描かれている。

伝統衣装が「野蛮」の象徴と言えるのかどうかは置くとしても、著者は『時事新報』(1894 年 7 月 29 日付及び 31 日付) の記事が、朝鮮が日本公使に援軍要請を求めたことを報じていたので、「日本人は日本が朝鮮を助け『正義正しい』行動をとっていると考えていたはず」(99 頁) と分析している。この錦絵はそれを宣伝する役割を果たしたということだろう。

「6 日露戦争 『厄介者』の朝鮮を守るために戦争を」には 10 枚の錦絵が収録されている。この時期に錦絵の数が減るのは写真が発達したためだという。著者は「日露交戦戦旋紀念凱旋土産」の絵セットの 1 枚 (図

87）を取り上げ、既に「日本とともに朝鮮がピンク色に塗られている」点を指摘している。

エピローグで著者は、錦絵について「韓国に対する侵略野心と歪曲された韓国認識をそのまま露わにした」もので、「日本の大衆に韓国に対する間違った認識をイメージ化し、さらにそれを一般化する役割を担った」と論じている。

錦絵というと天狗のような顔に描かれたペリーを思い出す。横浜の開港場に行ったことのなかった江戸の絵師たちは、伝聞によるイメージを膨らませてペリーを描いた。征韓論から日露戦争まで、これだけ多くの韓国（朝鮮）を題材にした錦絵があったことは知らなかったが、やはり絵師たちは『時事新報』をはじめとする巷の情報から錦絵を描いたに違いない。著者が各節で分析しているように、正確には政策側や言論界の意図により事実とは異なった報道＝「歪曲」がなされ、錦絵はそれを拡大広報するのに一役も二役も買ってしまったということであろう。

本書は日本の歴史認識の是正を目的として編まれたものではあるが、メディアの在り方も考えさせる内容となっている。メディアがますます多様化し情報の伝達が高速化している現代にも通じる問題意識が感じられた。日本語表現や誤植で気になるところは僅かにあるものの、全体としては非常に読みやすい仕上がりになっている。著者の絵解きと自身の絵解きを比較してみるのもおもしろいだろう。

図書紹介
酒井哲哉・松田利彦編
『帝国日本と植民地大学』

山本一生*

　近年、「帝国日本」を対象に、宗主国の学問研究と植民地との関係を探る研究が行われている。例えば『岩波講座 「帝国」日本の学知』（全8巻、2006年）が挙げられよう。さらには、植民地に設置された大学などの高等教育機関が生み出した学術研究にも関心が集まりつつある。こうした研究状況の中で、植民地大学に関する研究がなされつつある。台湾では台北帝国大学が国立台湾大学にどう継承され、一方で何が継承されなかったのかという課題の専書が複数ある。例えば評者の手元にある陳奇禄等『従帝大到台大』（国立台湾大学、2002年）は台北帝大を卒業し、初期台湾大学の設立運営に関わった教員のオーラルヒストリーを収める。欧素瑛『伝承与創新―戦後初期台湾大学的再出発（1945―1950）』（台湾古籍出版有限公司、2006年）は国立台湾大学が発足する際に台北帝大の組織・制度・人事・学問研究の連続と断絶に注目する。日本語でのこの課題での研究としては呉密察「植民地大学とその戦後」（『記憶する台湾　帝国の相剋』東京大学出版会、2005年）が、接収後の国立台湾大学は台北帝大の研究成果を引き継ぐことができず、学問的に断絶したことを指摘する。また植民地朝鮮を対象に、特に京城帝国大学に関する専書が近年刊行されている。例えば永島広紀『戦時期朝鮮における「新体制」と京城帝国大学』（ゆまに書房、2011年）が挙げられる。

　本書はこうした個別になされつつある植民地大学研究に対して、教育史・大学史という大学内部からの視点と、政治史・帝国史というマクロな視点の双方から検討することが企図されている。また本書は国際日本文化研究センター共同研究会「帝国と高等教育―東アジアの文脈から―」

---

*立正大学非常勤講師

での研究活動の成果であり、15本の論考を収録する。京城帝国大学と台北帝国大学が主な検討対象である。「はじめに」「あとがき」では共同研究の経緯などが説明されている。本書は日本の植民地大学の制度と理念、学知と機能、遺産と外縁という課題について各々分析した三部構成となっている。本書の構成は以下の通りである。

　はじめに（酒井哲哉）
　序章　植民地大学をめぐる研究状況
　植民地大学比較史研究の可能性と課題——京城帝国大学と台北帝国大学の比較を軸として（松田利彦）
　第Ⅰ部　植民地大学の制度と理念
　植民地帝国大学のエートス——台北帝国大学初代総長幣原坦の思想形成（瀧井一博）
　植民地に大学ができた!?（呉密察）
　京城帝国大学の創設（松田利彦）
　京城帝国大学医学部における「医局講座制」の展開（通堂あゆみ）
　植民地主義と立憲主義の齟齬と共振——二つの「台大憲法学」を素材に（松平徳仁）
　第Ⅱ部　植民地大学の学知と機能
　台北帝国大学文政学部の土俗・人種学教室におけるフィールドワーク（中生勝美）
　台北帝国大学文政学部南洋史学の成立と展開（松田吉郎・陳瑜）
　尾高朝雄と植民地朝鮮（金昌禄）
「京城」の清宮四郎——『外地法序説』への道（石川健治）
　第Ⅲ部　植民地大学の遺産と外縁
　大鶴正満と台北帝国大学——ある寄生虫学者の軌跡（飯島渉）
　国立ソウル大学校医科大学の成立過程に見る植民地高等教育の「人的遺産」（石川裕之）
　研究所という装置——学知における戦争と脱植民地化（酒井哲哉）
　京城帝国大学からソウル大学へ
　　——ランドグラント大学としてのミネソタ大学の関与と米韓関係から見た帝国的遺産（浅野豊美）

琉球大学の「日本復帰」（大浜郁子）
付録
　1・植民地大学関連年表朝鮮編（石川裕之）
　2・植民地大学関連年表台湾編（松田吉郎）
　3・植民地大学文献目録朝鮮編（通堂あゆみ）
　4・植民地大学文献目録台湾編（中生勝美）
　5・植民地大学関係アーカイブズ紹介朝鮮編（通堂あゆみ）
　6・植民地大学関係アーカイブズ紹介台湾編（中生勝美）
　7・国際日本文化研究センター共同研究会「帝国と高等教育―東アジアの文脈から」一覧（松田利彦）
あとがき（松田利彦）

　序章では京城帝大および台北帝大を比較検討することで先行研究の論点を整理する。「第Ⅰ部　植民地大学の制度と理念」では植民地大学の設立・組織・人事や理念を扱った5本の論考を収めている。瀧井一博論文では台北帝大初代総長の幣原坦を対象に、帝国大学かつ植民地大学としての台北帝大のエートスを探る。呉密察論文は台北帝大の設立に台北高等農林学校との連続性を見出す。松田利彦論文は1910年代の大学設立構想から京城帝大の設立過程を論じ、さらに人事の葛藤を描く。通堂あゆみ論文は京城帝大医学部の医局講座制に注目し、人事において東京帝大医学部医局の影響について論じる。松平徳仁論文は台北帝大の憲法学者は台北学派をなぜ形成しなかったのか、憲法判断を回避しながら憲法研究を行う技術が求められたコロニアルな状況を論じることでこの課題に迫る。
　「第Ⅱ部　植民地大学の学知と機能」では4本の論考を収めている。中生勝美論文は台北帝大の人類学による台湾研究、特に「高砂族」研究を政治的問題からの距離の取り方から論じる。松田吉郎・陳瑜論文は台北帝大文政学部南洋史学講座の人事選出過程と教員の研究傾向を論じる。金昌禄論文は京城帝大の法哲学者、尾高朝雄の研究には「植民地」朝鮮がなぜ「不在」だったのか探る。石川建治論文は京城帝大の憲法学者清宮四郎の「外地・外地人」論の思想的系譜について、天皇機関説を補助線として書誌学的にたどる。

「第Ⅲ部　植民地大学の遺産と外縁」では第二次大戦後の植民地大学の制度的・物的・人的「遺産」を論じる。飯島渉論文はマラリア蚊研究の大家となった大鶴正満に台北帝大での経験が研究遍歴に与えた影響について論じる。石川裕之論文は人的遺産という観点に立ち、京城帝大医学部と京城医専の同窓ネットワークが国立ソウル大学校医科大学の教員人事に与えた影響や、教室編成の継承について論じる。酒井哲哉論文は東京帝大東洋文化研究所を中心に、文系研究所の「時局」への対応を戦中から戦後に掛けて論じる。浅野豊美論文はアメリカのミネソタ大学がソウル大学に行った高等教育支援を対象に、ソウル大学が脱「京城帝大」化する過程を描く。大浜郁子論文は琉球大学の設立と設置主体移管による変容について、「日本復帰」を軸に論じる。さらに巻末には植民地大学（京城帝大・台北帝大）研究の手引きと韓国と台湾でのアーカイブズ紹介が掲載されている。
　本書の執筆者は法学や歴史学など学際的なメンバーであり、教育史研究に多角的な視座を提供するだろう。なお、満洲国の「最高学府」であった建国大学、満洲医科大学や旅順工科大学といった単科大学、西洋列強の植民地大学との比較は本書ではなされていないが、研究会の視野の中にあったという。今後の研究の進展が待たれる。
　さらに、本書の前身に当たる酒井哲哉, 松田利彦編『帝国と高等教育―東アジアの文脈から』（国際日本文化研究センター、2013年）には、研究集会での報告を元にした15本の論考が収められている。本書に収められなかった論考もあることから、合わせて参照されることを勧める。

（ゆまに書房、2014年2月）

Ⅴ．旅の記録

台湾教育史遺構調査（その7）
公学校の母体となった孔子廟や書院

白柳弘幸＊

本稿の一部に差別用語とされる不適切な語句があるが、歴史研究上の意義を考え使用している。

1　彰化孔子廟と彰化公学校・彰化尋常高等小学校

彰化市は台湾中部で台中に次ぐ第2の都市で、台北から西部幹線自強号で約3時間。高速鉄道（台湾新幹線）を利用すれば台北から台中乗り換えで1時間半程の距離にある。

1896（明治29）年5月、台湾総督府（以下、総督府）は台中県鹿港（当時）に国語伝習所を設置した。総督府が全島一斉14カ所に設置した国語伝習所の1つであった。しかし、伝習所は1年後に鹿港から彰化に移転。移転後は彰化国語伝習所鹿港分教場となり、その後鹿港公学校となった。

彰化第一公学校『概況書』に、

> 明治三十年五月当地ニ国語伝習所ヲ設置セラレシガ、三十一年十月一日公学校令発布ト共ニ伝習所ハ廃止セラレ、茲ニ彰化公学校ハ孔子廟内ニ設置セラレタリ。
>
> 以来年ヲ閲スルコト三十年コノ間公学校規則改廃ニ伴ヒ、修業年限ノ変更実業科ノ附設簡易実業学校ノ併置並ニ廃止、高等科ノ新設等幾多ノ変遷アリ。（中略）又本校ヨリ分離独立セル学校ニハ彰化

＊玉川大学教育博物館

小学校、彰化女子公学校、南郭公学校、花壇公学校ノ四校アリ［引用文は筆者の責任で適宜句読点を入れた。以下同じ］

　彰化国語伝習所が置かれた彰化の孔子廟は1726（清雍4/享保11）年に県儒学として建立された。県儒学とは清朝統治期の県の孔子廟を管理し科挙受験のための教育を施す機関で、運営費用は国庫や学租によっていた。孔子廟は時期により私設もあるが多くは官営であった。彰化孔子廟が完成したのは1830（道光10/天保元）年で、百年近い年月で諸施設が整えられた。しかし、日本統治期に施設や敷地等が総督府によって約3分の1に減らされ、現在完成当時の面影はない。現在の彰化孔子廟は中心となる大成殿を取り囲むように壁が巡らされ正面に櫺門と戟門、左右の壁と一体の西廡と東廡、大成殿後方の崇聖祠で構成されている。建物内部が公開されていたので中に入ると自習用等に開放されているらしく、高校生くらいの学生が机に向かっていた（［写真①］）。いい光景であった。現在彰化孔子廟は国定古蹟の指定を受けている。

　彰化国語伝習所は公学校令発布後、彰化公学校となり、現在は彰化市中山国民小学と改称している。その創立百周年記念誌『中山国民小学慶祝創校百週年校誌』中、「民国前九年　第一回畢業生」と説明の入る写真が載る（［写真②］）。民国前9（1903/明治36）年の写真には彰化孔子廟を背景に台湾人日本人子弟が共にしている。中列中央に制服姿の日本人教師、左側に日本髪の日本人女性、最前列左側に和服姿の日本人男女子弟4名、右側と後列に弁髪の台湾人子弟10名が立つ。台湾人子弟

写真①

写真②

は日本人子弟より頭一つ分大きく、十代後半の精悍な顔つきをしている。
『概況書』中、日本人子弟の彰化尋常高等小学校について、

> 明治三十年頃少数ながらも内地人学齢児童の居住するありたるも、是等児童は学ぶに由なく、其筋に願出て三十一年十一月彰化公学校内に内地人児童を教育することを許さる。かくて三十五年四月十六日彰化尋常高等小学校創立。孔子廟東廡を借用。

等と述べられている。彰化公学校は1898（明治31）年10月、彰化国語伝習所を引き継ぎ彰化孔子廟に創立された。その1ヶ月後に日本人子弟も学ぶようになり、4年後の1902（明治35）年4月に彰化尋常高等小学校が開校する。先の写真はその1年後の卒業記念写真であった。孔子廟に設置された公学校とともに尋常高等小学校も置かれていたため、写真に日本人子弟も載ったのであろう。写真中央の髭を蓄えた海老原麟太郎と思われる人物の肩書きは、明治36年『台湾総督府職員録』に彰化公学校長、兼小学校教諭兼校長彰化尋常高等小学校勤務と載る。この表記からも公学校が主であることがわかる。小学校が他の施設に設置されていたのであれば共に写真に収まることはなかっただろう。

彰化公学校は現在彰化市中山国民小学となり、彰化尋常高等小学校跡地には国立彰化高級中学が建てられている。

（彰化市孔門路30号　2013年1月6日訪問）

2　藍田書院と南投公学校・南投尋常高等小学校

南投県南投市へは彰化市から東南部に向けてバスで80分ほどの距離にある。南投には元々台湾原住民が居住する萬丹社があった。そこへ漢民族が雍正年間（1723年～1735年）に開拓のために移住し、約百年後に藍田書院（［写真③］）を建立した。台湾各地に残されている書院も科挙受験を目的とした施設で、先の彰化孔子廟が官立であったのに対し、当地の藍田書院は私立であった。書院は日本統治前に64ヶ所建立され、現在19ヶ所が残されている。藍田書院はその1つである。

南投バスターミナルから徒歩10分程で藍田書院に隣接する南投国民小学がある。藍田書院等、当地の教育施設創立について、南投国民小学所蔵『南投公学校沿革誌』（以下沿革誌）は下記のように述べている。

写真③

　　国語伝習所ハ本島初等
教育施設ノ嚆矢ニシテ、明治二十九年五月、島内十四ケ所ニ設置セラレ台中国語伝習所ハ其一ナリトス。爾来本島人国語ノ必要ヲ感スルモノ益多キヲ加フルニ従ヒ、地方人民ニ於テ分教場ノ設立維持ノ経費ヲ負担シ設置ヲ請願スルモノ続出スルニ至レリ。此ニ於テ実際設置セシモノ三十三ケ所ノ多キニ上レリト云フ。我南投ニ於ケル台中国語伝習所南投分教場ハ其一ナリトス。（中略）

　台中国語伝習所南投分教場ハ明治三十一年五月設立認可セラル。我南投ニ於ル新教育ハココニ始リシナリ。其設置区域ハ南投北投ノ二堡ニシテ経費ハ職員俸給旅費ノ外一切地方人民ノ負担トス。当時匪類多ク蜚語紛々人心安ラズ。学校開設ニ如何バカリ艱難ナリシカハ察スルニ余アリト云フベシ。其年六月十日ニ至リ教諭石井乙ノ助雇阮仰山ノ二氏着任シテ校具ノ設備生徒ノ募集ナセリ。校舎ハ藍田書院ヲ以テ之、充テ直ニ開校ノ運ニ至リシハ幸ナリシナリ。入学生徒五十名余漸ク教授モ緒ニ就キ学校ノ体ヲ整フルニ至リ、其年九月三十一日国語伝習所廃止セラル。其間暫ニ五ケ月、而シテ明治三十一年十月一日南投公学校設置認可セラレ、国語伝習所南投分教場ハ其設備ト共ニ生徒ヲ公学校ニ引継キタリ。

　総督府は台中国語伝習所南投分教場を藍田書院に置き、公学校令発令後に設備等を南投公学校に引き継いだ。書院の運営について『沿革誌』は

文廟ハ明治二十九年匪徒蜂起ノ際、右室一棟ヲ焼毀セラレ久ク灰燼ノ裡ニアリシガ、茲ニ之ヲ再建センコトヲ議シ、通文社首事曾長茹簡栄福二氏ノ如キハ幹旋是レ勤メ、明治三十一年十二月工ヲ起シ全三十二年七月ニ至リ工ヲ竣ル。其建築費ハ通文社ノ祭費ヲ以テ負担セリ。通計壱千参百円ヲ費セリト云フ。是ニ於テ教室モ広大ニ益学校ノ進運ヲトセリ

通文社以外にも観音会、文詞会などの団体や個人名の寄附記録が『沿革誌』に散見し、南投公学校へ財政支援等していたことがわかる。公学校新設時は、本『年報』16号で取り上げた枋橋公学校と同様に教職員の人件費は総督府が賄い、校舎用地や校舎建設費等は地元負担だったからであろう。藍田書院神座について『沿革誌』は、

　　　道光十二（天保三）年ニ至リ生員曾作雲、殷戸、簡俊外等捐金シテ藍田書院ヲ建築ス。現今ノ康寿家庄ノ田園ノ裡ニ在リシト云フ。其ノ前殿ニハ文昌帝ノ神座ヲ置キ、左右両側ニハ教室ヲ設ケ、後殿ニハ徽国文公ヲ祀リ

と述べている。文昌帝は学問の神様として台湾各地の廟でよく祀られ、枋橋公学校を設置した大観義学も文昌帝であった。文昌帝を祀る書院や廟では科挙合格が祈願されたが、科挙が廃止された今日、学問成就を祈願する神様になっているとのこと。文昌帝を祀る施設であるからこそ教育機関を置くのにふさわしいと総督府は判断したのであろう。

『沿革誌』には日本人子弟教育関連記事が散見し、まとめると下記のようになる。

　　　明治三十五年一月　小学科生徒ノ教授ヲ開始ス。此ヨリ先キ既ニ教授ヲナシツヽアリシモ未ダ教場ヲ設ルニ至ラズ。此ノ時ニ至リ始メテ一教場ヲ備ヘ稍体裁ヲナセリ。
　　　明治三十六年六月　（訓令第百二三号）小学校教育特別施行規定ニ依リ、内地児童ノ地方ニ在ル者公学校ニテモ不規律ノ教育ヲ受ケツヽアリシガ、本令ニヨリ完全ノ教育ヲ受ルニ支障ナキニ至レリ。

当校ノ小学科ハ此ノ規程ニヨレリ。
　明治三十八年七月（訓令一七五号）小学科特別(ママ)教育規程廃止。当校ニ於ケル小学科ヲ廃止シ更ニ派遣教授ノ稟申ヲナス。

そして、同年7月の学級編制について

　小学科生徒十二人ハ特ニ一学級トセシモ、教授ハ余力ヲ用フルカ故ニ編制ニ入レズ。
　同年十月一日生徒増加……一学級三学年ニハ教員二人ヲ配シ四学級ニモ教員二人ニシテコノ余力ヲ以テ小学科ヲ教授セリ。
　明治三十八年十二月十三日派遣教授ノ形式ニヨル小学校ヲ本校内ニ設立ス。蓋全年八月小学科特別(ママ)教育規程廃止サレ、少数ナル内地人児童教育ノ方法ナキニ至リ附近小学校ノ分教場トシテ教育スルコト丶ナリシナリ。

　1902（明治35）年1月から公学校に附設された「小学科生徒ノ教授」は、公学校教師によって行われたが、実際にはそれ以前より日本人子弟の教授は行われていた。1903（明治36）年の「小学校教育特別施行規定」以降、小学科が正式に附設された。しかし、小学校教員資格のない公学校教師による教授では小学校在学や卒業と認められず、児童の転校進学時の支障になった。そのため2年後、小学校教員資格を持つ教員による派遣教授が行われるようになった。校舎教室の新設よりも教師を派遣する方が経済的であったからである。その後児童数が増加し分教場になり、1908（明治41）年4月1日、南投尋常高等小学校が開校の運びとなった。
　台中国語伝習所南投分教場は現在南投県南投国民小学に、南投公学校小学科は南投尋常高等小学校として独立開校し、跡地には現在南投国民中学が建てられている。
　　　　　　（南投市崇文里文昌街140号　2013年1月8日訪問）

　彰化と南投の日本人子弟教育施設は、創立間もない当地の公学校附設の形で始まった。しかし光復後、日本人小学校は廃校又は国民小学や国民中学に改編され『学校沿革誌』『学校概況書』等の所蔵状況が把握で

きていない。そのため学校創立についての詳細がつかめない。それを埋めるのが公学校所蔵『学校沿革誌』『概況書』になる。さらなる史料発掘が望まれる。今回の調査には一橋大学博士課程在籍中の林琪禎氏が同行して下さった。お礼申し上げる。

【参考文献】
『台湾教育沿革誌』台湾教育会
『台湾的書院』遠足文化事業股份公司
『彰化第一公学校　概況書』彰化市中山国民小学所蔵
『中山国民小学慶祝創校百週年校誌』彰化市中山国民小学
『南投公学校沿革誌』南投国民小学所蔵
拙稿「日本植民地統治下台湾における日本人小学校の成立と展開―統治初期から明治末年までの日本人教育―」『玉川大学教育博物館紀要』第11号

台北のアーカイブにおける資料調査

山本一生＊

はじめに

　本研究会には植民地期台湾を研究する会員も多く、本稿で紹介するアーカイブの利用に詳しい方も多いことであろう。またすでに台湾でのアーカイブ利用については専書も多く、これ以上私が付け足すこともないと思われる[1]。しかし私は主に中国山東省青島での調査を行っており、今回初めて台湾における資料調査を行ったため、初心者の視点からアーカイブ利用について紹介する。今回の訪問の目的は、第一に台湾における青島関係資料の収集、第二に広島高等師範学校第二代校長で初代台北帝大総長となった幣原坦関係資料の収集であった。

　2014年9月7日から12日とわずか5日間であったが、その期間内で訪問した施設は国史館、国立台湾図書館、国立台湾大学図書館であった。なお台湾師範大学の蔡錦堂先生から各施設の関係者をご紹介いただいたため、極めてスムーズに訪問調査を行うことができた。

国史館台北館

　今回私が訪問したのは近年オープンしたという台北市内の国史館台北館閲覧室である。他に台北郊外の新店に国史館新店館がある。台北館は旧台湾総督府、現総統府のすぐ裏に位置する。博愛路に面した旧交通部の建物の一階にデジタルデータベース閲覧室が入っている。

　蔡先生より国史館の欧素瑛氏をご紹介いただいたため、閲覧に際しては大変便宜を図っていただいた。守衛室でパスポートを提出し、登録す

＊立正大学非常勤講師

るだけで閲覧室に入ることができた。中国大陸の檔案館（少なくとも私が調査した青島市檔案館）では、現地大学教員の紹介状が必要で、日本からの紹介状が用を為さなかったことと比べると、格段に開放的であると感じた。調査した当日は、別の研究会で知り合った中国近現代史を専門とする院生とともに調査することができた。

現物資料は新店館に所蔵されており、台北館にはデジタル資料のみであった。台北館は新店の現物資料をデジタル化ないしはマイクロ化した資料を公開しており、一度デジタル化された資料の現物は閲覧が不可能となっている。主に「総統副総統文物」や「国民政府檔案」が閲覧可能である。前者は総統であった蔣介石関係の檔案や、ほかの総統及び副総統関係文書である。後者には国民政府だけでなく、行政部や外交部の資料も閲覧可能である[2]。閲覧室には10台近くの端末があるが、台によって閲覧できる資料の範囲が異なった。欧氏が最初に私に案内したのが国民政府関係の資料が閲覧できる端末であった。予想した通り、幣原坦関係の資料はなく、青島関係の資料も多くはなかった。とはいえ、中華民国期の行政や外交などの調査には必須の資料館であろう。

なお複写は一人の登録者は国民政府関係資料ならば一資料につき全ページの半分まで、総統文書は複写不可という制限があった。資料の目録は以下のサイトから検索可能である。

http://weba.drnh.gov.tw/index.jspx

国立台湾図書館

本会会員の松岡昌和氏と訪問した。国立台湾図書館はMRT永安市場駅から程近く、周辺にもカフェなどが多く、資料調査には便利そうであった。蔡氏から司書の蔡蕙頻氏を紹介していただいた。彼女は日本に留学

経験があり、日本語が堪能であった。

　6階に「台湾学研究中心」があり、台湾総督府発行資料のコピー版が開架式に配置されている。また、同図書館では個人寄贈の文庫が充実しており、驚いた。ある大学を退職後に寄贈したという文庫では、数列に亘って開架式に配置されていた。ほとんどが日本語文献であり、自分が日本の図書館に迷い込んだのではないかと錯覚する程であった。

　「国立台湾図書館電子資源査詢系統」の登録は一階のカウンターに直接赴いて、そこで図書館閲覧賞の申請手続を行わないと使えない。身分証番号（日本人の場合はパスポート番号）と電話番号の下四桁を登録する。しかし一度登録すれば、日本からもアクセス可能である。

　http://www.ntl.edu.tw/

国立台湾大学図書館

　正門入ってすぐのところに旧図書館が校史館として開館している。二階に展示室があり、旧台北帝国大学時代の紹介から、台湾大学として発足する過程や、学生生活などが展示してある。初代総長幣原坦に関する紹介や、旧台北帝大時代の学生名簿や学校一覧も展示してある。

　キャンパスの目抜き通りには椰子の並木があり南国情緒を醸し出しているが、これは台北帝

大時代に植えられたものだという。いわば南国情緒の「演出」と言えるだろう。その目抜き通りの一番奥に大学図書館がある。

　図書館の使い方は、入り口のカウンターでパスポートを提出するのみであった。5階の特蔵室に日本統治時代の資料が所蔵されている。開架と閉架に分かれており、閉架はカウンターで申請する形になっている。開架では伊能文庫として伊能嘉矩関係資料のコピー版が所蔵されており、複写ができる。貴重書は閲覧のみで、複写はできない。幣原坦関係資料の多くは日本でも所蔵されているものであった。

　なお、台湾大学正門に程近い裏通りにある南天書局は、日本人研究者御用達の本屋だといい、台湾における歴史研究や教育史研究の書籍が豊富に取りそろえてあった。台湾大学を訪問するついでに、同書店を訪れてみてはいかがだろうか。

おわりに

　9月半ばと蒸し暑い時期で、ちょうど中秋節と重なっていたために一日調査ができなかったが、蔡錦堂氏のご協力により有意義な資料調査となった。記して感謝の意を示したい。

　またこれまで中国史研究をしておきながら、今回が初めての台湾での資料調査であった。今後は台湾に於ける青島出身者の研究など、台湾と大陸との関係についての研究を進め、更に台湾での研究も視野に入れようと考えている。

　台湾での資料公開はかなり進んでいる。ネットによる史料検索は益々便利になっている。とはいえ、一部の現物史料はデジタル化が完了すると倉庫の奥に放置されて風化しているという話をよく耳にする。デジタル化のためにかえって現物史料が失われようとしており、その点は日本においても共通した問題であるように思われる。

【註】
1　酒井哲哉・松田利彦『帝国日本と植民地大学』（ゆまに書房、2014年）の「付録6・植民地大学アーカイブズ紹介　台湾編」が近年の台北アーカイブズを詳細に紹介しており、本稿でも大いに参考となった。
2　国史館での閲覧方法については、慶應義塾大学大学院生矢久保典良氏の教示による。

VI. 気になるコトバ

化育

佐藤広美＊

（1）大東亜建設審議会と「化育方策」

　化育とは、国語辞典には天地自然が万物を生じそだてること、とある。では、植民地教育史のなかでこの用語は、いつ、どこで、どのような意味合いで登場してくるのであろうか。

　化育という用語が使われるのは、大東亜建設審議会（1942年2月〜1945年10月）の第2部会「大東亜建設ニ処スル文教政策」答申（1942年5月）である。同答申は、国内向けの「皇国民ノ教育錬成方策」と占領地向けの「大東亜諸民族ノ化育方策」に分かれており、「化育」は占領地に関して使用された用語であった。国内向けの皇国民「錬成」方策に対して、大東亜諸民族向けの「化育」方策という区別が意識されていることがうかがわれる。

　ここで言う化育とは、そもそも、どのような意味合いであったのだろうか。「大東亜諸民族ノ化育方策」の基本方針は、つぎのように言う。

　八紘為宇ノ大義ニ則リ大東亜諸民族ヲシテ各々分ニ応ジ其ノ所ヲ得シメルヲ以テ本旨トシ民族統治指導ノ根本方策ニ照応シ左記ノ諸件ヲ主眼トシテ諸民族ノ化育方策ヲ確立ス

　一、皇国ヲ核心トスル大東亜建設ノ世界史的意義ヲ闡明徹底シ諸民族ヲシテ之ガ完遂ハ其ノ共同ノ責任ナルコトヲ自覚セシム

　二、従来ノ欧米優越観念及米英的世界観ヲ排除シ皇道ノ宣揚ヲ期スルモ各民族固有ノ文化及伝統ハ之ヲ重ンズ

　三、画一性急ナル施策ヲ戒メ主トシテ大和民族ノ率先垂範ニ依リ日常

＊東京家政学院大学教員

生活ヲ通ジ不断ニ之ヲ化育スル如ク力ム

　基本方策は、5項目の方策からなり、「教育ニ関スル方策」では、「大東亜建設ニ積極的ニ参加スル精神ヲ徹底シセムルコト」とあり、「言語ニ関スル方策」では、「現地ニ於ケル固有語ハ可成之ヲ尊重スルト共ニ大東亜ノ共通語トシテノ日本語ノ普及ヲ図ルベク具体的方策ヲ策定シ尚欧米語ハ可及的ニ之ヲ廃止シ得ル如ク措置ス」とされていた。大東亜建設の精神形成と特に日本語の共通語化の推進と欧米語の断固たる排除の方針が際立つ。さらに、「文化ニ関スル方策」では、「日本文化ヲ顕揚シ広ク其ノ優秀性ヲ認識セシムルト共ニ現地ニ於ケル新聞、ラジオ、映画等文化施設ノ普及、医療等厚生施設ノ充実、図書館、博物館、植物園等ノ整備ヲ図リ且内地ヨリ優秀ナル学者、研究者、技術者ヲ派遣シテ現地有識者ト共ニ文化ノ向上ヲ促進シ渾然タル大東亜文化ノ創造ニ培フ」となっていた。

　現地の固有の文化の尊重を掲げているが、米英的世界観の排斥とともに日本文化の優秀性を論じ、それを指導理念に高く掲げている。そのために、広く、新聞、ラジオ、映画など文化施設の普及拡大を説いていた。学校教育を越えた、現地住民の日常生活にそくする教育の推進、すなわち、それが「化育」と言い表されていたと考えていいだろう。

　大東亜建設審議会の議事録を詳細に検討した石井均は、大東亜共栄圏の建設は、アジアの各民族平等の連帯の上に成り立つものでは決してなく、日本を盟主とし、アジアに対する日本の特権的支配を求めるものであった、と述べている（『大東亜建設審議会と南方軍政下の教育』西日本法規出版、1995年）。

　大東亜建設のためには、国内において普及してきた「錬成」方策だけでは不十分で、さらに、広く大東亜の諸地域に根ざす「化育」方策が軍部を中心とする為政者に観念されていたことになる。

（2）海後宗臣の「化育所」構想

　大東亜建設審議会の「化育方策」を教育学的に理論づけたのが、当時、東京帝国大学の助教授海後宗臣であった。

海後は、『文藝春秋』1942年3月号の論文「新秩序への教育方策」で、大東亜建設審議会の化育方策に対応するかのようにして「化育所」の構想を述べていた。
「皇軍が治安を立て、新秩序建設の地域として定めたあらゆる都市、町、村落に、啓蒙指導育成のための中心施設が置かれ、これが新しい教化育成の場所即ち化育所の形を備えなければならない。」
　これにつづけて海後は、政治啓蒙のための化育所、産業指導育成のための化育所、さらに、日本語教育、保健衛生、娯楽などのための化育所の構想を語る。
「政治啓蒙のための化育所には、別にその年齢、経歴等に拘わらずあらゆる住民が集って来る。それ等に適切な啓蒙の材料が調えられ、或る場合は話すことにより、或る場合には絵画を通し、更に映画を通して政治啓蒙がなされるであろう。」
　産業指導の化育所では「共栄圏に於ける諸生産を通じて住民が新秩序建設のことに参加するのである。」
「それに次いで民族語及び日本語の学習、更に基礎となる文字の習得をなさねばならぬ。更にこれ等の言語及び文字を用いて生活建設の内容を豊富ならしむることに力を注ぎ、進んではこの知識を産業に結びつけて生活技術化して錬磨する。」
　海後が最後に力説するのは、こうした化育所は、これまでの学校を越えたものにならなければならないとする点であった。「近代学校」批判である。大東亜の建設のためには、従来の学校教育の形式をこえた実生活に根ざした教育がおなわれなければならないというのだ。
「この化育所は単なる学校ではないのであって、学校の果たしていたあらゆる役割をそのうちに包摂していて、然かも実践生活への結びつきを持ち、政治及び経済の中心的機関ともなっているものなのである。」
　海後の化育所構想には、あきらかに欧米の近代教育学への批判が含まれていた。近代学校の形式をこえた、アジア住民の生活に根ざした教育の再建という意図であった。しかし、そのアジア住民の生活とはいったいどのようなものであったのか。それは日本を盟主とするアジア植民地支配のための軍事的武力的支配ではなかったのか。
　海後は、同じ1942年3月に刊行された『大東亜戦争と教育』(文部省

教学局発行の教学叢書の一冊）で、「事実、今次皇軍の進撃しつつある諸地域の東亜人は永年にわたる米英の桎梏下にあって、民族自らの生活を喪失せんとする危殆に瀕していたのである。今日我々の力によってこれらの民族に自らの生活を持たしめないならば、彼等は今後更に永い苦悩を背負わねばならなかったことであろう。かかる危機に於いて米英の支配を一掃し、東亜人自らの新しい生活建設に入らしめんとするために、大進撃の御戦が展開されているのである」と述べている。

　つづけて言う。「武力戦は大東亜全地域に新しい秩序を建設するための華々しい先鋒をなすものであって、それに引き続いて諸種の建設面がまさに展開せられつつある。即ち政治・経済・文化の諸領域に於いて新しい秩序の基本をなすものが着々として築かれて来つつあるのである。」「我々は武力戦と共に政治・経済・文化等に於いて米英によって構築され来たった一切の物を克服して、これをより高い段階に飛躍せしめねばならない。」

「大東亜戦争に於いて教育が特に重要な意義を持って来るのはかかる事情によってである」。化育所構想は、こうした認識のうちに打ち出されたものであった。

　大東亜の建設のためには、これまでの欧米の近代教育学が唱えた学校中心の教育をこえて、アジア地域住民の実生活にそくする教育概念の新たな形成が要求されていた。これまでにない新しい用語がほしい。化育という言葉は、こうした時代状況のなかで生み出されたのではないだろうか。

　海後宗臣は、まさに、そうした時局（大東亜建設）に機敏に応じる教育学的営為を行ったといえる。

（3）佐藤信淵の「化育」思想との関連は？
　　—『鎔造化育論』『経済要録』など—

　この化育という言葉、これはどこから取り入れられたものだったのだろうか。先の大東亜建設審議会の諮問にすでに「東亜諸民族化育の方策」が言われており、「化育」はすでに既定の方策(用語)であった。大東

亜建設審議会の議事録を詳細に検討した石井均は、この用語がどのようにして持ち込まれてきたのかどうかを検討はしていない。また、海後宗臣もこの化育の出所を論じていない。私はまだ探し出せていない。

　ここから以下は、私の全くの推論でしかないが、この化育は、江戸後期、幕末の農政学者の一人佐藤信淵（1769年〜1850年）の農政・農業再建思想に現れる「化育論」と関係があるのかも知れない、ということである。調べはじめたばかりの覚え書きでしかないが、以下に簡単に記す。

　信淵の多くの著作、すなわち『鎔造化育論』『経済要録』『天柱記』『混同秘策』等は、文政期（1818年〜29年）に書かれたとされる。『天柱記』には、たとえばこうある。「若夫レ初学ノ輩、此書ト鎔造化育論トヲ熟読スルトキハ、天地ノ運動、万物ノ化育ヲ始メ、物産ヲ興シ、国家ヲ富シ、其他人世ノ経済、日用ノ要務、皆朗然トシテ其理自ラ明白ナラン」。『天柱記』は信淵の代表的な経済書であり、化育論は彼の基礎理論であったろう。

　信淵の「地域に於ける子育て政策」については、山住正己が『新しい子育ての知恵をさぐる』（岩波書店、1984年）で触れている。山住は、幕末、国土は荒れ果て、その中でみられる堕胎や間引き等の子育ての危機に直面した信淵の子育て政策に注目している。そこに地域の福祉・教育の計画の思想をみようとしている。しかし、一方で、信淵の国家主義思想＝侵略思想にも言及し、懸念を表明してもいる。

「それは、富国強兵を最大の目的とした計画の一環であり、産業の振興や軍事の整備などと並ぶものであった。そのため、この構想のなかには、第2次大戦下の高度国防国家体制や侵略政策を先どりしているといってもいいようなものがみられ（る）。」

「こういう構想は、子育てや病気の治療などをとおして、人々を国がかこいこみ、国家統制をすすめ、国家有事のさいに総動員できる体制ではないかともみられる。」

　封建の危機克服は、信淵の場合、国家の強大化構想に進んでいくようである。

　「岩波思想体系」の一つ、『安藤昌益　佐藤信淵』（1977年）では、解説をとった島崎隆夫が明快にこう述べている。

「海外経略＝侵略の計画を叙述したものが『混同秘策』であって、い

わば問題の書である。戦時、超国家主義者が好んで読んだ書物の一つである」。

　信淵の統制国家機構論や対外活動の構想について、こう述べる。
「小学校篇をおき、教化を司り、広済館・療病館・慈育館・遊児館・教育所を設置し、社会事業・福祉事業を行わせることを述べている。まことに機能的な国家統治機構である。徹底した愚民観を前提とする『アメとムチ』による支配である。警察国家的性格を多分に持っている国家の機構である。」「そして海外貿易、海外経略、海外侵略をも企図する国家である。ここに示されている国家像は、幕末における封建危機の深化、封建体制の崩壊を前にして、その克服として非合理的要素を土台にすえながら、信淵の頭脳にて創始された一つのユートピア像であると考えられよう。」

　重要なことは、信淵が幕末の経済・農村の危機とともに子育て・教育の危機を見すえていたことであった。そして、その信淵が、生活と教育の危機克服を強大な国家建設に結びつけ、海外侵略の方策に活路を見いだそうとしたことである。戦時体制下、大東亜建設審議会の関係者が佐藤信淵の危機克服の化育論（侵略論）に飛びつくのも無理はない、との推論もあり得るのではないだろうか。

# Ⅶ．彙報

2014年1月から2014年12月までの本研究会の活動を報告する（文中、敬称略）。

（1）組織・運営体制

本研究会には、会則7条によって本『年報』奥付に記載の役員が置かれている。運営委員の任期は3年、『年報』編集委員の任期は2年である（第9条）。本年は運営委員・編集委員ともに任期中だが、中田代表の本務の関係で、井上副代表が代表代行となり、代表業務を代行することとなった。

代表：中田敏夫
副代表・代表代行：井上薫
運営委員
○書記・通信部：（議事録・通信・WEB更新支援）北川知子・小林茂子・山本一生
○企画・編集部：（年報編集・叢書計画案・シンポ企画等）佐藤広美・上田崇仁
○研究・資料部：（年次研究テーマ〈科研〉・定例研究会等）李省展・中川仁
○宣伝・販売部：（年報の販路拡大など）白柳弘幸・西尾達雄
　　事務局長：（総務・渉外・各部との連絡調整）岡部芳広
　　事務局員：（HP担当）松岡昌和・山本一生／（研究業績作成）白恩正
　　　　　　（会計）滝澤佳奈枝／（会計監査）岡山陽子・合津美穂
　年報編集委員会：（委員長）佐藤広美（委員）上田崇仁、一盛真、合津美穂、山本一生

本年の主な活動は以下の通りである。
1）研究会総会（年1回、研究大会時に開催）
　　2014年3月22日（土）　ユニコムプラザさがみはら
2）運営委員会（研究大会準備、日常的会務のために2回開催）
　　①6月14日（土）こども教育宝仙大学（第18回研究大会準備等）

②10月25日（土）大東文化大学板橋校舎（第18回研究大会準備等）
3）研究部（研究例会を2回開催、企画、運営）
　①6月14日（土）こども教育宝仙大学
　②10月25日（土）大東文化大学板橋校舎
4）編集委員会
　①6月14日（土）こども教育宝仙大学
　②10月25日（土）大東文化大学板橋校舎
5）事務局
　事務連絡、会員入退会処理、会計、HP管理等を行った。

（2）第17回研究大会の開催

　第17回研究大会は、2014年3月22日（土）・23日（日）に、神奈川県にある、「相模原市立市民・大学交流センター　ユニコムプラザさがみはら」で開催された。テーマは、「植民地近代と身体」で、西尾達雄会員がコーディネーターとなった。1日目は、西尾達雄会員のコーディネート／司会のもと、石井昌幸氏（非会員）の「イギリスのインド支配と身体」、金誠氏（当時非会員）の「被植民者のスポーツと民俗の近代化、優秀性」、北島順子会員の「植民地教科書に見る身体と近代化」の報告があり、活発に討議が行われた。2日目は、自由研究発表として、井上薫会員の「台湾、朝鮮における農業および理科教科書への産業政策の影響」、北川知子会員の『朝鮮読本の「稲作（米）」教材（1910～40年代）分析①—「近代化」「産業化」の現れ方』の2本の研究発表があった。

（3）第18回研究大会の準備

　第18回研究大会は、2015年3月14日（土）・15日（日）に、大手前短期大学（兵庫県伊丹市）で行うこととなった。シンポジウムのテーマについては、運営委員会で検討され、「植民地教育支配とモラルの相克」に決定し、コーディネーターは佐藤広美会員が担当することとなった。

（4）年報『植民地教育史研究年報』の発行

　第16号『植民地教育とジェンダー』を、皓星社から2014年3月22日付で出版した。特集は前年度の研究大会として、2013年3月16日に

中京大学で行われたシンポジウム「植民地教育史とジェンダー」であった。この他、研究論文1本、研究資料1本、旅の記録、書評、図書紹介、気になるコトバ、特別寄稿、彙報で構成した。

(5)「研究会通信」の発行

研究会通信「植民地教育史研究」は、第44号（2014年2月21日付）、第45号（2014年5月16日付）、第46号（2014年9月29日付）の3号が発行された。

第44号では、ユニコムプラザさがみはらでの第17回研究大会の案内・シンポジウム趣旨・自由研究発表の紹介、『年報』第16号の紹介などが掲載された。第45号ではこども教育宝仙大学での第31回定例研究会の案内、第17回研究大会・総会の報告などが掲載された。第46号では、大東文化大学での第32回定例研究会の案内、第31回定例研究会の報告が掲載され、別紙として、会員の研究業績一覧、会員名簿が添付された。

(6) 定例研究会

定例研究会の日程、発表については以下の通り。

【1】第31回定例研究会
2014年6月14日（土）　こども教育宝仙大学
①林嘉純：「台湾植民時期初期の日本語教育とペスタロッチ主義の教育
　　―伊沢修二と山口喜一郎をめぐって―」
②金志善：「植民地朝鮮における音楽の産業化による音楽教育への影響」

【2】第32回定例研究会
2014年10月25日（土）　大東文化大学板橋校舎
〈一般発表〉
①白柳弘幸：「日本植民地統治下台湾における日本人小学校の成立と展
　　開―統治初期から明治末年までの日本人教育―」
②西尾達雄：「1920年代植民地体育・スポーツと民族主義の関わりにつ
　　いて～李學來著『韓国体育百年史』の翻訳を通して～」

〈特別講演〉（科研〈日本植民地・占領地教科書にみる植民地経営の「近代化」

と産業政策に関する総合的研究〉主催。本研究会から有志が参加。)
講師：斉紅深氏（中国遼寧省教育庁研究員）
「偽満洲国教科書与"産業開発"的関連性―以"第二期満洲産業開発"和"新学制"為重点」

(7) その他

　運営委員会及び年報編集委員相互の日常の諸連絡や検討事項については、それぞれのメーリングリストによって行われている。

(事務局長・岡部芳広)

編集後記

　一橋大学の石黒圭氏が「論文の書き方―査読者との対話としての投稿―」『専門日本語教育』第14号（2012年）で、「査読者の落としたくなる論文」は次の6つの問題を抱えていると述べています。
　(1) 何が言いたいのかよく分からない、(2) 言いたいことが当たり前である、(3) 先行研究の扱いがいい加減である、(4) 研究テーマが当該の雑誌に合わない、(5) 日本語の表現に問題が多い、(6) 研究の進め方にそもそも問題がある
　投稿論文を読んだ結果、残念ながら上記に該当する問題があった場合、査読意見を書くのはとても難しい仕事になります。「不採用」と判断せざるを得なかった理由を投稿者に納得していただけるよう、査読意見を書かねばならないからです。これはとてもエネルギーを要する仕事であることを、今号の編集過程においても学ぶこととなりました。
　編集委員としてこの2年、佐藤広美編集委員長には大変お世話になりました。この場をお借りしてお礼申し上げます。査読に携わった経験を糧に、一会員としても本誌への論文投稿・掲載を目標に研究を進めていきたいと思います。
　　　　　　　　　　　　（合津美穂）

　前回に引き続き、2回目の編集委員を務めました。2014年は集団的自衛権の行使容認など政治的にも様々なことがありました。こうした状況の中で戦前を知らないが故の戦前賛美を為政者だけでなく一部報道機関など官民一体で行っている感があります。が、だからこそ過去の日本によるアジアへの植民地支配がいかなるものであったのかつぶさに見なくてはなりません。本会での研究は、こうした社会情勢であるからこそ、むしろ価値ある研究になっていくと信じております。
　　　　　　　　　　　　（山本一生）

　「身体」というものを真正面にすえることで、植民地教育史研究にとって、いったい、今までにないどのような理解が得られるのでしょうか。本誌17号は、新しい認識を獲得させるいかなる貢献ができたのか。読者の方々の感想をぜひお聞かせいただきたいと思います。
　おそらく、身体を問うということは、一人ひとりの人間の問題を扱う、ということではないだろうかと思うのです。一人の人間の身体にそくして植民地教育とはいったい何ものであったのか、という、より根源的な問いへの意思を宿しているように感じられます。植民地教育が一人の人間に与えた影響の強さ、痛みの深さ、苦悩の根拠を言い当てようとする試みのような気がするのです。
　西尾達雄さんは、本誌で、「民族としての身体」「戦力としての身体」など、興味深い問題提起をなさっています。私は、今日の社会にまで眼を向けて、さらに、「競争としての身体」や「管理される身体」、また「抵抗としての身体」など、いろいろ考えてみたくなります。「植民地教育と身体」という特集は、植民地教育の深部に降り立つ方法意識であり、しかも、現代社会に生きる私たちの思想を問うことでもあるのかも知れません。
　奉安殿をめぐる旅を綴っていただいた志村欣一さん、台湾ほか地道に資料調査の旅をつづける白柳弘幸さんや山本一生さんのエッセイ、ご自身の著書の日本語翻訳がかなって東京にお越し頂いた鄭在哲先生のご講演記録など、魅力ある小品も掲載しました。論文も書評も読み応えがあります。どうぞ、お手にとって頂ければと願っております。
　最後に、刊行間際になって英文目次を依頼し、快くお引き受けいただいたAndrew Hallさんにお礼を述べさせていただきます。
　　　　　　　　　　　　（佐藤広美）

著者紹介

石井昌幸
早稲田大学スポーツ科学学術院准教授。スポーツ史。「19世紀イギリスにおける「スポーツマンシップ」の語義：1800年から1892年までを中心として」（『スポーツ社会学研究』第24巻第2号、2013）、「グローバル・スポーツの比較伝播史」（早稲田大学スポーツナレッジ研究会編『グローバル・スポーツの課題と展望』、創文企画、2014）

岡部芳広
1963年大阪市生まれ。相模女子大学准教授。神戸大学大学院総合人間科学研究科博士後期課程修了。博士（学術）。台湾近現代音楽教育史専攻。『植民地台湾における公学校唱歌教育』（明石書店、2007）、「台湾の小学校音楽教育における1962年改訂国民小学音楽科課程標準の意味」（『音の万華鏡　音楽学論叢』藤井知昭・岩井正浩編、岩田書院、2010）など。

北島順子
大手前短期大学准教授。私設教科書総合研究所（大阪府堺市所在）共同主宰。専門は教育史（教科書研究）、身体教育学（ダンス教育・ダンスセラピー）、健康心理学。「近代教科書の中の靖国―教科書総合研究所の資料から―」（又吉盛清他編『靖国神社と歴史教育　靖国・遊就館フィールドノート』、明石書店、2013）、「近代教科書にみる『健康』・『体育』の思想（2）―国定教科書と日本植民地等（南洋群島）教科書の中の『運動会』に関する記述・記載の比較検証―」（『IPHIGENEIA 創刊号（通号：9号）』、叢文社、2009）。

金誠
札幌大学地域共創学群 准教授（スポーツ史）。博士（学術）。「植民地朝鮮における朝鮮神宮競技大会に関する研究」スポーツ史研究第26号、「植民地朝鮮における普成専門学校のスポーツ活動に関する考察」札幌大学総合論叢第30号、「朝鮮神宮競技大会の創設に関する考察―その経緯を中心として―」スポーツ史研究第16号など。

佐藤広美
東京家政学院大学教授。1954年。日本近代教育思想史、博士（教育学）。『総力戦体制と教育学』（大月書店、1997）、『興亜教育全8巻』（監修、緑陰書房、2000）、「国定教科書と植民地」（『植民地教育史研究年報』9、皓星社、2007）など。

佐藤由美
埼玉工業大学教員。教育史専攻。日本統治下台湾・朝鮮における教育政策とその実態を研究。最近の研究に「日本統治下台湾からの工業系留学生―林淵霖氏の場合―」（『埼玉工業大学人間社会学部紀要』第8号、2010）、「植民地教育令の理念と制度―朝鮮教育令の制定をめぐって―」（『教育人間科学の探求』学文社、2008）がある。

志村欣一
1944年、東京都文京区生まれ。東京大学大学院修士課程卒業。山梨学院大学元教員。専門は教育行政学、教育法、奉安殿の研究。「戦争遺跡としての沖縄の奉安殿研究の意義―皇民化教育と戦争責任の手がかりとして―」『日本植民地教育史研究』科研費研究、1998年）、『教育の理念と教育政策』（宣協社、1988年）、『ハンディ教育六法』（共著、北樹出版、1885年～2011年）他。

著者紹介

白柳弘幸
玉川大学教育博物館。日台近代教育史。自校史（玉川学園史）。「光復後の台湾における日本人中学校の教育—台湾省立高雄第二中学校特別班を中心として—」平成23年度～25年度科学研究費補助金　基盤研究（B）研究成果報告書課題番号23330244『旧外地の学校に関する研究—1945年を境とする連続・非連続—』2014年。「日本植民地統治下台湾における日本人小学校の成立と展開—統治初期から明治末年までの日本人教育—」玉川大学教育博物館編『玉川大学教育博物館紀要』第11号　2014年。「台北高等学校と成城高等学校—「自由」校風と3名の教育者—」『台北高等学校創立90週年国際学術研討会論文集』国立台湾師範大学台湾史研究所　2014年。

鄭在哲
1931年8月3日　韓国忠清北道生まれ。中央大学校教育学科卒業、建国大学校大学院哲学科卒業。哲学博士。中央大学校教授、師範大学長、教育大学院長、大学院長等歴任。韓国教育史研究会長、韓国教育学会長等を歴任し、韓国教育学会論文賞、中央大学校教員学術賞、韓国教育学会学術賞、天園教育賞（学術研究部門）等を受賞。現在、中央大学校名誉教授。主著である『日帝의 對韓國植民地教育政策史』（ソウル：一志社、1985）は邦訳され、2014年3月『日帝時代の韓国教育史　日帝の対韓国植民地教育政策史』として刊行された（佐野通夫訳、2014、小社刊）。

西尾達雄
北海道大学教員。朝鮮近代学校体育政策、スポーツ政策を中心に研究。現在「植民地における教育とスポーツ」に関心を持っている。『日本植民地下朝鮮における学校体育政策』（明石書店、2003）、『身体と医療の教育社会史』（共著、昭和堂、2003）

芳賀普子
1941年仙台生まれ。2010年一橋大学大学院言語社会研究科博士課程卒。朝鮮戦争時北朝鮮人民軍動員についての論文で博士（学術）。一橋大学言語社会研究科特別研究員。出版会社自営。

本間千景
京都女子大学・佛教大学非常勤講師。博士（文学）。日本近代史専攻。研究テーマは植民地期朝鮮における教育政策。『韓国「併合」前後の教育政策と日本』（2010）、『20世紀民衆生活研究団韓国口述列伝　杉山とみ　1921年7月25日生』（2011）など。

松岡昌和
1979年生まれ。日本学術振興会特別研究員（PD）、東京藝術大学大学院音楽研究科。専門は歴史学。研究テーマは日本・東南アジア文化交流史。「「昭南島」における「文化人」—こども向け新聞からの考察—」（『植民地教育史研究年報』第14号、2012年3月）、「「大東亜建設」と「日本音楽」—第二次世界大戦期における音楽プロパガンダ構想についての一考察—」（平井達也・田上孝一・助川幸逸郎・黒木朋興編『グローバリゼーション再審—新しい公共性の獲得に向けて—』時潮社、2012年所収）。

山本一生
1980年生まれ。立正大学非常勤講師。博士（教育学）。著書に『青島の近代学校教員ネットワークの連続と断絶』（皓星社、2012年）。最近の研究に「中華民国期山東省青島における公立学校教員—「連続服務教員」に着目して」（『史学雑誌』123編11号、2014年）など。

CONTENTS

Forward: A Tour of the Illusive Hoanden ················· SHIMURA Kinichi 3

I. Symposium: Colonial Modernism and the Body

The Purpose and Summary of the Symposium "Colonial Modernism and the Body"
··· NISHIO Tatsuo 10
British Rule in India and the Body ························· ISHII Masayuki 31
Modernism and the Ethnic "Body" in Colonial Korea: Eliminating ethnic inferiority
 complexes through sports ······························· KIN Makoto 51
The Body and Modernization as Seen in Colonial Textbooks ······ KITAJIMA Junko 70

II. Research Papers

Entertainment or Japanisation Education? Music in Japanese-occupied Singapore
··· MATSUOKA Masakazu 98
The 1930s Rural Development Movement and Farmer Education: Centering on the
 Kyŏnggi Province-edited *Kyŏnggi Province: Farmer's Textbook*
··· HOMMA Chikage 124

III. Commemorative Lecture and Research Note

Lecture Text: Until I completed *"History of The Japanese Empire's Korean Education Policy"*
··· CHUNG Jae-Chul 150
The Connections Between Colonial Physical Education/Sports and Nationalism in the
 1920s (1): Through translating Yi Hang-Nae's *"One Hundred Year History of Physical
 Education in Korea"* ··································· NISHIO Tatsuo 155

IV. Book Introductions

CHUNG Jae-Chul (SANO Michio, translator): *"History of The Japanese Empire's Korean
 Education Policy"* ···································· HAGA Hiroko 176
YUN So-Yeong (PAK Mikyŏng, translator): *"How did Meiji Japan Color Prints Distort
 Korean History?"* ···································· SATO Yumi 186
SAKAI Tetsuya and MATSUDA Toshihiko, editors. *"Imperial Japan and Colonial
 Universities"* ······································· YAMAMOTO Issei 191

V. Field Work Reports

Research on the Remains of Taiwan Education History (7): The Confucian Shrines and
 Academies that became the bases for colonial public schools
··· SHIRAYANAGI Hiroyuki 196
Documentary Research in the Taipei Archives ············ YAMAMOTO Issei 203

VI. Words at Issue 00
Kaiku ·· SATO Hiromi 210

VI. Miscellaneous ·· OKABE Yoshihiro 218
Editor's Note
Authors Introduction
Previous Issue Correction

＊英文翻訳　Andrew Hall

植民地教育史研究年報第 16 号『植民地教育とジェンダー』訂正

前号において誤植がありました。謹んでお詫びし、下記のように訂正いたします。

滝澤佳奈枝「台北州立台北第三高等女学校における裁縫科教育と女子教員の養成 ―国語学校附属学校時代から 1920 年代を中心に―」

P20　表 1-3（誤）注：刺繍と造花は選択
　　　　　　（正）注不要
　　　表 1-3（誤）『創立満三十年記念誌』55-56 頁より作成
　　　　　　（正）『創立満三十年記念誌』87-89 頁より作成
　　　表 1-4（誤）『創立満三十年記念誌』119-1920 頁より作成
　　　　　　（正）『創立満三十年記念誌』119-120 頁より作成
　　　表 1-5（誤）1919 年（T8）台北女子高等普通学校における師範科の科目並びに 1 週間の授業時間数
　　　　　　（正）1922 年（T11）台北州立台北第三高等女学校の講習科における科目並びに 1 週間の授業時間数
　　　表 1-5（誤）『創立満三十年記念誌』119-1920 頁より作成
　　　　　　（正）『創立満三十年記念誌』138-139 頁より作成
P22　表 4　（誤）1908 年から 1943 年までの初等教育学齢児童在学比較
　　　　　　（正）台北州立台北第三高等女学校卒業後の状況

西尾達雄「「植民地と身体」に関わる研究動向」

P165/31 行目（誤）植民地台湾の処女会をめぐる①ジェンダー・植民地主義・民族主義／宮崎聖子 著．
　　　　　　（正）植民地台湾の処女会をめぐるジェンダー・植民地主義・民族主義／宮崎聖子 著
P167/28 行目（誤）鮮展世代　　　（正）「鮮展」世代
　　29 行目（誤）鮮展の入選作　（正）「鮮展」の入選作
※本文の他の箇所では、引用した原文の表記には「」をつけて示しているが、ここでも「鮮展」と「」を付して原文引用であること明記する。

佐野通夫「鄭在哲『日帝時代の韓国教育史』の翻訳刊行」

P190/19 行目（誤）三・一独立運動 104 年の日に
　　　　　　（正）三・一独立運動 95 周年の日に

CONTENTS

P205/5 行目　（誤）ZHENG　Zaizhe　　（正）CHUNG Jae Cheol

　　　　　　　　　　　　　　　　　　株式会社 皓星社 編集部
　　　　　　　　　　　　　　　　　　日本植民地教育史研究会

植民地教育史研究年報　第17号
Reviews of Historical Studies of Colonial Education vol.17

植民地教育と身体
Colonial education and Body

編集
日本植民地教育史研究会運営委員会（第Ⅵ期）
The Japanese Society for Historical Studies of Colonial Education

代　　表：中田敏夫
副代表：井上薫（代表代行）
運営委員：井上薫・北川知子・小林茂子・佐藤広美・上田崇仁・
　　　　　李省展・中川仁・白柳弘幸・西尾達雄
事務局長：岡部芳広
事務局員：松岡昌和・山本一生・白恩正・滝澤佳奈枝・岡山陽子・
　　　　　合津美穂
年報編集委員会：佐藤広美（委員長）・上田崇仁・山本一生・
　　　　　合津美穂・一盛真
事務局：神奈川県相模原市南区文京 2-1-1
　　　　相模女子大学学芸学部岡部研究室

TEL 042-713-5017
URL http://blog.livedoor.jp/colonial_edu/
E-Mail：y-okabe@star.sagami-wu.ac.jp
郵便振替：００１３０－９－３６３８８５

発行　2015 年 3 月 23 日
定価　2,000 円＋税

発行所　　株式会社 皓星社
〒166-0004　東京都杉並区阿佐谷南 1-14-5
電話：03-5306-2088　FAX：03-5306-4125
URL http://www.libro-koseisha.co.jp/
E-mail：　info@libro-koseisha.co.jp
郵便振替　00130-6-24639

装幀　藤林省三
印刷・製本　㈲吉田製本工房

ISBN978-4-7744-0499-8 C3337